ディスコースの心理学

質的研究の新たな可能性のために

鈴木聡志/大橋靖史/能智正博
[編著]

ミネルヴァ書房

はじめに

　本書はわが国の心理学においておそらくは初となるディスコース分析（discourse analysis）の入門書であり，同時に論文集でもある。筆者らはディスコース分析の心理学への適用を数年にわたって議論してきたが，本書がその最初の成果ということになる。

　わが国においてディスコース分析に基づく研究は，質的研究アプローチをとっている研究者の間でさえけっして多くはない。それはディスコース分析の紹介が比較的最近のことだったこともあって，そのアプローチの意義や手続きが十分理解されていないからだろう。

　編者らはそれぞれの仕方で海外のディスコース分析の動向に関心を持ち続けてきた。3人とも心理学者であり，ディスコース分析が心理学を豊かにするであろうことを確信している。ただし，海外の動向を無批判にわが国に導入しようと目論んでいるわけではない。本書を編集するに当たって編者らが考えてきた，心理学におけるディスコース分析とは何かについて説明しよう。

　まず，ディスコース分析は研究方法と言うよりも，方法を含む研究のための態度である。質的研究はおもに言語をデータにするが，その分析方法には内容分析，カテゴリー分析等があるので，ディスコース分析もそれらと同様の言語データの分析方法の一つであるとの理解があるかもしれない。これに対して編者らは，ディスコース分析とは言語データに向かう際の態度であると考える。言語とは何か，言語を使う人間とは何なのか，についてのある仮定がディスコース分析にはあるからだ。したがって，ディスコース分析とは研究を行う際の一つの態度—別の言い方をするなら，観点，姿勢，構え，アプローチ—であると編者らは考えている。

　次に，ディスコース分析は心理学の一分野ではなく一つの運動である。ディスコース分析的研究を心理学の一分野として確立させようとする動きが海外に

ある。ディスコース分析研究者養成のための大学院のプログラムがあり，学位取得者はディスコース分析の専門家として研究機関に就職する。そのような状況が日本にも現れるなら，編者らは権威者としてふるまうことができるかもしれない。しかしわれわれはそのようなことを望んでいない。なぜならディスコース分析はそれまでの心理学の基盤を疑うことから始まったからだ。ディスコース分析は心理学の反主流的な立場として登場したし，今後もその立場を保つことが大切であると思う。量的研究に対しては質的研究がその役割を果たしてきたが，さらに質的アプローチに対してはディスコース分析が，そのデータとなっている言語とは何かを問うことで研究を豊かにする可能性を持っているとわれわれは考えている。

　以上のような理由で，本書はディスコース分析の入門書としての論文集ではあるが，タイトルはその語を避けて『ディスコースの心理学』とした。

　本書の内容のもとになっているのは，ここ4年の間，編者らを中心に活動してきた，東京ディスコース研究会（TDK）の活動の成果である。この研究会は，大橋が在外研究から帰国後の2010年10月に，鈴木にディスコース分析を行うデータ・セッションを中心とした研究会開催の提案を行ったことに端を発する。大橋は，イギリスのディスコース＆レトリック・グループ（DARG）や超常体験研究ユニット（AERU）におけるデータ・セッションを念頭に，そうしたデータ・セッションの場を東京近辺にも作りたいと考えていた（DARGやAERUの活動については第2章参照）。鈴木は2007年に『会話分析・ディスコース分析』（新曜社）という本を刊行しており，一緒に活動を行うには適任ではないかと考えた。初回の集まりは2010年11月に都内のとある喫茶店の貸会議室で行われた。そこでは東京ディスコース研究会という名称が決まるとともに，参加者各自の研究の紹介が行われた。そこにはもう一人の編者である能智の研究室の大学院生も参加しており，カテゴリー分析的な質的研究に飽きたらなさを感じていた能智も間もなく持続的に参加するようになった。以後は能智の所属する東京大学教育学部において研究会が開かれることになり，現在までその

活動は継続している。

　第Ⅱ部「実践編」の各章に示された分析はいずれも，TDKのデータ・セッションにおいて幾度か検討されてきたデータの分析に基づいている。たしかにデータを採り，研究会において検討する箇所を決定し，また，研究会の中で出された様々な意見を取捨選択しまとめ上げる作業は，個々人に任されているが，本書の各章におけるデータの分析が異なる様々な視点からなされていると感じられたならば，それはデータ・セッションでの議論が幾分かでも反映されていると見て取ることができる。ディスコース分析が研究を行う際の一つの態度，観点，姿勢，構え，アプローチであるならば，それはまさにこうしたデータ・セッションの中で培われるものと言えよう。

　また，データ・セッションは，参加するメンバーの構成によってその性質が決まってくる。TDKの場合，鈴木がディスコース分析全般にかかわり，能智がナラティヴ・アプローチからディスコース分析に接近し，一方，大橋はディスコース心理学からディスコース分析に接近していることから，かなり広い意味でのディスコース分析の立場に立っていると言える。また三者とも伝統的な心理学のトレーニングを受けており，かつ，第2章で述べるDARGのように社会心理学を中心とした立場よりも，むしろ臨床心理学的な視点を中心とした立場に立つことに特徴がある。DARGがエスノメソドロジーや会話分析と密接に関連し，語りにおけるエスノメソッド（人々が暗黙に用いる方法）を明らかにしようとしているのに対し，TDKでは，語りにおけるパーソナルメソッド（他者とのやり取りの中にみられるその人が暗黙に用いる方法）を明らかにしようとしていると言うこともできる。本書が，社会学へと接近していく「ディスコース心理学」という用語を使わず，心理学的な問題群に定位したディスコース分析として「ディスコースの心理学」と呼ぶこととしたのには，そういう背景もある。

　本書は以下のような構成をとっている。その概要も含めて簡単に紹介しておこう。

第Ⅰ部「理論編」は，ディスコースの観点が心理学に持つ意義について概説する。

第1章では質的研究におけるナラティヴとディスコースの概念の位置づけが概説される。能智は質的研究の広がりの中でナラティヴ分析がディスコース分析へ接近した流れを詳細に述べている。その際，東日本大震災で被災したある高校生の語りを分析対象にして，内容分析，カテゴリー分析，ナラティヴ分析，ディスコース分析を比較する。そして質的研究の実験精神をさらに更新する運動としてのディスコース分析の視点と方法への期待を述べる。

第2章では心理学におけるディスコース分析として知られているディスコース心理学について，その始まりとその後の展開について概説される。ディスコース心理学は会話分析やエスノメソドロジーとの関連が強いが，これらの関連する理論と方法との関係について論じられる。さらにディスコース心理学を推進してきた研究者グループのあり方について述べた上で，大橋は本書の契機となった新たな研究者グループの意味と可能性について検討する。

第3章では主観的な経験を研究するディスコース分析の可能性が論じられる。従来のディスコース分析は人と人のやり取りにおいて現れる経験の客観的な側面を研究し，その反面，当人にとっての経験や意味はあまり扱われてこなかった。鈴木はウィトゲンシュタイン（Wittgenstein, L.）の言語ゲームの考えに基づいて人間の主観的経験が形成される過程を考察し，社会構成主義の立場に立ったまま主観的な経験にアプローチする可能性を提起する。

第Ⅱ部「実践編」はディスコース分析を用いた研究例，あるいはそれを参考に分析を進めた研究例を全部で9つ紹介する。

第4章では色覚異常を自覚させられるとはどのような経験なのかが分析される。色覚異常を持つ者が自身の異常を自覚させられた場面を含む手記，エッセイ，小説をデータにして，鈴木はこの経験には，本人の知らない悪事の暴露，屈辱感，何者かによる宣告，世界の二分，不当性が伴うと論ずる。そして彼は，この経験が長く学校身体検査で色覚検査が必須だった日本に特有かもしれないことを指摘する。

第5章では知的障害児を持つ母親の語りが分析される。母親たちは子どもの将来について「けど」を多用して，断定を避けたり目標を修正したりする特徴的な語りをした。母親たちはこの語り方によって，子ども一人一人に合わせた自立概念を構築しているようである，と飯野は論ずる。彼は，母親の考えを分類する当初の計画をあきらめ，その後語り方の分析へと方針を変えた。障害児の親と支援者という関係がこの語りの特徴を生んだかもしれないことに注意を払っていることも併せて，研究者の反省的な視点が明確な論考である。

　第6章ではある自死遺族とのインタビューが検討される。その遺族は相矛盾する感情や意味づけを一つのナラティヴに収めようとしたが，その語りはインタビュアーとの対話関係によって変化した。古井（橋本）は，インタビュー中のインタビュアーの涙，相手への気づかい，緊張からの解放等を率直に語り，こうしたインタビュアーの経験と遺族の語りを関係づける。この分析から彼女は，聴き手という外的他者との対話の活性化によって，自死した息子という内的他者との対話が活性化したと論ずる。

　第7章では対照的な2人の原爆体験者の語りが検討される。その一人Sさんは学友の死に対する罪悪感と生き残った者の苦悩を伝え，その語り方は定型化しているが，聴き手に合わせた語りをしていた。もう一人のFさんは被害を被った身体を用いて語るため，彼の日常を知らない聞き手には理解が難しかった。松尾は生存者と被害者の視点から2人の語りを考察し，さらに2人がその語りを反戦・反核の言説とどのように調和させながらオリジナリティを構築しているのかを捉えようとする。

　第8章では自己エスノグラフィのプロジェクトの過程における語り直しに聞き手がどのような影響を与えたのかが検討される。知的および身体障害のある妹をもつ沖潮（原田）は，障害者のきょうだいが一般に持つとされる困難や苦労の実感がないため，その理由を探求するために能智との「語り合い」を始めた。その逐語記録から著者らは，聞き手の何気ない働きかけや不正確な応答が語り手の自己探索を促した可能性を分析している。

　第9章ではディスコース分析的な見方によるクライエントの語りの理解が試

みられる。綾城は自身がカウンセリングをしたあるクライエントの「今は受け入れられる」という発言を，精神内部の変化ではなくクライエントを形作る言葉の変化として捉える。クライエントが息子を「ひきこもり」や「ニート」とポジショニングすることは，息子を無能力な存在として形作ることでもあったことに，彼は分析を通して気づく。そしてディスコース分析には反省的実践を促進する意義があることを主張する。

　第10章では認知症高齢者が会話の中で同じ質問や話を繰り返す現象が検討される。田中はディスコース心理学に基づいてこの現象を個人内要因ではなく，高齢者と周囲の人とのやり取りから理解しようとする。一人のアルツハイマー型認知症の女性との会話を分析することで彼は，会話の破綻を回避するために同じ質問が生じること，聞き手が物語の終結に期待される反応を行わないため話の繰り返しが生じることを指摘する。そして同じ質問と話の繰り返しを会話上の実践と捉えることは認知症ケアへ示唆するものがあると考察する。

　第11章では非行の子をもつ親たちのセルフヘルプ・グループで生じる笑いが分析される。その例会に学生の立場で参加していた北村は，参加者たちが深刻な問題に向き合っているにもかかわらず会の雰囲気が明るいことに驚いたと言う。彼は例会のフィールドノーツと参加者へのインタビューをもとに，笑いが生じる文脈とプロセス，笑いが参加者へ及ぼす影響を検討し，親たちの笑いはトラブルが語られているにもかかわらずともに笑う笑いであること，笑うことで自責から距離を取ることが可能になること，笑うことが支配的な言説に対抗する実践であることを指摘する。

　第12章では超常体験報告のディスコースが分析される。大橋は超心理学において主たる問題とされる超常現象の真偽に着目することなく，報告者と聞き手との間で超常体験がいかに語られていくか，その想起行為の軌跡の特徴について検討する。そこでは，他者から信用されにくい出来事を語る際の語りの社会的な定式化が見出されるとともに，今はすでにない過去の出来事を想起する際の探索的な語りから，過去を志向する想起という行為の特徴が明らかにされる。

はじめに

　第Ⅱ部の各章のテーマは，障害，カウンセリング，自死，非行など，いわゆる臨床心理学の諸領域と関連が深いものが大半を占めるが，これは執筆者たちの関心が偶然反映されたに過ぎない。海外のディスコース分析の研究が社会心理学や認知心理学に分類されることが多いことを考えるなら，これは本書のユニークな点かもしれない。

　また，第Ⅱ部の各章で用いられるデータの種類にバリエーションがある点も本書の特徴であろう。インタビュー・データの他にも，フィールドワークによる観察データとインタビュー・データを併用した章もあれば，小説と手記をデータにしている章もある。またインタビュー・データを主としていても，インタビュー中のインタビュアー（研究者）に生じた体験にも注意を向けた章もある。さらに，各章が採用している分析手法は，ナラティヴ分析に近いものから会話分析に影響を受けたものまで，執筆者のリサーチ・クエスチョンによって様々である。

　こうしたデータの多様さ，分析手法の多様さから，読者の皆さんにディスコース分析の広がりと面白さを伝えられることを願っている。ディスコース分析を用いた研究は，まだまだ少ないわけだが，本書の出版をきっかけに，ディスコース分析への関心が高まり，多くの研究者がこの手法を用いた研究に挑戦することを期待したい。

　もう一つ付け加えるとするならば，本書で用いられるデータは，大量の会話やテクストの中から選んだという意味を込めて，〈抜粋〉という言葉で示している。わが国の心理学においてこの語を用いる慣習は今のところないが，本書の出版をきっかけにこの語の使用が広がればとも思っている。

　抜粋中のトランスクリプトに用いられる記号とその意味は，表0-1の通りであるので，適宜参照していただきたい。これらは会話分析で用いられる記号のシステムであり，以下の章で会話分析に基づく相互行為の分析が行われる場合には，抜粋においてこうした記号を多く見ることができる。しかしながら，章によっては必ずしも実際の相互行為に焦点があたるとは限らず，そうした場

合は研究目的やその分野の慣習に即した記号の使用法も許容している。たとえば，心理臨床の記録によく見られるように，丸括弧がインタビュアーの側の短い発話を意味することがある。

　最後になってしまったが，ミネルヴァ書房編集部の吉岡昌俊さんには本書の刊行に際して大変お世話になった。ここに謝意を述べたい。

　　　2014年12月

　　　　　　　　　　　　　　　　　　　鈴木聡志・大橋靖史・能智正博

はじめに

表0-1 抜粋で用いられる記号

発話の連鎖	
[	複数の話し手の音声が重なっている場合，重なりの始まりは右向きの角括弧で示される。
]	重なりの終わりは左向きの角括弧で示される。
=	2人の話し手の発話が途切れなく密着している場合や，一つの発話の中で話と話が途切れていない場合は，等号で示される。
発話の途絶えや間合い	
(1.2)	音声が途絶えている時間は丸括弧内にその秒数が示される。
(.)	0.2秒に満たない短い間合いは丸括弧内にピリオドを打った記号で示される。
発話の表出上の特徴	
語	強調された語はアンダーラインで示される。
::	音が引き延ばされていることはコロンで示される。コロンの数が多いほど長く引き延ばされている。
-	語が途中で途切れたことはハイフンで示される。
。	語尾が下がって区切りがついたことは句点で示される。文法上の文の終わりとは必ずしも対応しない。
?	語尾の音が上がっていることは疑問符で示される。
↑↓	極端な音調の上がり下がりはそれぞれ上向き矢印と下向き矢印で示される。
語	大きく発話された語は太字で示される。
°語°	音が小さいとき，その範囲が°で囲まれることで示される。
>語<	発話のスピードが速くなる部分は左向き不等号と右向き不等号で囲まれることで示される。
h	呼気音はhで示される。
.h	吸気音は.hで示される。
語h語	笑いながら話すときのように語の中に呼気が含まれる場合，語の中にhを入れることで示される。
注記	
(語)	不明瞭な発音の場合，推測された語が丸括弧内に示される。
(( ))	注記は二重丸括弧内に示される。

(注) 本表は会話をいわばありのままに記載するための記号システムである。一般の読者には馴染みのない特殊な記号なので，ここにまとめた。この表には示されていないが，波線のアンダーラインは，執筆者が注目している箇所を意味する。

目　次

はじめに

第Ⅰ部　理論編

第1章　質的研究におけるナラティヴとディスコース
　　　　　　　　　　　　　　　　　　　　　　　　　　　　能智正博…3

1　質的研究の広がり……3
2　質的研究におけるナラティヴ……7
3　ディスコース分析への接近……11
4　ナラティヴのディスコース分析へ……15
5　質的研究のスタンダード化を超えて……20

第2章　ディスコース心理学とディスコースの心理学
　　　　　　　　　　　　　　　　　　　　　　　　　　　　大橋靖史…25

1　ディスコース心理学……25
2　ディスコース心理学，その後の展開……31
3　ディスコース分析における研究グループの意義……35
4　ディスコースの心理学へ……38

第3章　経験を研究するディスコース分析……………鈴木聡志…41

1　ディスコース分析における主観性や経験の扱い方……41
2　ディスコース心理学における経験の扱い方……43
3　言語ゲームと経験の形成……46
4　主観的経験へのアプローチに向けて……49

第Ⅱ部　実践編

第4章　色覚異常を自覚させられる経験……………鈴木聡志…55
1　先天色覚異常の社会史……55
2　データと分析の方針……57
3　「赤いカラス」における2つの場面の分析……58
4　他のデータによる分析……65
5　色覚異常を自覚させられる経験の独自性，地理・歴史的限定性……75

第5章　知的障害児を持つ母親は子どもの将来を
どのように語るのか……………飯野雄大…77
1　知的障害児とその家族を取り巻くディスコース……77
2　希望と不安の語り方……82
3　「障害児の親」と「支援者」という関係の中で表れてくるディスコース……89
4　語り方からみる自立概念の再構築……92

第6章　自死遺族のナラティヴ……………古井（橋本）望…95
――対話的関係を共同生成するプロセス
1　ナラティヴを通して現れる自己……95
2　自死遺族のナラティヴ……97
3　〔語り―聴く〕関係への視点……101
4　重層化する対話的関係と変容するナラティヴ……111

第7章　原爆体験者の対照的な語り　………………松尾純子…117
　　　　　──生存者ディスコースと被害者ディスコース
　1　"原爆の語り"というディスコース……117
　2　Sさん──聴き手に向かい合う語り方……120
　3　Fさん──聴き手に背を向ける語り方……126
　4　原爆の語りとディスコース……132

第8章　対話プロセスとしての自己の語り直し
　　　　　………………………能智正博・沖潮（原田）満里子…135
　1　自己と語り直し……135
　2　外部からの働きかけによるポジションの広がり……140
　3　外部からの枠づけとそれに対する反応……145
　4　メタ・ポジションとしての「外部」……150

第9章　ポジショニング理論によるクライエントの
　　　　語りの理解………………………………………綾城初穂…155
　　　　　──「受け入れられる」ことは何を意味するのか
　1　ディスコース分析によってクライエントの語りをどう理解するか……155
　2　ポジショニング理論によるクライエントの語りの検討……161
　3　ポジショニング理論によるカウンセリング研究の意義……168

第10章　認知症高齢者との会話における繰り返し……田中元基…175
　　　　　──「症状」を「会話上の実践」として捉え直す
　1　症状への視点と実践への視点……175
　2　質問はどのように繰り返されるのか……178
　3　話はどのように繰り返されるか……185
　4　「症状」を「会話上の実践」として捉えることの意義……191

第11章　子どもの「非行」と向き合う親たちの
　　　　語りにおける笑いの機能……………………北村篤司…195
　1　社会的な相互行為としての笑い……195
　2　笑いが生じる語りの文脈とプロセス……198
　3　笑いが生じることによる語りや参加者への影響……203
　4　笑いの生成プロセスと機能……209
　5　本研究の意義と課題……212

第12章　想起行為の軌跡を分析する………………大橋靖史…215
　　　　──超常体験報告のディスコース
　1　超常体験の心理学……216
　2　超常体験報告のディスコース……218
　3　体験報告の不安定性への注目……223
　4　想起の軌跡を明らかにするディスコース研究の可能性……229

人名索引
事項索引

第 I 部

理 論 編

第1章
質的研究におけるナラティヴとディスコース

能智正博

　この章では，本書全体の導入として，質的研究の中でのナラティヴとディスコースの概念の位置づけについて概説する。この2つの概念は異なる学問的背景から現れてきたものであり，これまでは分けて論じられることが多かった。しかし近年では，ディスコースの視点を応用しつつナラティヴの分析を進める場合も少なくない (Wells, 2011)。ナラティヴ研究を，もっと言えば質的研究の射程をさらに広げていくためにも，ディスコースの概念と分析の手続きを学ぶ意義は大きいと思われる。以下では，質的分析からナラティヴ分析への流れを概説し，そこからディスコース分析が求められるようになる場合の事情を，一つの事例を用いながら述べようと思っているが，ディスコース分析からナラティヴ分析へという逆の流れをたどることも可能ではある。今回の記述はあくまで，個々人のナラティヴに関心を向けてきた一研究者の視点から構築された，一つのナラティヴであるとも言える。

1　質的研究の広がり

　本書の多くの読者には今さらと思われるかもしれないが，「ディスコースの心理学」の広がりを説明するためには，まず質的研究の話から始めた方がよいだろう。というのも，ディスコースの概念やディスコース分析は，質的研究の発展の中で注目されたものであり，また，質的研究の志向をさらに推し進めたものとも考えられるからである。本節ではまず，この数十年人文・社会科学の諸分野で注目されてきた質的研究が，どういう本質をもつ実践であり，現在どのような発展をしているのかをごく簡単に押さえておく。

第Ⅰ部　理論編

1-1　「広義の言語」と質的研究

　質的研究には様々なバリエーションがあって一枚岩的な実践ではないのだが，とりあえずは，「データ収集，分析，結果の呈示において広義の言語を用いた研究の総称」と定義できる。ここで「広義の言語」というのは，「意味するもの」と「意味されるもの」という2つの面をもつ記号的な性格をもつ媒体であって，その媒体は主体の表現活動によって生成される。したがって，中心的に注目されるのが話されたり書かれたりして表現されたものであるにせよ，それ以外にも，行動的な表現であるとか絵画等の芸術的な表現なども，研究の対象や研究成果の示し方に含まれることになる。

　「広義の言語」を扱うことにはいくつかの含意がある。その一つは，直接知覚されるものの向こう側に仮定される一見主観的な「意味」を問題にせざるをえないという点である。たとえば"イヌ"という語では，音の響きや並びよりもそれが指示する概念なりイメージなりが基本的には重要となる。また，その「意味」は社会・文化の中で学び取られるものであって，音と概念のつながりばかりではなく，どこからどこまでを"イヌ"とみなすかなど，世界を分節するやり方も社会的・文化的に共有される。つまり，言語的な記号を使うということは，多かれ少なかれ文化・社会とつながっているということと同義なのである。質的研究における意味への着目という特徴は，人の生きている世界やそこでの体験が，客観的で実体的な世界の反映ではなく，意味によって作られた世界であるという認識論的な前提から生まれたものである。

　主観的でありつつ同時に社会的であるという意味の二面性は，質的研究の見かけ上の2つの方向に対応している（能智，2005）。質的研究の背景としてしばしば指摘されるのは，現象学的な志向と文化研究的な志向である。現象学では，客観的対象の存在に関する仮定をすべてカッコにいれて，主体の意識に現れてくる現象から物事を再構成しようとする。そこでは，構造化度の低いインタビュー等を通じて個人の意識する体験を探るところから出発するだろう。また，文化人類学から取り入れられたフィールドワーク的な方法では，対象となる現象が生じる現場において参与観察を行う手法がとられることが多い。いず

れにしても，研究者側の仮説や理論に基づいてデータ収集の範囲をまず限定した上で研究を開始するのではなく，なるべく自然な状態で対象者や現場から得られる資料を基礎にし，そこからテーマや知見を精緻化していく，ボトムアップ的なやり方が質的研究の特徴である。

たとえば次に挙げる抜粋1は，東日本大震災で被災した高校生から得られた語りである。現場で得られた発話に基づくと思われるこの語りもまた，質的研究の分析対象になりうるものであろう（朝日新聞「いま伝えたい被災者の声」(2011年4月8日)）。

〈抜粋1〉

> 自宅の被害はなかったけれど，老人ホームに入っていた祖父がなくなってしまった。人手が足りないだろうと思い，震災の翌日から小学校に寝泊まりして，物資の搬入や掃除を手伝っています。育った町はひどい状態になってしまったけど，避難所の子どもたちの顔は明るく，元気をもらっている。将来はこの町の復興の役に立てるような職業に就きたい。

本章では，この質的なテクストを適宜参照し，様々な観点から読解し分析しながら議論を進めていくことにする。

1-2　内容分析からカテゴリー分析へ

言語データを扱うのは質的研究だけではなく，従来の量的研究の枠組みの中でも工夫がなされてきた。しかしそこでの分析はいわゆる「内容分析」であり，研究者の設定したカテゴリーから言語データを枠づけて，その生起をカウントするものだった。その現代的な発展が，使用されている言葉の種類や頻度を計量してテクストの特徴を探るテクスト・マイニングの手法である。そこでは，不定形なテクスト・データに対し，いくつかの基準のもとで多変量解析が施される。結果として明らかになるのは，研究テーマにかかわる語がどこにどれくらいの頻度で現れ，どの程度の強さの共起関係をもっているか，などである（樋口，2014）。テクスト・マイニングは様々な言語データに適用可能であり，こうした手法でインタビュー等のデータを分析することも不可能ではない。け

れども，研究者が設定する仮説，あるいは概念を前提としてデータを扱う点は，上で述べた現代の質的研究の本流とはやや性格が異なっている。

　研究者の視点を押し付けるのではなく，現場のデータからボトムアップで知見を導き出していくことの意義とその指針を打ち出したのが，グレイザーとストラウスのグラウンデッド・セオリーである（Glaser & Strauss, 1967/1996）。「グラウンデッド」という用語は，客観的な視点からすべてを一元的に説明しようとするグランド・セオリーと対比して名づけられたもので，「現場の個々の事象に基礎づけられた」というくらいに理解しておけばよい。その分析は，観察やインタビューのデータを細かく検討し，そこから意味のまとまりをカテゴリーとして取り出すところから出発する。次いでカテゴリー間の関連を検討しつつ，事象の背後にある主観的な秩序を仮説的に再構成していこうとするのが，グラウンデッド・セオリーの目論見である。わが国で提案されたKJ法や，個別事例の体験を検討するために役立つとされるIPA（解釈学的現象学分析）などの手続きにも類似の特徴があり，これらの研究法を総称して「カテゴリー分析」と呼ぶことがある。

　たとえば，上記抜粋1の高校生の語りを分析対象とした場合はまず，最初の文に対して，「被害の状況」，続く2つの文に対して「避難所の手伝い」，「避難所で得られるもの」，最後の文に対して「将来への希望」といったようなラベル（見出し）をつけておくことができる。その後，他のデータとも合わせてラベルを分類・カテゴリー化して共通点をまとめていけば，被災者のニーズを抽出するヒントが得られるであろう（松浦，2011）。さらに，カテゴリー間の関係を検討していくことで，被災者の体験の特徴を一つの時間的な経過としてまとめられるかもしれない。

　近年の心理学やその関連領域の研究場面に見られる質的研究は，そうしたカテゴリー分析のアプローチを用いたものが多い。戈木クレイグヒル・三戸・関（2012）は医療領域でここ20年間に出版された質的研究論文をアプローチごとに集計しているが，それによるとやはり，先に述べた内容分析のほか，KJ法，グラウンデッド・セオリーを用いた研究が目立つ。心理学領域においてもほぼ

同じ傾向があるように思われる。その理由の一つは，とくにグラウンデッド・セオリーについてしばしば指摘されるように，手続きに数量的研究にも類比できる形式性がある程度備わっているためと考えられる。対象を細分してその後，類似性にしたがって分類・整理していくのは，近代における自然科学，とくに博物学の基本的な方法であった。カテゴリー分析的な方法が，主流の心理学にも認められはじめたのは，そこに数量的な方法にもつながる実証性が見えやすかったからでもあろう。

2　質的研究におけるナラティヴ

現代の質的研究におけるキーワードとして忘れることができないのが，「ナラティヴ（語り，物語）」の概念である。このカタカナ語は，単に出来上がったモノではなく「語る」というコトも含意しているため，「語り」「物語」などと訳される。ときに，「ディスコースとナラティヴはどう違うのか，この2つはどういう関係にあるのか」，といった質問を受けることがある。その問いに答えるためにも，本節ではまずナラティヴの概念についてその言語学的な特徴を明らかにし，それが研究の中でいかに扱われてきたかを概観しておきたい。

2-1　言葉のつながりによる意味の生成

1節で述べたカテゴリー分析は，ややもすれば，直接の対象である言語データを非常に限定的に見て分析を進めてしまうかもしれない。一般にそこでの言語は，すでに存在している実体的な意味—たとえば，語り手の本音であったり経験であったり，ときには経験の向こう側の現実であったり—を反映しているものとして扱われる。たとえば，先の抜粋1であれば，とりあえずそこに語られていることに嘘はなく，そこに彼の経験が素直に表現されていると仮定されるだろう。また，データを比較的細かく分けてラベルをつけるというやり方は，時計の部品を分解するようなイメージである。個々の部品はそれだけとりだされても，その形状や機能は変わらない。人の経験は，対象を細かく分けてから

総合するという自然科学的方法でアプローチできるという前提が、そこには隠されていると思われる。

　しかし、言葉は―ついでに言えば経験も―、時計のような「物」的な対象ではないし、はじめから存在する実体的な意味をそのまま写しとる媒体でもない。言語学者のソシュール（Saussure, F. de）は、言語が現実を直に反映するのではなく、言語の方が現実を作っているという面を指摘したが（丸山，1981）、それは高尚な学的知見ではなく、私たちの言葉の経験の一部でもある。たとえば、何を言うかすべて決めてから話を始める人はまずいないし、勢いで言ってしまってからその言葉に縛られてしまうなどといったことは日常的に経験される。また、言葉はそれがどういう話の中で使われ、どんな状況で誰によって発せられたかによって―すなわちその文脈によって―意味はずいぶん変化する。逆に言えば、文脈を変えてやれば意味は大きく変化する。言葉の意味はもともとそこに存在するのではなく、文脈によって生成される部分も大きい。

　言葉の意味に影響を与え、さらには意味を生み出す文脈の一つは、それがどのように組み合わされどのような順序で語られるかということである。たとえば、「大臣が殺された」と「王が激怒した」という2つの事象があったとして、これらをこの順序でつなげた場合と、逆に、「王が激怒した」、「大臣が殺された」とつなげた場合とを比べると、直接は表現されていない王の感情が違ったものに思えてくるであろう。前者では、王の怒りは大臣を殺した誰かに向かっているように感じられ、後者では大臣が犯した過ちか何かに対して王が怒りを向けた結果、大臣が処刑されたという解釈が引き寄せられるかもしれない。個々の部分の意味のたんなる総和が全体の意味を創り出すのではなく、その結びつき方、つまりプロットがいわば行間に働きかけて意味を生成するのである。言葉のこの特質に関係が深いのが、ナラティヴの概念である。

2-2　ナラティヴという視点

　「ナラティヴ」を定義することはそれほど容易ではないのだが、形式的に言えば、「はじめ―中間―終わり」という構造をもつ言葉のまとまりのことを言

う。ナラティヴ研究の理論的な基礎を用意したブルーナー（Bruner, 1986/1998）は，ナラティヴをたんに言葉のまとまりと見るのではなく，人間の知の形にもかかわる認知様式の一つと考えた。すなわち，人はナラティヴ構造を使用することでものごとを受け取り，言葉として表出しながら，経験や知識を構築するのである。この視点からの理解の様式は「ナラティヴ・モード」と呼ばれ，従来の「論理実証モード」の知と対比的に説明された。後者は，複数の事実の関係に関する仮説の真偽が問われるという点で，普遍的な因果法則を志向する自然科学と親和性が高い。それに対してナラティヴ・モードでは，複数の出来事が結びつけられて生み出される多様な意味が問われることになる。

　こうしたナラティヴの考え方は，個人や集団の特徴を特定個人の視点から理解したりそれに働きかけたりする際に用いられている（下山，2014）。実際，カウンセリングや心理療法の実践においても，クライエントや患者の問題状況を把握したり，それを変えていこうとしたりする際のキーとなる概念である。まずは対象となる個人が自分について語る内容を通じて，その個人の生きている意味の世界を，ナラティヴの形で理解しようとするという試みがありえる。場合によっては，その個人が属する集団全体に共通する体験の特徴を把握するための手がかりとして，ナラティヴを用いることもできるだろう。また，個人の問題状況は，その個人の自己ナラティヴが周囲の状況—これもまた一種のナラティヴであるかもしれない—と不適合な部分を含んでいると考えられる。とすれば，不適合さをどこかで抱えたナラティヴを修正し，語り直すことで，その個人の生き難さを変化させられる可能性もある。ナラティヴは物語であり，絶対的な唯一の真実ではないからである。

2-3　ナラティヴを捉える

　ナラティヴを通じて対象者や対象者が生きている世界を理解しそれに働きかけていくためには，対象者の発話や行為の資料からナラティヴを捉えるという作業が必要になる（能智，2013）。ナラティヴには様々な種類があるが，たとえば社会言語学者のラボフらは個々の出来事に関する発話を収集し，出来事を

表現するナラティヴの構成要素として次の6つを同定している（Labov & Waletsky, 1967）。
- 要約：要するにどういう話か。
- 方向づけ：どういう背景（場所・時間）でどういう人が登場するか。
- 複雑化：出来事がどう展開するか。行為がどう発展するか。
- 帰結：出来事がどう解決し，どんな結果がもたらされたか。
- 評価：出来事について話し手がどう感じているか。その出来事がどういう点で重要なのか。
- 終結：語りを現在に引き戻す。

この要素は上記の抜粋1を分析する際にも応用できる。すべての要素がつねに含まれるわけではないところには注意が必要かもしれない。

> 　自宅の被害はなかったけれど，老人ホームに入っていた祖父がなくなってしまった。【方向づけ】
> 　人手が足りないだろうと思い，震災の翌日から小学校に寝泊まりして，物資の搬入や掃除を手伝っています。【複雑化】
> 　育った町はひどい状態になってしまったけど，避難所の子どもたちの顔は明るく，元気をもらっている。将来はこの町の復興の役に立てるような職業に就きたい。【帰結】【評価】

こうした構造が同定できると，個人間・個人内での比較が容易になり，方向づけ・複雑化・帰結のつながり方の違いで評価が違ってきたりする様子を捉えることができる。

ラボフらが対象としたナラティヴは比較的短い出来事に関するものだったが，出来事は複数結びついて相対的に長いナラティヴになりうる。語られたナラティヴの全体のプロットを捉え，その機能を検討しようとする研究も少なくない。たとえばガーゲン（Gergen, 1994/2004）は自己についての発話をナラティヴとして捉え，その全体の流れを前進型（目標に向かって進む），後退型（目標から遠ざかる），安定・停滞型（ほとんど変化がない）の3つに分類した。また，パーソナリティ心理学者のマクアダムズらもまた，人生の転機のナラティヴに見

られがちなプロットを分類している（McAdams & Bowman, 2001）。そこで区別されたのは，補償のストーリー（悪い出来事が最終的によいものに変化する）と汚濁のストーリー（よい出来事が最終的に悪いものに変わる）であり，そのプロット類型と精神的健康度等の関連性を明らかにしようとしている。

抜粋1はかなり短いものだが，こうした枠組みを利用してそのプロットを特徴づけることもできる。その【方向づけ】においては，「自宅の被害はなかったが祖父が亡くなってしまった」と，ネガティヴな出来事から語り始めているが，後半の【帰結】部分においては「避難所の仕事を手伝って，子どもたちの明るい顔に元気をもらっている」等，ポジティヴな内容に接続させて，全体的には前向きのナラティヴを構築していることがわかる。上記の分類では，「前進型のストーリー」や「補償のストーリー」に含めることができるものである。これを他の語りと比べていくことでも，この語り手の被災体験を特徴づけることができる。

3　ディスコース分析への接近

ナラティヴの概念は，言葉の比較的大きなまとまりのもつ意味生成的な側面に注目するという点で研究者に対して示唆するところが大きかった。ナラティヴを生みだす個人は，言葉を組み合わせ組み替えることで意味を構築する主体として，再定義されたとも言える。質的研究が主観的な意味に注目するところから発展してきた事情を先に述べたが，ナラティヴ研究は一見それをさらに推し進めたようにも見える。しかしすでに述べたように，意味にはもう一つ，社会・文化的な面もある。構築されたナラティヴもけっして個人の主観の内部で意志の力だけに頼って作り上げられたわけではない。近年ではむしろ，ナラティヴの生成の様相を問う視点もまた広がりつつあり，そこで研究者が出会うことになるのがディスコースの概念である。

第Ⅰ部　理論編

3-1　言語使用への注目

　ディスコースの概念やディスコース分析の考え方の背景には，20世紀を通じて様々な学問分野に広がった思想的な転換がある。その動きはしばしば「言語論的転回」という用語で言及されてきた（小島，2013）。この「転回」以降，対象の理解は，対象それ自体に内在する本質に基礎づけられるのではなく，その対象を表現する人々の間の言語活動に基づくものとされるようになった。たとえば抜粋1で出てきた「元気をもらう」といった経験も，本人の実感そのものというより，「元気」をもらったりあげたりの交換対象とする言語慣習が作り上げたものとみなすことができる。この考え方が，現代の質的研究の思想的背景の一つとされる，社会構成主義に通じるものであることは言うまでもない。社会構成主義ではその社会や文化の中で慣習的に共有され日常的なやり取りを通じて再生産される言語的な表象こそ，人々の生きるリアリティの内実だと考えるからである。

　それと関係して，言語学における語用論の発展も，ディスコース分析の背景としては見過ごすことはできない。語用論は，言語表現の意味をたんに一般的な語義から理解するのではなく，実際の言語使用の中で捉えていこうとする分野であり，言語使用を聞き手への働きかけと見る点で，哲学における言語行為論を踏まえたものでもある（今井，2001）。たとえば「マスク」という言葉は，誰でも辞書をひけば一般的な語義を知ることができる。しかし，入試の試験監督が受験票照合のときに，マスクをした受験生に対して「マスク」と言ったとしたら，「マスクをとりなさい」という指示と解されるだろう。この場合「マスク」という言葉は，正しいかどうかという真偽ではなく，その状況において適切かどうかという観点からその価値が判断される。このように，言語の使用者および使用文脈との関係の中で言語表現を捉えていくのが語用論の分野である。

　こうした言語使用への注目は，語られた内容から個人のユニークな視点を解明していこうとする従来の質的分析の方向性に，疑問の目を向けさせる力を持っている。たとえば被災した高校生が，インタビューに答えて「将来はこの町

の復興の役に立てるような職業に就きたい」と言ったとしても，単純にそこに「将来への希望」というラベルを与え，彼の体験の一部とみなすわけにはいかなくなる。「嘘かもしれない」という懐疑の目で発話を見るというだけの話ではない。というのも，本当か嘘かという二分法は，従来の見方のバリエーションでしかないからである。むしろ，コミュニケーションの過程の中でダイナミックに作り上げられるものとして個人の発話や行動—そこにはナラティヴも含まれる—を捉えるのが，本書で注目するディスコースの観点なのである。

3-2 ディスコースの概念

　「ディスコース」という用語は様々な意味で用いられているが，きわめて大ざっぱに言えば，「ひとまとまりの現実の言語表現」のことで，とくに話し言葉について議論する際には「談話」という訳語があてられる。直観的には，一つ一つの文よりも大きな言語の単位と理解すればわかりやすいが，「ひとまとまり」をどうとるかによって，それは大きな単位にもなれば小さな単位にもなる。話し手と聞き手の間の短いやり取りもそこにまとまりを見ればディスコースと言えるし，個人によってよどみなく語られる一続きの物語，すなわちナラティヴも，ディスコースの一種ということになる。むしろ大事なのは，その「ひとまとまりの発話」がつねに何らかの文脈のもとで現れるという点であり，それが「現実の発話」であることの中心的な含意である。

　一方，個人の発話を超えて，外部からそれを方向づけたり影響を与えたりする意味のまとまりを，「ディスコース」と呼ぶ場合もある。この場合，訳語としては「言説」が選ばれることが多い。たとえばバー (Burr, 1995/1997) は，「何らかの仕方でまとまって，出来事の特定のヴァージョンを生み出す一群の意味，メタファー，表象，イメージ，ストーリー，陳述等々」をディスコースと呼び，これは人が何かを表現したり解釈したりするときに使われる準拠枠になっているとする。たとえば，東日本大震災を「自然災害」とみなすのも一つである。これは多くの人がとくに疑問も抱くことなく受け入れるものかもしれないが，それに対してこれを「人災」のディスコースで語ることも可能である。

こうした意味でのディスコースの分析については，話し言葉だけではなく書かれたテクストも対象とされることがある（第2章1節も参照）。

3-3　ディスコース分析という態度

「言説」と訳される社会的なディスコースは，「談話」という訳語があてられがちなディスコースとは，一見かけ離れた概念のように見えるが，ディスコースの分析においてはお互い関係しあい補完しあっている。というのも，「言説」は「談話」の文脈を構成しつつ，「談話」の中ではじめて個人の体験として現れてくるからである。どちらのディスコース概念に重きを置くかは個々のディスコース分析で違っているが，いずれにせよこの2つの概念とその特徴をともに念頭に置きながら分析が進められることになるだろう。そこでの共通の視点としては，

- 言語を様々なレベルの文脈の中で意味が生成されるものとして見ること
- 言語をそれが発せられる場に対する働きかけと見ること

が挙げられる。この意味でディスコース分析とは，研究対象にアプローチしていく際の一種の態度であり，一枚岩的な一定の方法や手続きが前もって準備されているわけではない。

したがって，研究者によってあるいは研究テーマによってディスコース分析の現れは違ってくる（Parker, 2013）。たとえば，「批判的ディスコース分析」と呼ばれるアプローチでは，個々の談話的やり取りやテクストに言説がいかなる力を行使しているかが分析される。その力を意識していくことで，個人が暗黙のうちに支配されている権力を相対化し，そこからの解放を促すのが，このアプローチをとる研究者の目論見である。一方，こうしたアプローチは研究者の政治的な立場の押しつけとして批判されることも多い。

また，「ディスコース心理学」のように，個々の対話的なやり取りという文脈に注目した細かな分析を行い，手続き的には会話分析に近づくこともある。この場合，やり取りに内在するルールが抽出されることになるが，伝統的な会話分析に向けられるのと同様，そのやり取りに影響する社会的・政治的な力が

見落とされているという批判が投げかけられるかもしれない。

　もっとも，本書でやろうとしているのは，ディスコース分析の詳細を解説して個々の手続きの長所・短所を指摘することではない。むしろ重視しているのは，ディスコース分析という態度をとることで，心理学やその関連領域における質的研究をよりいっそう深みのあるものに進化させていくことである。より具体的に言えば，質的なデータを読む際の視点をさらに豊かにしていくことで，質的研究の可能性を広げていくことができればと私たちは考えている。

4　ナラティヴのディスコース分析へ

　ディスコースの概念がそうであるのと同様，ディスコース分析の範囲は幅広く，ナラティヴもまたその分析対象になりうる。実際，ナラティヴは「ディスコースの一形式であり，文化的価値や個人の主観性が具体的に現れたもの」（Daiute & Lightfoot, 2004）とされる。近年，ナラティヴ概念の精緻化やインタビューという行為に対する見方の広がりもあり，ナラティヴを捉えるための観点や手続きとして，ディスコース分析をヒントとすることも増えている。ディスコース分析と銘打たれてはいなくても，ディスコース分析の視点はナラティヴ分析の一部に組み込まれつつある（Riessman, 2007; Wells, 2011）。本節では，ナラティヴ的な資料に対してディスコース分析的な態度がどう生かされるかを，〈抜粋１〉に再び目を向けながら例示していく。

4-1　ナラティヴ概念の発展

　近年，質的研究の理論的な精緻化に伴って，ナラティヴの概念にも変化が生じているように思われる。従来ナラティヴの分析は個人の主観へのアプローチとみなされることが多かったが，これは，客観と対立する主観を仮定する従来の西洋近代的な世界観と紙一重である。やまだ（2013）がバフチン（Bakhtin, M. M.）を引きながら述べているように，現代における質的研究はむしろ主観と客観，自己と他者といった二項対立を超えようとする志向をもっており，一

見個人の主観的な声と見えるものの中にも，他者の声や異質な相反する声が含まれているとみなすことが多い。個人の語るナラティヴも同様であり，それは実際のところ，一つの声にまとめられない多声的な側面をもつものとみなされる。

それと対応するようにインタビューの見方にも変化が現れている。インタビューは伝統的にインタビュイーのもつ本音を引き出すのが理想とされてきた。インタビュー理論で有名なクヴァルは，こうした構えをとるインタビュアーを「鉱夫」の比喩で説明している（Kvale ＆ Brinkmann, 2009）。価値の低い岩や金属の中から貴金属を掘り起こすように，インタビュイーの無意味なおしゃべりや抵抗を乗り越えてユニークな情報を引き出すのがインタビュアーの作業とされてきたからである。これに対してクヴァルは，現代的なインタビューの概念を象徴するものとして，もう一つの比喩である「旅人」を呈示している。旅人は旅先で出会った人々とやり取りしながら旅の経験を重ね，その経験を自分の故郷に戻ってきて語る。旅先で集められる情報や経験される出来事は，旅人の関心や問いかけによってずいぶん違ったものになるし，故郷で語られる内容は聞き手によっても変わってくるだろう。

「旅人」としてのインタビュアーが自分の出会った人や自分の経験について何らかのナラティヴを生成するにしても，それはその過程に参与する人々の生きる条件が幾重にも折りたたまれた結果ということになる。そこにはいわば複数の声が含まれており，力の強弱はあるにしても，どれが絶対的に正しいというものではない。ナラティヴを理解するとは，その多声的な側面を理解することでもある。一つの声だけを選択し他を排除するのではなく，一つの声にはまとめきれない複数の声の関係をとりだしてくることもまた，ナラティヴ研究の焦点の一つになりつつある。

4-2　インタビューを出来事と見る

質的研究においてそうした多声的なナラティヴを捉えるためには，まず何より，様々な要素をはらむ一つの出来事としてインタビューを記述することが必

要である。これはすなわち，インタビューで得られた発話をディスコースとして捉えることにほかならない。エスノグラフィ研究でデータを収集する際の作法として，「厚い記述」が重視されることはよく知られている（Geertz, 1973/1987）。これは，事象を記録する際に，たんに事象だけを書くのではなくその時間的・空間的文脈にも注目することで，事象の意味を理解可能にするための作業である。インタビューのトランスクリプトの作成においては，ともすればインタビューの内容―場合によってはインタビュイーの発話内容―だけに目が向けられやすいが，インタビューが行われた状況や非言語的な特徴も含め，インタビュアーとのやり取りの詳細も文脈情報として記録することが期待される。

　考えてみれば文脈情報の範囲は際限がないものであり，やり取りの詳細をどれくらい記録するかは，研究目的や関心によって違ってくるであろう。たとえば，上で述べたディスコースの「談話」的な側面に注目する際にはとくに，かなりこと細かな記録が必要になる。その場合，声の大きさや発話の重なりなども含め，会話分析で使われている記号法を用いて，直接の分析対象とする部分だけでも細かくトランスクリプトにしておくことが望まれる。そこまでしないとしても，インタビュアーとインタビュイー双方の発話を，相づちや沈黙も含めてトランスクリプトにしてみると，それだけで気づくところが大きいであろう。フィールドワークにおける厚い記述において，関与する人々の行為を時空間的文脈も含めて詳しく記録しなければならないのと同様，インタビューを出来事として記録するためには，双方の語り方の特徴とそのやり取りの時系列がわかるような記録の仕方が求められる。

　インタビューという出来事には，様々な声が関与している。これまで，多くのインタビューの分析ではおもに，インタビュイーの主要な声を一つ取りだそうとしてきた。たとえば，グラウンデッド・セオリーの方法の簡略版として使用が広がっている M-GTA では，インタビュイーの語りをデータとして扱う場合，反復して表れている内容を概念として取りだすのが原則である（木下, 2007）。この場合，分析結果として残るのは共通して認められる語りの側面であり，一度きりの発話として言及された部分や語りの細かいニュアンスなど，

概念として拾えないマイナーな声の響きは取り落とされるかもしれない。そこで除外された部分にこそ，主要な声を補足したり相対化したりするインタビュイーの声や，インタビュイーの声を方向づけたり制限したりする他者の声が含まれている可能性を，私たちは忘れるべきではないだろう。

4-3　ナラティヴを多声的に捉える

　インタビューで得られたディスコースにはどのような声が含まれているか，より具体的に考えておこう。たとえば，発話は直接的なメッセージの他にメタ・メッセージから成り立っており，後者は言葉として明示されることもあれば，微妙な言い回しや非言語的なサインによって示される場合もある（Bateson, 1972/2000）。メタ・メッセージとは，メッセージをどのように解釈すべきかを示すメッセージである。たとえば，「バカ野郎」という言葉も相手をにらみつけながら大声で怒鳴る場合とほほえみながら諭すように言う場合とでは，受け取られる意味が違ってくる。これは非言語的なメタ・メッセージの例である。また，1節の抜粋1に戻ると，「避難所の子どもたちの顔は明るく，元気をもらっている」の前に，「うーん，そうですねえ」などといったためらいを示す言葉が入っていたとしたら，「元気をもらっている」というポジティヴな言い回しを額面通り受け取ることに慎重であった方がよいかもしれない。

　また，同様なテーマにかかわる発言が複数ある場合，その内容の揺れに注目することも，インタビュイーの複数の声を明らかにする助けとなるだろう。たとえば，抜粋1と同じ青年が別のところで，「子どもの明るい顔を見ていると，将来に希望がもてない自分が嫌になってくる」と言っていたとする。これはあくまで仮想的なものだが，同じ対象に対して相反する感情をもち両価的な意味づけをしてしまうのは，私たちの日常生活の中でけっして珍しいことではない。むしろ，その両価的感情の特徴やそれに対する態度に，その人らしさが表れるであろう。こうしたメタ・メッセージや発話の揺れは，本人に意識されている場合もあれば，本人も気づかぬままに発せられていることもある。

　本人があまり意識していないという点で言えば，語り手が選択した語彙や比

喩がそれ自体二重の意味や曖昧さをもっている場合もある。会議を始めるにあたって「ここに閉会を宣言します」と言ってしまった議長のエピソードは，フロイトが紹介した日常生活の錯誤行為として有名である（Freud, 1916-1917/1977）。これは，無意識の欲望が生み出した語彙の選択の誤りとされているが，フロイト的な無意識かどうかはともかく，会議を開こうとする行動のプランとは相反する志向がそこにあったことは想像に難くない。また，明らかな錯誤とまではいかなくても，たとえば上記の青年が，「将来はこの町の復興の役に立てるような職業に就きたい」と言うとき，「役に立つ職業」ではなく，「役に立てるような」という，ややもってまわった言い回しをしているところに注目することもできる。ここだけで解釈するのは危険だが，そうした職に就くことに対する自信のなさもまた垣間見ることができるかもしれない。

4-4　声が生み出される背景に注目する

　そうした多声的なナラティヴに対して次に投げかけられる問いは，個々の声が何に由来するか，というものである。たとえば，会話分析が明らかにしてきたように，ある特定の発話はその場でのやり取りによって生み出されたものでもある。会話はインタビュアーの何気ない一言によって誘導されうる。筆者の経験では，ライフストーリーを尋ねるインタビュアーが「お仕事を志したきっかけを聞かせてほしい」と，「志す」という強い言葉から始めたことに関連して，別のときの語りとは異なる整然としたストーリーが展開されたことがある。ストーリーの内容がでたらめであったわけではなく，別ヴァージョンのストーリー，ないし別の語り方がそこで生み出されたと言えるであろう。抜粋1の語りについては，これがどのような問いかけのもとで生み出されたかは不明だが，やり取りの影響の可能性は忘れるべきではない。

　また，インタビュー状況における発話は，目の前の他者の具体的な発話だけではなく，その他者が誰でありインタビューがどういう意味をもっているかによって影響を受ける。たとえば，抜粋1の語りは，朝日新聞というメジャーなマスメディアの記者に対して行われたものであり，そこで語られた内容がどの

ように使われるかということに対して，語り手が無自覚であったとは考えにくい。実際，同じ日の記事の中には，「みなさん，家族を本当に大事にしてください」と，自分の語りが新聞に掲載されて多くの読者に届くであろうことを見越した，別の被災者の発言もある。抜粋1の青年のポジティヴな語りも，前向きな姿勢をもつ自分たちの姿を多くの人に知ってほしいという気持ちからのものであった可能性もある。

　さらに言えば，個々の語りは，語り手がそれを普通だとか望ましいとか思っている語り方に寄り沿ったものになっているかもしれない。そうした語り方は，ナラティヴ研究の文脈では「マスター・ナラティヴ」とか「ドミナント・ストーリー」とか呼ばれるが，その人が生きる文化・社会の中で優勢な意味のまとまりであるという点では，上で述べた社会的なディスコース（言説）と共通の性格をもっている。人はしばしば，見聞きしてきたそうしたディスコースを取り込み，借り物であった言葉を自分のものとして語る。たとえば，抜粋1に読み取りうる前向きな姿勢の被災者イメージは，欧米でしばしば議論されてきた生存者（サバイバー survivor）のディスコースを彷彿とさせる。それは，無力で他からの同情を必要とする被害者（victim）のディスコースとは区別されるものである（Leisenring, 2006）。それを語り手が自ら取り込みながら語ったということもあり得るだろうし，あるいは，新聞記者および新聞社がそうしたディスコースを構築する方向で，インタビューを取捨選択し編集したという可能性も否定できないであろう。

5　質的研究のスタンダード化を超えて

　筆者の理解では，質的研究は研究対象の新たな側面を捉えていくために，量的研究にはない新たな視点と方法を試みる実験的な場として発展してきた。従来の方法の外部に出ようとするのは，質的研究が本来もっている志向性である。ナラティヴ研究もその途上で生まれ，現在でも広がりつつある。その一方で，質的研究の普及に伴ってその研究法の一部がスタンダード化され，視点と方法

の固定化を招いているようにも思われる。もちろんこれは，ある研究法が広がっていく際には避けられないことであり，質的研究の教育を考えると，望ましい面も多い。しかしそこでとどまっていては質的研究が本来もっていたはずの精神が失われてしまうだろう。それを避けるためには，その内側にすでにある視点や方法の外に出てそれを更新していくような運動が期待される。ディスコース分析の視点と方法は，現在，その運動の一翼を担うものであり，具体的な研究が蓄積されていくべき領域ではないかと思われる。

とは言え，ディスコース分析を用いた研究は，従来の質的研究やナラティヴ研究を排除するものではない。ディスコース分析的なデータの読み方や解釈の視点は，たとえばグラウンデッド・セオリーのようなカテゴリー分析にも，その分析を深めたり広げたりするのに貢献するであろう。それはナラティヴ分析の理論家であるリースマンが，ナラティヴ分析の方法を従来の質的な分析法と同時に使えるものとして位置づけたのと同様である（Riessman, 2007）。近年は，質的研究と量的研究のミックス・メソッドの議論が高まっているが，今後は，従来のカテゴリー分析的なやり方とディスコース分析的なやり方の間で，いかにミックス・メソッドが可能かという点も議論される必要があるだろう。

本章は，科学研究費補助金基盤研究(C)課題番号25380918「臨床心理学教育におけるナラティヴ分析導入プログラムの開発」の援助を受けている。

引用文献

Bateson, G. 1972 *Steps to an ecology of mind*. New York: Ballantine Books.（ベイトソン，G. 佐藤良明（訳） 2000 精神の生態学 新思索社）

Bruner, J. 1986 *Actual minds, possible worlds*. Cambridge, Mass: Harvard University Press.（ブルーナー，J. 田中一彦（訳） 1998 可能世界の心理 みすず書房）

Burr, V. 1995 *An introduction to social constructionism*. London; New York: Routledge.（バー，V. 田中一彦（訳） 1997 社会的構築主義への招待 川島書店）

第 I 部　理論編

Daiute, C., & Lightfoot, C. 2004 Theory and craft in narrative inquiry. In C. Daiute & C. Lightfoot, *Narrative analysis: Studying the development of individuals in society.* Thousand Oaks, Calif: Sage. pp. vii-xviii.

Freud, S. 1916-1917 *Vorlesungen zur Einführung in die Psychoanalyse.* Leipzig: Heller.（フロイト，S.　高橋義孝・下坂幸三（訳）　1977　精神分析入門（上）　新潮社）

Geertz, C. 1973 *The interpretation of cultures: Selected essays.* New York: Basic Books.（ギアーツ，C.　吉田禎吾ほか（訳）　1987　文化の解釈学 I　岩波書店）

Gergen, K. 1994 *Realities and relationships: Soundings in social construction.* Cambridge, Mass: Harvard University Press.（ガーゲン，K.　永田素彦・深尾誠（訳）　2004　社会構成主義の理論と実践　ナカニシヤ出版）

Glaser, B., & Strauss, A. L. 1967 *The discovery of grounded theory: Strategies for qualitative research.* Chicago: Aldine de Gruyter.（グレイザー，B.・ストラウス，A. L.　後藤隆・大出春江・水野節夫（訳）　1996　データ対話型理論の発見　新曜社）

樋口耕一　2014　社会調査のための計量テキスト分析——内容分析の継承と発展を目指して　ナカニシヤ出版

今井邦彦　2001　語用論への招待　大修館書店

木下康仁　2007　ライブ講義 M-GTA　弘文堂

小島康次　2013　言語とテクストをめぐる理論　やまだようこほか（編）　質的心理学ハンドブック　新曜社　pp. 138-170.

Kvale, S., & Brinkmann, S. 2009 *InterViews: Learning the craft of qualitative research interviewing* (2nd ed.). Los Angeles: Sage.

Labov, W., & Waletsky, J. 1967 Narrative analysis: Oral versions of personal experience. In J. Helm (Ed.), *Essays on the verbal and visual arts.* Seattle, Seattle: University of Washington Press. pp. 12-44.

Leisenring, A. 2006 Confronting "victim" discourses: The identity work of battered women. *Symbolic Interaction,* **29**(3), 307-330.

丸山圭三郎　1981　ソシュールの思想　岩波書店

松浦正浩　2011　被災者の声に基づく課題分析（ステークホルダー分析）調査 (Ver 1.0) http://mmatsuura.com/research/20110311/march.html （2014

年8月1日閲覧）

McAdams, D. P., & Bowman, P. J. 2001 Narrating life's turning points: Redemption and contamination. In D. P. McAdams, R. Josselson & A. Lieblich (Eds.), *Turns in the road*. Washington, D. C.: American Psychological Association. pp. 3-34.

能智正博　2005　質的研究がめざすもの　伊藤哲司・能智正博・田中共子（編）　動きながら識る，関わりながら考える　ナカニシヤ出版　pp. 21-36.

能智正博　2013　ナラティヴ・テクストの分析　やまだようこほか（編）　質的心理学ハンドブック　新曜社　pp. 324-344.

Parker, I. 2013 Discourse analysis: Dimensions of critique in psychology. *Qualitative Research in Psychology*, **10**, 223-239.

Riessman, C. K. 2007 *Narrative methods for the human sciences*. Thousand Oaks, Calif: Sage.

戈木クレイグヒル滋子・三戸由恵・関美佐　2012　日本の医療分野における質的研究論文の検討（第1報）論文数の推移と研究法の混同　看護研究，**45**(8)，481-489.

下山晴彦　2014　臨床心理学をまなぶ2：実践の基本　東京大学出版会

Wells, K. 2011 *Narrative inquiry*. New York: Oxford University Press.

やまだようこ　2013　質的心理学の核心　やまだようこほか（編）　質的心理学ハンドブック　新曜社　pp. 4-23.

第2章
ディスコース心理学とディスコースの心理学

大橋靖史

　本章では，心理学におけるディスコース分析として知られているディスコース心理学（discursive psychology）について概説する。ディスコース心理学は従来の量的研究を中心とする既存の心理学に対抗する勢力として1980年代後半に現れた。それは，社会構成主義やエスノメソドロジー，文化人類学などとかかわりがあり，分析手法としてはエスノメソドロジーの会話分析の手法がおもに用いられている。ここでは，ディスコース心理学の紹介にとどまらず，ディスコース心理学の射程を超える新たなディスコースの心理学の可能性について検討する。

1　ディスコース心理学

　ディスコースの概念については前章においても触れられているが，ここでは，ディスコース心理学と関連させながらディスコースの概念についてもう一度検討しておきたい。そのうえで，ディスコース心理学の始まりと既存の心理学に対する批判について言及する。

1-1　ディスコースとは

　ディスコース（discourse）という言葉は，厳密に定義しようとするとなかなか厄介な単語である。単純に英語の discourse（ディスコース）という単語に充てられた日本語の訳語を見ただけでも，学問領域によって「談話」・「言説」・「ディスコース」といった異なる用語が用いられている（鈴木，2007）（第1章3節も参照）。最初の談話という訳語は，おもに言語学の分野でディス

コースを扱う際に用いられ、社会学の分野では言説という訳語が充てられることが多い。そうした経緯を踏まえ、鈴木（2007）は、心理学においてはディスコースというカタカナによる表記を提案している。こうした違いはたんなる訳語の問題ではなく、それぞれの領域における研究対象と学問的な出自の違いを表している。言語学は、社会やこころではなく、言葉に学問的な興味関心の中核がある。そのため、言語学をベースとした談話分析では、人間が社会において言語をいかに運用するかといった語用論を基礎理論とした談話の分析が発展してきた（Stubbs, 1983/1989; 林、2008等）。これに対し、社会学は、言葉やこころではなく、社会に学問的な関心の核心がある。社会学をベースにした言説分析は、フーコー（Foucault, M.）の一連の著作の中で展開されたディスクール分析のことを指し、何らかの秩序をもった言表（言語によってなされた個々の表現）の集合を分析する（佐藤・友枝、2006）。一方、心理学は人間のこころや対人関係に学問的な関心の中心がある。神経科学や認知科学とも密接に関連しあう心理学ではこころを頭の中の仕組みに還元する傾向があったが、こころを対人関係や社会・文化ともかかわるものとして捉えるようになった結果、ディスコースの問題がクローズ・アップされるようになった。

このように学問分野によってディスコースは異なる出自と意味を持つが、その一方で、前章において述べたように、ディスコースといったとき、そこには共通した視点が存在する。それは、意味は様々な文脈の中で言語を通して生成されるものであり、言語それ自体がその場に対してある種の働きかけを伴う行為であるという点である。この点において、心理学の「ディスコース分析」は、言語学の「談話分析」や社会学の「言説分析」と相互に関連し合っていると言える。原語の英語では、いずれも discourse analysis（ディスコース・アナリシス）と同一の用語で表されていることからも、これら3つの分析は互いに重なり合うものと言える。

しかしながら、心理学者のエドワーズとポッター（Edwards & Potter, 1992）

（1）フーコー派の研究では、英語のディスコースより、フランス語のディスクール（discours）が一般に用いられる。

は，彼らの研究をディスコース分析ではなく，あえて「ディスコース心理学（discursive psychology）」と名づけることとした。ディスコース分析と言われると，それを一種の方法として，すなわち，実験法や質問紙法と同等な研究技法として捉えられることになりがちであるが，彼らは，ディスコース分析は心理学にとって，研究方法の違い以上の変革を意味するものであり，心理学や社会心理学に対し根本的な理論的再考を求めるものであると考えた。そこで彼らは，自分たちの研究に対し，たんなる研究方法や研究技法であると誤解されやすいディスコース分析という名称ではなく，ディスコース心理学という新たな名称を用いることとした。

1-2　ディスコース心理学の始まり

　ディスコース心理学という名称が本のタイトルとして最初に使われたのは，エドワーズとポッターによって書かれた『ディスコース心理学（*Discursive psychology*）』（Edwards & Potter, 1992）である。しかしながら，彼らの活動は少なくとも，この本が出版される5年前の1987年11月まで遡ることができる（DARG, 2014）。当時，イギリス・イングランド中部にあるラフバラ大学に勤めていたエドワーズとポッターは，同僚のミドルトン（Middleton, D.）らとともに社会心理学者のビリッグ（Billig, M.）の研究室に集まった。その後，彼らは毎週水曜日午後1時に集まり，社会心理学の変革を目指し，ディスコースやレトリック，活動，会話といった問題について議論するとともに，インタビュー・データの抜粋を詳細に検討することを続けた。これがDARG（Discourse and Rhetoric Group；ディスコース&レトリック・グループ）の活動であり，2014年の現在でも授業期間中の毎週水曜日の午後1時からラフバラ大学の社会科学部のメンバーを中心に，その活動は行われている。DARGが発足した1987年は，ポッターとウェザレル（Potter & Wetherell, 1987）により『ディスコースと社会心理学（*Discourse and social psychology*）』が出版された年でもあり，ディスコース心理学はこのころから本格的に形作られていったと考えられる。

第I部 理論編

　1980年代後半から1990年代にかけ DARG のメンバーは，積極的に論文を公表し，書籍を出版していった（書籍としては，Middleton ＆ Edwards, 1990; Potter, 1996; Edwards, 1997 等：主要論文については，その後のものも含め，ポッターが3巻本の『ディスコースと心理学』の第3巻（Potter, 2007）にまとめている）。そこでは，それまでの心理学では内的な心理過程として捉えられてきた記憶や帰属，態度，感情といった問題群が，従来のようなこころの内部の問題ではなく，人と人とのやり取りの中で遂行される行為の問題として捉え直されることになった。たとえば記憶研究について見ると，1970年代以降心理学において台頭してきた認知主義的な心理学では，体験された出来事は脳内の情報処理システムにおいて記憶情報として保持され，必要な際に引き出され，「覚えている」や「わからない」といった言葉として表出されると考えられていた。この考えに基づけば，言葉は心的状態を伝える透明な伝達手段に過ぎないことになる。これに対し，ディスコース心理学では，「覚えている」「わからない」といった言葉が人と人とのやり取りにおいてどのように使われているか，その使われ方に焦点があてられる。記憶や忘却といった現象は，頭の内部の問題ではなく，様々な状況において他者とのやり取りの中で過去に体験されたと考えられる事象が，どのように事実として構成されていくか，その構成のされ方の問題として捉え直されることになる。

　たとえば，ポッターは，BBC（英国放送協会）のインタビュー番組においてインタビュアーの質問に対しダイアナ妃が「わかりませんわ」と答えていた際の，ダイアナ妃とインタビュアーのやり取りを分析し，答えることによって自分が不利になるような問いに対し，ダイアナ妃が「わかりませんわ」という発話を行っていることに注目した。伝統的な記憶の心理学では，「わからない」という発話は発話者の脳内の記憶の不確かさや忘却を表す言語活動として捉えられるが，この場合の発話はむしろ，質問に答えることによって自分の立場が危うくなることを避けるため，言い換えれば，ダイアナ妃が自身のアイデンティティを守るために「わかりませんわ」という発話が使われていたと捉えることができた。

1-3　従来の心理学や社会心理学に対する批判

　ディスコース心理学は，脳内の心的過程の解明を目指す既存の心理学や社会心理学に対する批判にその特徴がある。上に挙げた記憶という現象を脳内で処理され保持される情報の問題として捉えるのではなく，思い出すこと（想起）や思い出さないこと（忘却）が他者とのやり取りにおいていかに行われるかに着目する。これは認知主義的な記憶研究に対するチャレンジとなった。

　同様のチャレンジは，先ほど挙げた帰属や態度，感情といった概念に対してもなされていった。たとえばエドワーズとポッター（Edwards & Potter, 1992）は，当時イギリスの蔵相であったローソンが新聞記者らとのオフレコ発言の中で高所得者への増税を検討していると述べたとの新聞記事が掲載され，その記事の真偽をめぐってローソン蔵相と記者らとの間で繰り広げられた論争について分析を行った。新聞記者らは，オフレコ発言の信用性を高める根拠として，翌日の新聞に各社一斉にこの発言を掲載したことを挙げていた。記者らの主張によれば，各社とも記事の内容が一致していたのは，その場にいた複数の記者の記憶に基づいたためであり，彼らの記憶が一致していたことは，オフレコ発言が真実だったことを示していた。一方，ローソン蔵相は，記事の内容が奇妙なことに一致していたのは，むしろ，複数の記者が示し合わせありもしない事実をねつ造した証拠だと主張した。ここでは，複数の記者がローソン蔵相の発言を同じような記事にしたことを，一方は発言が事実であったことの根拠として，他方はそれが事実ではなかったことの根拠として挙げていた。これは，原因帰属という現象が，個人内の心的現象ではなく，帰属について語る状況や場における語りのやり取りの問題として扱うことができる，あるいは，扱うことが必要なことを示している。同様に，態度や感情も，内的・主観的な心的状態が表情や行動として表されるものではなく，態度や感情にかかわる言葉が人々の言語的なやり取りの中で生み出されていく，そのやり取りの特徴に目が向けられた。

　そのうえで，エドワーズとポッターは，従来の記憶や帰属に関する伝統的な概念とディスコース心理学の考え方の違いをより鮮明に打ち出すために，以下

のようなディスコース行為モデル（DAM; Discourse Action Model）を提唱した（Edwards & Potter, 1992）。ただし，これは通常の心理学的なモデルと言うよりも，むしろ概念と概念間の関係を示す概念スキーマのようなものである。

[行為]
① 焦点は行為にあり，認知にはない。コミュニケーションややり取りといった実践としての行為が研究対象となる。
② 想起や帰属は，日常のやり取りといった活動の中で，（説明，記述，定式化(2)，ヴァージョン(3)といった）報告や利用可能な推論となる。
③ 報告は，孤立して生じるわけではなく，誘いの断りや非難，防衛といったことを含む活動のシークエンス（発話の連なり）の中に位置づけられる。

[事実と利害関係]
④ 利害もしくは利害関係にはジレンマが存在し，それはしばしば，報告を介した帰属を行うことによって管理される。
⑤ したがって，報告は様々なディスコース技法によって，事実として構成ないしは提示される。
⑥ 報告は，顕在化されなかったその他の選択肢を密かに傷つけるよう，レトリックとして組織化される。

[説明責任]
⑦ 報告は，報告される出来事の中にある作用や説明責任に留意する。
⑧ 報告は，報告する中に含まれる，現在の話者の行為の説明責任に留意する。
⑨ 最後の2つの関心事はしばしば関連し合っており，⑦は⑧によって展開され，また，⑧は⑦によって展開される。

DAMモデルはどこか抽象的な感じもするが，それはディスコース心理学がメタ理論であるためであり，これまでの心理学とは大きく異なる新たな研究ア

（2）定式化（formulating）とは，会話分析において用いられる用語であり，話を要約したり，別の言葉で置き換えたり，ある様式で語ることを言う。
（3）ディスコース分析で用いられる用語であり，ある出来事については様々な記述が可能であるが，人はその中から一つのヴァージョンを構成し説明する。

プローチを志向していた。

2 ディスコース心理学，その後の展開

　ここまでディスコース心理学についてその要点をかいつまんで説明してきたが，ディスコース心理学が用いる具体的な分析方法は，サックス（Sacks, H.）が創始した会話分析に大きく依っている。会話分析の方法に基づくことで，ディスコース心理学は，内的心理過程を想定せずに，相互行為としての発話のやり取りの中で心理学的現象を扱うことが可能となった。その反面，ガーフィンケル（Garfinkel, H.）によるエスノメソドロジーや後期ウィトゲンシュタイン（Wittgenstein, L.）の言語哲学を背景として生み出された会話分析は学問的な出自が心理学と異なるため，その方法を突き詰めていくと心理学の範疇から大きくはみ出してしまう危険性を孕んでいた。本節では，ディスコース心理学と会話分析の関係について検討したうえで，ディスコース心理学とディスコース分析の関係について言及する。

2-1　ディスコース心理学と会話分析

　ディスコース心理学の方法論は，会話分析の方法論と区別するのがしばしば困難である（Wooffitt, 2005）。考えてみれば，会話分析の創始者であるサックスが分析した自殺予防センターにおける電話のやり取りは，まさにディスコース心理学の会話例としてもふさわしいと言えるものである。

〈抜粋1〉［Sacks, 1992, vol. 1: 3 より］

01 A :	こちらはミスター・スミスです，どうされましたか
02 B :	聞こえないんですが
03 A :	こちらはミスター・スミスです
04 B :	スミス

　このやり取りでは，01行目の「こちらはミスター・スミスです，どうされましたか」という A の問いに対し，英語圏であれば通常，B は自分の名前を名

乗ったうえで，自殺予防センターに電話をかけてきた理由について述べることが暗黙のうちに期待されている。こうした社会や文化の中に暗黙に存在する期待やルールは，会話のシークエンスを分析することで明らかになる。この例では，02行目においてBが「聞こえないんですが」とAの発話が聴き取れないというBの認知にかかわる発話を行うことで，Bは自らの名前を述べるという暗黙のルールを回避している。従来の心理学的な見方から言えば，これはBが自らの名前を名乗りたくない心的状態の表れと捉えたであろうが，サックスはこのやり取りは，03行目でAが再び自らの名を名乗り，04行目でBが「スミス」とAの名前を復唱することによって，電話において相手が名乗ったときには，その受け手も名前を名乗るという暗黙のルールを回避したことによって生じそうになったトラブルが修復される一連の会話の流れ（シークエンス）であると考えた。ここで生じていることは，AとBそれぞれの内的な心理プロセスを想定せずに，一連のやり取りのシークエンスから分析が可能となる。

　このように会話分析とディスコース心理学とはきわめて類似しているが，両者の間には以下のような違いもある（Hepburn & Wiggins, 2007）。第一点として，会話分析は，会話の流れの中にみられる流れの規則性，暗黙のルールを明らかにすることが主たるテーマであるが，一方，ディスコース心理学は，語りの中にある特定の語り方，すなわち，あるヴァージョンが構成される，その構成のされ方に主たる関心がある。第二点として，ディスコース心理学は，認知主義を対立する考え方として捉え，反認知主義的な立場を鮮明に打ち出しているが，会話分析は認知主義に対して相反する2つの異なる見解を持っている。すなわち，会話分析もたしかに認知主義的な仮説を避けようとはするが，ときに相互作用的な現象を推定される心的対象と結びつけようとすることがある。そして，第三点として，会話分析は分析においておもに会話の順番取りやシークエンスの組織化に焦点を当てるのに対し，ディスコース心理学は，参加者の発話の定式化やカテゴリーに焦点を当てることが多く，会話分析のように徹底して会話の順番取りやシークエンスの組織化を明らかにする方向へと向かうことは少ない。

両者の違いは，ウィトゲンシュタイン派エスノメソドロジーの立場に立つクルター（Coulter, 1979/1998）や西阪（2001）の会話分析を見ればより鮮明となる。たとえば，西阪は，心理療法の一つである箱庭療法におけるセラピストとクライエントのやり取りを録音録画し，そこで行われているやり取りがそれぞれの個人の閉ざされた内部で生じる心的出来事ではなく，セラピストとクライエントの相互行為に埋め込まれた社会的な現象に他ならないことを，徹底して微細なシークエンスの分析を重ねることで明らかにしていく。ここでは，心理学がこれまで自明としてきた心的現象の分析単位を解体し，より微細な相互行為へと分析の単位を移行することで，心理学や心理学がこれまで築き上げてきた様々な概念それ自体を解体し，相互行為の社会学へと再構成しようとする試みがなされている。

2-2　会話分析への傾斜

　ディスコース心理学は，ウィトゲンシュタイン派エスノメソドロジーのようなラディカルな立場はとらなかった。彼らは反認知主義的な立場をとりながらも，認知主義者が打ち出した概念を発話の定式化や組織化といった相互行為によって説明しようとする点において，分析の単位は認知主義者と変わらなかった。先に述べたように，記憶や帰属という概念の分析単位は維持されることで，ディスコース心理学は心理学たりえていると言える。

　しかしながら，こうしたディスコース心理学の特徴は，ウィトゲンシュタイン派エスノメソドロジストであるクルターによって批判されることとなる（Coulter, 1999）。クルターの批判に対しポッターとエドワーズは反論を試みるが（Potter & Edwards, 2003），これはあからさまな反論と言うよりも，クルターの批判の多くは誤解であり，ディスコース心理学の理論的立場は，エスノメソドロジーのそれにきわめて近いことを訴える論文となっていた。また，鈴木（2007）が挙げているように，ちょうど同じころ（1999年に），DARGのメンバーであったレトリカル・アプローチのビリッグと会話分析のシェグロフ（Schegloff, E. A.）の間でも論争が行われることになる。

ディスコース心理学はその初期から，理論的にはクルターをはじめとするエスノメソドロジーの強い影響を受け，また，その分析においてはサックスが創始しその弟子であるシェグロフやジェファーソン（Jefferson, G.）らに引き継がれた会話分析の手法を取り入れていたことから，ポッターらディスコース心理学を推進してきた研究者にとっては，クルターやシェグロフによるディスコース心理学批判はショックであったと考えられる。そのことが関係してか，DARG の主要メンバーは，その後，それまで以上に会話分析やエスノメソドロジーの理論や分析手法に傾倒していくこととなった。

また，会話分析への傾斜は，ディスコース心理学と同じくディスコースを分析対象とする，批判的ディスコース分析やフーコー派ディスコース分析からのディスコース心理学に対する批判（鈴木，2007）への対抗策として捉えることも可能である。

2-3 ディスコース心理学とディスコース分析

ここまで，ラフバラ大学の DARG を中心に発展してきた会話分析的な手法を用いたディスコース心理学について述べてきたが，DARG の中もけっして一枚岩ではなかった。まず DARG の初期から中心的なメンバーでありながら，会話分析一辺倒な手法とは少し距離をとる者もいた。ビリッグである。彼はレトリックの分析に力点を置くレトリカル・アプローチの立場をとっている。また同じく DARG の主要メンバーであるアンタキは，様々な制度的状況におけるやり取りの特徴を分析する応用会話分析という立場をとっている（Antaki, 2011）。ディスコース心理学と言った場合，これらを含めることに異論は少ないものと思われる。

しかしながら，先ほど挙げた批判的ディスコース分析やフーコー派ディスコース分析を，ディスコース心理学に含めることは必ずしも適当ではない。むしろ，ディスコース心理学や批判的ディスコース分析，フーコー派ディスコース分析を総称して，ディスコース分析と呼ぶ方が適当だと考えられる。このうち，社会構造における力関係とディスコースの関係や，不平等の生産や再生産にお

けるディスコースの役割を明らかにしようとするのが批判的ディスコース分析であり，ディスコースと人間の主体，経験，社会における権力，それに制度上の実践との関係を明らかにしようとするのがフーコー派ディスコース分析である（鈴木，2007）。

　本書で扱うディスコースにかかわる研究は，これまで述べてきたディスコース心理学の範疇に収まり切らないものであり，むしろ，様々な立場を包括したディスコース分析の研究と言えるものである。その意味において厳密な分析手法をとると言うより，折衷的な手法が用いられることも多い。しかしそれにもかかわらず，本書の「実践編」に挙げられた研究間に，ある種の一貫性や統一性が感じられるとしたら，それは，「はじめに」において述べられた「ディスコース分析とは研究を行う際の一つの態度―別の言い方をするなら，観点，姿勢，構え，アプローチ―である」という考え方が，各研究に反映されていると考えることができる。それでは，そうした観点，姿勢，構え，アプローチといったものはどのようにして身につけることができるのだろうか。この問いに対する一つの答えとして，次節では，ディスコースを分析する研究グループの意義とその必要性について検討してみる。

3　ディスコース分析における研究グループの意義

　ここまでおもにディスコース心理学について検討してきたが，ディスコース心理学の発展においてラフバラ大学のDARGが果たした役割はとても大きなものがある。ディスコース心理学はDARGがなければ現在のような形では存在し得なかったかもしれない。筆者はこれまで様々な心理学の研究会に参加してきたが，DARGに何度か実際参加してみて，このグループが他の研究会とは異なった機能を持つように感じた。またそのことは，ディスコースの分析を実際に行う際の方法にも密接に関係しているように感じている。

第Ⅰ部　理論編

3-1　DARG（ディスコース＆レトリック・グループ）の果たした役割

　伝統的な心理学の量的研究法である実験や質問紙調査では，実験の組み立て方や質問紙の作成，またその分析方法にはだいたい決まった手続きが存在し，さらには，そうした研究手続きの習得方法も確立されていて，それらを習得すれば，研究者は個々人で研究を進めることができる。これに対し，質的研究の場合は量的研究ほど研究方法が定まっていないことが多い。そのため，ディスコース分析を含め質的研究では，研究者が一人で行うのはかなり困難な作業となることが多い。たとえば，グラウンデッド・セオリー・アプローチのように分析方法がある程度決まっているように見える研究方法であっても，戈木クレイグヒル（2006）が言うように，技法について書かれた本から基礎となる知識を得ることができても，実践に応用できるレベルまで研究方法を習得するためには，ゼミやピアカンファレンス，コンサルテーション，さらには，同じデータを一緒に分析する機会を持つことが必要となる。

　質的研究では，決まりきった分析を行うのではなく，発見的・多声的な分析を行うことが大切であるが，この作業を一人でやり通すことは難しい。そこで他者との共同的なデータ分析作業が必要となってくる。そこにDARGが果たした役割がある。DARGの基本的なやり方は，その日の参加者の一人が自ら研究している実際のデータを持ち寄り，音声データであれば参加者全員に音声を聞かせ，また，録画データであればそれを皆に見せた上で，やり取りを記したトランスクリプトを配り，そのデータを参加者全員が検討するデータ・セッションという形式をとる。会話分析的な手法を用いた研究であれば，その際検討するトランスクリプトの量は比較的短いものとなる。したがって，1時間程度のデータ・セッションであっても，必要があれば何度も生の録音・録画データを参加者全員が視聴することが可能である。そのうえで，参加者は自由にデータについて意見を言い合い，討議を行う。ここには先ほど述べてきたように，ポッターやビリッグ，アンタキらそれぞれ立場が微妙に異なる研究者らが集まっていることから，同一データに対して様々な観点から分析がなされることになる。ここに分析の多声性が生まれることになる。アンタキから話をうかがっ

たところでは，1990年代のDARGでは毎回活発な議論が繰り広げられていたとのことである。ディスコース心理学の積極的な活動はまさにDARGにおける議論が基盤になっていたと言える。

しかしながら，2009年4月から2010年3月にかけて筆者が在外研究でイギリスに滞在中に，実際にDARGのデータ・セッションに参加した際には，アンタキの思い出話としてのDARGとはやや異なる研究会の姿があった。当時，DARGの中心メンバーであるポッターがアメリカで会話分析の研究を行っていて不在であり，また，筆者の期待が大きすぎたこともあるが，データ・セッション自体がそれほど盛り上がっていないように感じられた。中心メンバーはたしかに意見を言うが，大学院生やポスドクと思われる若手のメンバーはそれを拝聴していてなかなか意見を言ったりせず，最後は中心となるメンバーから順番に指名されて意見を言うような形式になっていた。在外研究ではヨーク大学において『会話分析とディスコース分析』（Wooffitt, 2005）の著者でもあるウーフィットと共同研究を行っていたが，ヨーク大学の超常体験研究ユニット（AERU; Anomalous Experience Research Unit）におけるデータ・セッションでは若手の研究者を含め，活発に議論が交わされていただけにその違いに驚いた記憶が残っている。

帰国後の東京ディスコース研究会（TDK）の設立とその後の活動については「はじめに」において記したが，以下では，DARGやAERU，TDKといった関心や態度を共有する研究グループがディスコース分析において果たす意味について考えてみたい。

3-2　関心や態度を共有する研究グループの必要性

これまで量的研究をおもに行ってきた研究者やグラウンデッド・セオリー・アプローチを行ってきた研究者から，ディスコースはどのように分析すればよいか，その方法について教えてほしいと尋ねられることがある。これまで述べてきたように，ディスコース分析が言語データに向かう際の態度や姿勢であるとしたら，それは伝えることが難しいものと言える。そうした態度や姿勢を伝

達する，あるいは，共有する場として，データ・セッションは大きな意味を持つ。同一のデータについて様々な意見を交わすという場は，ディスコース分析にとってまさに必要な場である。

　また，量的研究が，仮説を立て，研究計画を練り，実験や調査を実施し，当初の仮説に基づき分析を行い，分析結果について考察するという総じて直線的な営みであり，研究のゴールが比較的明確に定まっているのに対し，質的研究は循環的な営みであり，分析を行っていてもどこが終着点がはっきりしないことが多い。全データを説明できる解釈に至るまで分析を行うことが推奨されているが，個人で分析をした場合，一人の思考には限界があり，それほど分析が深まっていないように感じられるにもかかわらず，分析が行き詰まることがしばしばある。

　この問題を解決するためにも，関心や態度を共有する研究グループでのデータ・セッションは意味がある。そこでは一人の分析では行き詰まっていた分析に，他者の視点が加わることで分析が再び活性化し，新たな分析が可能になる。また，これまで混乱していた分析枠組みに対し，建設的な批判が投げかけられることにより，より洗練した分析へと展開することが可能になることがある。さらには，様々な意見や励ましを受ける中で，分析の終着点を見出すことができる場合がある。本書を読み，ディスコース分析に関心を持たれた方がいれば，ぜひこうした研究仲間を作り，そこでデータ・セッションを行うことを試みていただければと思う。あるいは，TDKのようなすでにある研究会に積極的に参加し，一緒にデータを分析することの意味を実感していただくことが，態度や姿勢としてのディスコース分析を学ぶよい方法だと感じている。その意味でもディスコース分析は運動と言える。

4　ディスコースの心理学へ

　本章では，ディスコース心理学の概説から始め，態度や姿勢としてのディスコース分析の習得方法についてまで検討してきたが，ここに書かれたことはこ

れまでの書籍や論文の中ではあまり明瞭に書かれることがなかった内容かもしれない。また一方で，すでにディスコース研究を行っている人にとっては，あまりに当たり前のことだったかもしれない。その意味では，ディスコース研究において明示化されることが少ない暗黙の方法について述べてきたとも言える。ディスコース研究が人と人との間で営まれるやり取りに焦点を当てるのだとしたら，その研究方法もまた人と人とのやり取りを通して生み出されるものであることが大切である。

「はじめに」で述べたように，ディスコース分析は，研究を行う際の態度や姿勢である。そして，そうした態度や姿勢は，上に述べてきた関心や態度を共有する研究グループにおける協同的な分析の営みを通じて，醸成されていく。東京ディスコース研究会のメンバーの多くは，心理学とりわけ臨床心理学的な視点をもつ研究者が多く，その分析の営みは，ときにディスコース心理学を参照しつつも，それとはいくぶん異なる視点からディスコースを分析することとなっている。ディスコースの心理学は，彼らメンバー間のやり取りの中から生み出されていく運動の総称とも言えよう。

引用文献

Antaki, C.（Ed.）2011 *Applied conversation analysis: Intervention and change in institutional talk.* Basingstoke: Palgrave Macmillan.

Coulter, J. 1979 *The social construction of mind: Studies in ethnomethodology and linguistic philosophy.* London: Macmillan.（クルター, J. 西阪仰（訳）1998 心の社会的構成——ヴィトゲンシュタイン派エスノメソドロジーの視点　新曜社）

Coulter, J. 1999 Discourse and mind. *Human Studies,* **22**, 163-181.

DARG 2014 Discourse and Rhetoric Group. http://www.lboro.ac.uk/departments/socialsciences/research/groups/darg/（2014年10月21日閲覧）

Edwards, D. 1997 *Discourse and cognition.* London: Sage.

Edwards, D., & Potter, J. 1992 *Discursive psychology.* London: Sage.

林宅男（編）2008　談話分析のアプローチ——理論と実践　研究社

Hepburn, A., & Wiggins, S.（Eds.）2007 *Discursive research in practice:*

New approaches to psychology and interaction. Cambridge: Cambridge University Press.
Middleton, D., & Edwards, D. (Eds.) 1990 *Collective remembering.* London: Sage.
西阪仰　2001　心と行為——エスノメソドロジーの視点　岩波書店
Potter, J. 1996 *Representing reality: Discourse, rhetoric, and social construction.* London: Sage.
Potter, J. (Ed.) 2007 *Discourse and psychology. Volume III: Discursive psychology.* London: Sage.
Potter, J., & Edwards, D. 2003 Rethinking cognition: On Coulter on discourse and mind. *Human Studies,* **26**, 165-181.
Potter, J., & Wetherell, M. 1987 *Discourse and social psychology: Beyond attitudes and behaviour.* London: Sage.
Sacks, H. 1992 *Lectures on conversation, Vol. 1.* Jefferson, G. (Ed.) Oxford: Blackwell.
戈木クレイグヒル滋子　2006　グラウンデッド・セオリー・アプローチ——理論を生みだすまで　新曜社
佐藤俊樹・友枝敏雄（編）　2006　言説分析の可能性——社会学的方法の迷宮から　東信堂
Stubbs, M. 1983 *Discourse analysis: The sociolinguistic analysis of natural language.* Oxford: Blackwell.（スタッブズ，M.　南出康世・内田聖二（訳）　1989　談話分析——自然言語の社会言語学的分析　研究社出版）
鈴木聡志　2007　会話分析・ディスコース分析——ことばの織りなす世界を読み解く　新曜社
Wooffitt, R. 2005 *Conversation analysis and discourse analysis: A comparative and critical introduction.* London: Sage.

第3章
経験を研究するディスコース分析

鈴木聡志

　ディスコース分析は主観的な経験を研究していないのではないかとの指摘がある。たしかにこれまでディスコース分析はやり取りにおいて現れる経験の客観的な側面を対象にしてきたので，当人にとっての経験の意味や主観性を扱っているのか疑問視されても仕方ない。本章ではディスコース分析による主観的な経験へのアプローチの可能性について考える。

1　ディスコース分析における主観性や経験の扱い方

1-1　質的研究におけるディスコース分析の位置づけ

　ウィリッグは質的研究について次のように述べる。質的研究は基本的に意味に関わっている。質的研究者は主観性（subjectivity）と経験（experience）に関心がある。質的研究者は，研究参加者たちの経験がどのようなものであるのか，参加者たちが経験をどのように語るのか，経験をどのように理解しているのかを，よりよく理解したいのである，と（Willig, 2012）。この説明において，意味と主観性と経験の関係がどのようなものであるのかは明らかでないが，主観性と経験がほぼ同義なら，質的研究は人間にとっての主観的経験の意味にかかわっている，と彼女は主張しているようである。

　現在ディスコース分析は質的研究法の一つとして位置づけられており，多くの質的研究の概説書で取り上げられている。しかしディスコース分析がウィリッグが言うような意味で主観性や経験を研究しているとは言い難い。このことについてはすでにバー（Burr, 1995/1997）が社会構成主義に関する著作で，ポッターとウェザレルによるディスコース分析の古典（Potter & Wetherell,

表3-1 質的研究の視点

	主観的観点へのアプローチ	社会状況形成の記述	下部にある構造の解釈学的分析
理論的立場	象徴的相互行為論 現象学	エスノメソドロジー 構成主義	精神分析
データ収集法	半構造的インタビュー ナラティヴ・インタビュー	フォーカス・グループ エスノグラフィー 関与観察 ドキュメント収集	写 真 映 像
解釈方法	内容分析 ナラティヴ分析 解釈学的方法	会話分析 ディスコース分析 ドキュメント分析	客観的解釈学 深い解釈学

（出所）　Flick（2007）。一部省略

1987）を取り上げ，彼らが主観性に関心がないことを指摘している。バーによると，彼らは，「ふつう精神内部の出来事と考えられている諸現象を，人の頭の内部から引き出して，代わりに社会的，対人的領域に置こうとする。(中略)人は実際上，中身がないのであって，あるいは少なくともポッターとウェザレルは，ありうべき中身に関心がない」(邦訳 p. 189)。またフリック（Flick, 2007）は質的研究の視点を3つに分け，内容分析とナラティヴ分析を主観的観点へのアプローチのための解釈方法とし，会話分析とディスコース分析を社会状況の形成の記述のための解釈方法としている（表3-1）。彼によると，人間の主観性や経験へアプローチするためには，象徴的相互行為論や現象学の理論的立場を採用し，インタビューを使ってデータを集め，ナラティヴ分析等で解釈するのがよい。したがって彼の見解では，ディスコース分析は主観性へのアプローチとしては適切ではないのである。

1-2　社会構成主義に基づく心理学の可能性

　ディスコース分析が社会学や言語学の研究方法であるなら，人と人とのやり取りの中で怒りや嫉妬，愛情や憎しみがどのように語られるか，特異な体験がどのように語られるかを分析するのにそれは適切である。心理学においてディスコース分析は同様の問題意識から態度や認知といった心理学的概念を対人的

領域の現象として研究し，それらを人の内部の過程と仮定しなくてもよいことを示した。実際，ディスコース心理学（discursive psychology）はそのような研究プログラムを進めてきた（たとえば，Edwards & Potter, 1992; Hepburn & Wiggins, 2007）。

　ディスコース分析に主観的経験を扱わない傾向があるのは，その理論的基盤である社会構成主義に理由があるのかもしれない。社会構成主義とは，現実は社会的に作られるとする考え方であるが，その概説書である『社会的構築主義への招待』（Burr, 1995/1997）の著者であるバーは，この著作の発行後に社会構成主義を批判し始め，その第2版では社会構成主義批判に1章を当て，こう言う。「社会構成主義は，人の経験と主観性の研究としての心理学の必要性を不要にする恐れがある」（Burr, 2003, p. 178）。ただし彼女は，恐れがある，と言っているだけで，社会構成主義は心理学の必要性を不要にする，と断言している訳ではない。実際彼女は，人間の経験について何らかの手がかりを与えることのできる「社会構成主義心理学（social constructionist psychology）」を見たいと言う。筆者は彼女の提案に賛同する。ディスコース分析が心理学の研究方法であるなら，主観性や経験を避けるのはどうかと思うからである。「はじめに」で述べられているようにディスコース分析を態度や視点と理解したとしても，この態度や理解を取ることには，主観性や経験に目を背ける帰結をもたらす必然性はない。

　それでは社会構成主義に立った心理学はどのようにして可能だろうか。本章では，ディスコース分析が主観性や経験にアプローチする可能性について考えたい。

2　ディスコース心理学における経験の扱い方

2-1　ディスコース心理学による研究の典型例

　その前に，ディスコース心理学が経験をどのように扱うのかを，ポッターの「経験の研究の仕方」（Potter, 2012）と題された論文に見てみよう。これはあ

る論文へのコメントとして書かれたのであるが，彼はその論文で使われたデータを再分析するだけでなく，ディスコース心理学による経験の研究の一例を示している。これはディスコース心理学による経験の研究の一つの手本と考えてよいだろう。

　ポッターは全国児童虐待防止協会へのある通報をデータにして，泣く経験を分析した。通報者は父親で，息子の継父が息子を攻撃したとの電話を息子から受け，警察に通報してから他に何かできることはないかと同協会へ電話した。通報者は息子の傷の詳細を話し始めると泣き出した。抜粋1はその15秒後からで，CPOとは児童保護官（child protection officer）である（行番号は原論文のまま，トランスクリプト記号は一部修正）。

〈抜粋1〉

```
06  CPO    オーケイどうぞごゆ：っくり
07  通報者  ズー《鼻をすする音。引用者》
08         (2.0)
09         ＞.hヒh .hヒh＜《泣き声。引用者》
10         (0.4)
11  CPO    ひと-ひと[休みしたい]ですか＝
12  通報者           [hフhh＞.hヒhh＜
13         ＝＞hフhh hフhh＜
14         (0.6)
15  通報者  ズー
16         (0.3)
17  通報者  °だいじょぶhhです°
18         (1.8)
19  通報者  ズー＞hフhh hフh[h]＜
20  CPO                  [と]てもつら：い,
21         そこにお子さんがあなたといっしょにいないと，ですね＝
22         で[あなた-](.)あなたはそのことについて話している
23  通報者    [＞.hヒh＜
```

　ポッターによると，6行目のCPOの「どうぞごゆっくり」は，通報者の動

揺によって乱されたやり取りに向けられている。これはその前の通報者の動揺を認めるとともに，通報者が動揺することを許している。11行目の「ひと休みしたいですか」は「どうぞごゆっくり」をグレードアップしたもので，通報者の鼻のすすり（7行目），沈黙（8行目と10行目），すすり泣き（9行目）による会話の乱れへの反応である。その後，通報者の鼻のすすりやすすり泣きがさらに出現する。

　このやり取りでポッターが興味を示しているのは，経験の扱い方である。CPOは通報者の心理状態を一言で述べている。20から21行目で通報者の現状への対処の困難さを述べ，「そこにお子さんがあなたといっしょにいない」ことを「とてもつらい」と要約している。「お子さん」と「あなた」と述べることによって，このような状況で親であれば感じるであろうことが示されている。人が他者の心理状態に近づくことは容易でないが，CPOは通報者を子どもを持つ親とみなすことで，他者の心理状態に近づく難しさに対処している。CPOは通報者の心理状態を一言で述べた後で，付加疑問（「ですね（isn't it）」）を付け加えた。上のトランスクリプトの日本語訳ではわかりにくいかもしれないが，これは「とてもつらいですね」の意味である。こうしてできた疑問文は通報者を，CPOが述べた心理状態を確証することができる者として扱う。

2-2　経験の客観的側面と主観的側面

　ポッターによる，ディスコース心理学における泣く経験の分析には以下のような特徴がある。
(1)　通報者の泣く経験を，本人の精神内部ではなくCPOとの間の現象として，つまり対人的領域の現象として捉える。
(2)　通報者の心理状態をCPOがどのように構成したかに注目する。
(3)　したがって通報者の心理状態は，それ自体として主題化されることがない。
　ここで筆者はディスコース心理学を批判しているのではない。その試みは新しい領域を切り開いていると考えている。ただ，こうしたアプローチはウィリッグの言うような意味での経験を研究しているのか疑問に思うのである。ディ

スコース心理学では通報者の鼻のすすりやすすり泣きがどのように増加したのかがわかる。しかし，そのときの通報者の主観的経験はわからない。ディスコース心理学は経験の客観的側面を研究している。つまり，他者から観察可能な経験を研究している。しかもその経験は一時的なものである。ディスコース心理学は一般に精神内部の現象と考えられている事柄を対人的領域の現象として捉えようとするプロジェクトであるから，経験をこのように限定する姿勢は当然であるが。

ところで，経験を研究した心理学の古典にジェームズの『宗教的経験の諸相』（James, 1902/1969-70）がある。彼が研究した経験は，ディスコース心理学が関心を向ける経験と次の点で異なる。

(1) その経験はその人の人生の重要な一部である。その人の人生を変えた場合もある。
(2) その経験はその人にとって特別な意味を持つ。
(3) その経験はその人の精神内部で何度も反芻され，やがて一つの形を取り，語られたり手記に書かれたりする。経験はナラティヴの形を取っていると言ってもよい。

ディスコース分析が心理学の研究方法であるなら，このような種類の経験にもアプローチできないといけないだろう。そのような経験がナラティヴの形を取るのなら，ナラティヴ・アプローチを採用すればいいではないかとの声が聞こえるが，語りのダイナミズムを重視するディスコースの観点（第1章参照）からこのような経験にアプローチする道を探ってみたい。そのために，ウィトゲンシュタインの言語ゲームの考えに基づいて，人間の主観的経験がどのように形成されるのかをスケッチしてみる。

3　言語ゲームと経験の形成

3-1　言葉と感覚のむすびつきを学ぶ

ウィトゲンシュタインの言語ゲームは，社会構成主義の出発点の一つとされ

ている。それは，橋爪（2009）によれば「規則（ルール）に従った，人びとのふるまい」（p. 116）を意味する。人々は規則に従ってふるまっている。規則は人間が作ったのであるから変えることができるが，人間世界の中で意味のあることをするためには，人はすでにある規則に従わなければならない。ふるまいには行動だけでなく，心的な事柄も含まれる。わかる，悲しいといった心的活動についても，人々は規則に従ってふるまっている。つまり人々は，規則に従って「わかる」ふるまい，「悲しい」ふるまいをしている。だからこの考えに従うと，「心的概念とは，言語ゲームの中で実践概念として社会的に構成されたもの」（渡辺，2013，p. 68）となる。

　言葉がどのようにして感覚を指し示すのかについて，ウィトゲンシュタイン（Wittgenstein, 1953/1976）はこう述べる。

　　　たとえば「痛み」という語の意味。ことばが根源的で自然な感覚の表現に結びつけられ，その代わりになっているということ，これは一つの可能性である。子供がけがをして泣く。すると大人たちがその子に語りかけて，感嘆詞を教え，後には文章を教える。かれらはその子に新しい痛みのふるまいを教えるのである。（邦訳 p. 178）
　　　〈痛み〉という概念を，あなたは言語とともに学んだのである。（p. 234）

　上の引用を次のように言い換えてみよう。人はすでに言葉が交わされている世界に生まれる。子どもは生まれて数年のうちに，周囲の人たちの言葉の使い方のルールがわかってくる。そして言葉を使い始める。言葉だけでなく表情やしぐさも同じように，子どもはそのルールを理解して使い始める。周囲の人たちは子どもに，「おいしいね」「痛いね」「うれしいね」「悲しいね」等々と言葉をかける。子どもはこころのある存在として周囲の人たちから扱われる。子どもはどのようなときに「おいしい」のか，そのときのふるまいも含めてルールを理解し，やがて「おいしい」と言い，おいしいふるまいをする。

　そのときその子は，おいしさの感覚をもつ。ウィトゲンシュタインの引用に従うなら，その子は「おいしい」という概念を言語とともに「学んだ」という

ことになるが、その概念を学ぶとともにその子にはおいしい感覚が生じ、その子はおいしい経験をしていると考えてもいいだろう。そしてその子が「おいしい」と言い、おいしいふるまいをするとき、周囲の人たちはその子はおいしい経験をしていると考える。

子どもはおいしいふりをすることも覚える。おいしいふりをして他人を騙す子どもは、おいしいことはその子の主観的な感覚であるだけでなく、一つの決まり事であることを理解している。

言葉と感覚が深く結びついていること、私的と思われた感覚も公共的なものであることを示す興味深いエピソードがある。漫画家の伊藤理佐は年に一度、右足の弁慶の泣きどころの隣で骨といっていいところがむずむずする。それが始まるとかゆいというより、立って走り出したい、骨をパカッと取り出してみたいくらいである。ある日、「足　むずむず」を検索語にして検索したところ、「むずむず脚症候群」という病名が出てきた。病態は自分のと同じだった。そして、みんな「むずむず」って思うんだ、「もじもじ」とか「ざわざわ」じゃないよね、と思ったそうである（朝日新聞2014年5月3日）。

これは、ウィトゲンシュタインの、言語は私的言語ではないという考えを彷彿とさせるエピソードである。私的言語とは、自分の感覚や主観的世界の中に、言葉に対応する何かがある場合にだけ、言葉が意味を持つような言語である。伊藤の例では、足の感覚を「もずもず」と名づけるような場合である。この場合、「もずもず」した感じは伊藤以外の誰も理解できないだろう。言語はそのようなものではない。言語は公共のものである。個々人にだけ開かれている領域（内面）は言語によって世界にも開かれている（橋爪、2009参照）。

3-2　経験をふり返ることの意味

さて子どもはある程度成長すると、自分の経験をふり返ることができるようになる。今食べ物を口に含んで「おいしい」と感じている自分を自覚することがあるし、過去の出来事をふり返ることもある。自己を、観察する自己と観察される自己とに分けることや、精神内部で2つの自己が対話して考えを発展さ

せること（Billig, 1987; Hermans & Kempen, 1993/2006 参照）は，人間だけが持つ能力と考えていいだろう。

　人はある出来事をふり返ることで，断片的でバラバラだったそのときの感覚，考え，感情，エピソード等を一つのまとまりにする。その中にはその人の人生にとって欠かすことのできない意味を持つ経験となるものもある。始まりと真ん中と終わりのある物語になることもある。

　ナラティヴではなくディスコースの観点からは，話をさらに続けることができる。ただの出来事が経験になるとき，人はすでに社会・文化の中にある言い方や意味のまとまりとしてのディスコース（マスター・ナラティヴ）に頼ることがある。しかし人は外部のディスコースに対して無力ではない。それに対抗するディスコース（カウンター・ディスコース）を形成することも可能である。これを中核とするアイデンティティは，対抗同一性と呼ばれる（鈴木, 2001）。

　人が過去の経験をふり返ることでその経験の意味が変わる（人生のふり返りについては Freeman, 2010/2014 参照）。しかしふり返る力が弱い人もいる。そのような場合，その人の人生の意味は変わりにくい。いったん否定的な意味づけがされたなら，意味を変えるのが困難である。そのような人にはふり返ることを助ける援助者が必要だろう。佐藤（2014）が報告する知的障害者更生施設「かりいほ」における利用者の「自分語り」は，そのような取り組みである。そこでは生きにくさを抱えた知的障害者が，自分自身を語り切るまで，職員は彼の話を聞こうとする。

4　主観的経験へのアプローチに向けて

　言語ゲームの考えに基づいて，人間の主観的な経験がどのように形成されるのかをスケッチしてみた。ここで言う経験は，人の人生の一部であり，その人にとって特別な意味をもち，何度もふり返られることがあるような経験である。

　多くの人たちに共通する同じ種類の経験であるなら，語られ，記述される際に何らかのパターンがあるであろう。この経験の語りや記述のパターンを発見

することが，主観的経験の研究の目的となる。そのような経験の語りや記述のパターンをディスコース分析が発見するのは可能だろうし，またそのような経験の形成過程を辿るのも可能だろう。そして経験が語られ記述される文脈にも目が向けられねばならない。ディスコース分析が心理学における研究法の一つとして人間にとっての主観的意味を研究するなら，今後このような方向へ向かうことが大切であると筆者は考える。

　社会構成主義の志向をもつディスコース心理学や会話分析は，心的概念を人と人とのやり取りの中に見ようとしてきた。しかし社会的に構成された心的概念はやり取りの中にだけでなく，個々人の内面にもあるだろう。これまで言語ゲームのアイディアに基づいて，精神内部にあるとされる心的概念が世界や他者へ開かれていることが強調されてきた。しかし同じアイディアに基づいて，個々人の内面，つまり主観性や経験にアプローチすることも可能だろう。

引用文献

Billig, M. 1987 *Arguing and thinking: A rhetorical approach to social psychology.* Cambridge: Cambridge University Press.

Burr, V. 1995 *An introduction to social constructionism.* London: Routledge. （バー，V. 田中一彦（訳）1997 社会的構築主義への招待——言説分析とは何か　川島書店）

Burr, V. 2003 *Social constructionism,* Second edition. London: Routledge.

Edwards, D., & Potter, J. 1992 *Discursive psychology.* London: Sage.

Flick, U. 2007 *Designing qualitative research.* London: Sage.

Freeman, M. 2010 *Hindsight: The promise and peril of looking backward.* New York: Oxford University Press. （フリーマン，M. 鈴木聡志（訳）2014 後知恵——過去を振り返ることの希望と危うさ　新曜社）

橋爪大三郎　2009　はじめての言語ゲーム　講談社

Hepburn, A., & Wiggins, S. (Eds.) 2007 *Discursive research in practice: New approaches to psychology and interaction.* Cambridge: Cambridge University Press.

Hermans, H. J. M., & Kempen, H. J. G. 1993 *The dialogical self: Meaning as movement.* San Diego, California: Academic Press. （ハーマンス，H. J.

M.・ケンペン, H. J. G. 2006 溝上慎一・水間玲子・森岡正芳（訳） 対話的自己 新曜社）

James, W. 1902 *The varieties of religious experience.* New York: Longmans, Green & Co.（ジェームズ, W. 桝田啓三郎（訳） 1969-1970 宗教的経験の諸相 上・下 岩波書店）

Potter, J. 2012 How to study experience. *Discourse and Society,* **23**(5), 576-588.

Potter, J., & Wetherell, M. 1987 *Discourse and social psychology: Beyond attitudes and behaviour.* London: Sage.

佐藤幹夫 2014 続・「かりいほ」の支援論──利用者の「自分語り」に耳を傾ける そだちの科学, **22**, 37-43.

鈴木聡志 2001 障害者のアイデンティティ──対抗同一性再考 臨床心理学研究, **39**(2), 48-57.

渡辺恒夫 2013 質的研究の認識論 やまだようこほか（編） 質的心理学ハンドブック 新曜社 pp. 54-70.

Willig, C. 2012 Perspectives on the epistemological bases for qualitative research. In H. Cooper (Editor-in-Chief), *APA handbook of research in psychology: Vol. 1. Foundations, planning, measures, and psychometrics.* Washington, D.C.: American Psychological Association. pp. 5-21.

Wittgenstein, L. 1953 *Philosophische untersuchungen.* Oxford: Basil Blackwell.（ウィトゲンシュタイン, L. 藤本隆志（訳） 1976 ウィトゲンシュタイン全集 8 哲学探求 大修館書店）

第Ⅱ部

実 践 編

第4章
色覚異常を自覚させられる経験

鈴 木 聡 志

　先天色覚異常を持つ者の多くはそれを自覚することなく日々を送っていて，学校での身体検査(1)等で突然，自身の異常を知らされる。これは本人にとってショックな出来事であり，その経験は忘れ難い。本章では色覚異常を持つ者たちが自身の異常を自覚させられる経験はどのようなものなのかに，手記や小説を元に迫りたい。

1　先天色覚異常の社会史

　色覚異常には遺伝的要因による先天色覚異常と，それ以外の要因（緑内障，薬物の使用，加齢等）による後天色覚異常がある。網膜の錐体は，長波長（558 nm）に吸収極大波長を持つ視物質を含むL錐体（赤錐体），中波長（531 nm）に吸収極大波長を持つ視物質を含むM錐体（緑錐体），短波長（419 nm）に吸収極大波長を持つ視物質を含むS錐体（青錐体）の3つに分かれる。ヒトは3種類の錐体の興奮の相対比によって色を区別しているが，先天色覚異常においては3つの錐体の働きが正常と異なるかその機能を欠いている。L・M・S錐体の異常による色覚異常をそれぞれ，第1異常，第2異常，第3異常と言う。
　先天色覚異常の大多数を占めるのが第1異常と第2異常で，L・M錐体の視物質の吸収スペクトラムの重複が大きいため，これらは似た色の見え方をし，赤，橙，黄，緑の間で色の違いを感じにくくなる。このため赤緑色覚異常と総称され，日本人では男性の約5％，女性の約0.2％がこの種の色覚を有してい

（1）現行の学校保健安全法では「健康診断」であるが，本章で用いたデータのほとんどが「身体検査」と記しているので，本章を通してこの語を用いる。

る。

　社会生活において問題になるのも第1異常と第2異常であり，この種の色覚を検出するために検査表や機器が数多く作られた。有名なものの一つが，石原忍が開発した石原表（Ishihara Test）である。

　19世紀後半に鉄道が発達するとともに蒸気機関車の大事故が頻発した。機関士が信号の色を見誤ったことを事故の原因とするキャンペーンがあり，その結果，鉄道従事者に色覚による制限が設けられた。同様の事態は船舶においても起きた。色覚による職業の制限は軍人，警察官，医師，教員等にも広がり，さらにはこれらの職業に就くための教育機関への入学も制限され始めた。

　日本では児童生徒の進路指導のために，1920（大正9）年に学校身体検査の項目に色覚が加わった。その後，学齢期に毎年であったり一度だけであったりと変遷をしながら，学校身体検査における色覚検査は2001年まで続いた。このため現在日本人成人のほぼ全員が，一度は色覚検査を受けた経験がある。

　色覚異常を持つ子どもの多くは，自分の色の見え方が普通と異なるとは思っていない。このため身体検査で色覚検査を受け，はじめて自分が色覚異常であることを知る。それは驚きであり，ときには悲しい思いをすることもある。またわが子が色覚異常であることはその親にとっても驚きであり，とくに母親には，男子のL・M錐体の働きに関係する遺伝子のあるX染色体が母親に由来することから悲しみを与えた。

　色覚異常を持つ者に色がどのように見えるのかは，化学的原子論の提唱で知られるイギリスのドルトン（Dalton, J.）が1794年に自身の経験を報告したのが最初で（ドルトン，1988），その後はおもに眼科医が報告している（たとえば深見，2003; 市川・田邊・深見，1996）。これに対して自身の色覚の異常を知った者がそれをどのように経験したのかは，体系的に研究されていない。本章では，手記や小説をデータにして，色覚異常を自覚させられた経験がどのようなものなのかを検討する。

2　データと分析の方針

　本章で用いるデータは，色覚異常を持つ者が自身の異常を自覚させられた場面を含む手記7，エッセイ1，それに色覚異常をもつ者を主人公にした小説2の計10である（表4-1）。後の記述で2桁の数字はデータ番号を表す。また小説の主人公の体験の場合，小説の作者と区別するために「主人公」と表す。

　分析の方針は以下の通りである。

1）すべてのデータを平等に扱うのではなく，最初に「赤いカラス」という一つの小説（10）に注目する。この小説は，主人公の色覚異常を自覚させられた2つの経験を詳しく描写している。2つの経験を検討した後で他のデータを追加して，経験の全体像を描く。この方針は「特定の事例を全体として把握し法則性を見出すことができれば，事例の数はたった一つでも十分に確実な根拠となる」（八ツ塚，2013，p.352）という指摘に基づいている。この八ツ塚の言葉は，数学や物理学を理想としたクルト・レヴィン（Lewin, K.）の解説の中に現れる。心理学の場合，一つの事例だけで十分に確実な根拠となることは少ない。このため，主人公の経験を克明に描く一つの小説を重視し

表4-1　データ一覧

データ番号	ジャンル	作者	出典
01	手記	伊藤正樹	高柳泰世（1998）『たたかえ！　色覚異常者』主婦の友社
02	手記	古川文三	高柳泰世（1998）『たたかえ！　色覚異常者』主婦の友社
03	手記	奥平晴彦	高柳泰世（1998）『たたかえ！　色覚異常者』主婦の友社
04	手記	大江忠蔵	高柳泰世（1998）『たたかえ！　色覚異常者』主婦の友社
05	手記	住田実	高柳泰世（1998）『たたかえ！　色覚異常者』主婦の友社
06	手記	伊賀公一	伊賀公一（2011）『色弱が世界を変える』太田出版
07	手記	栗田正樹	栗田正樹（2008）『色弱の子を持つすべての人へ』北海道新聞社
08	エッセイ	山崎浩一	週刊ポスト1996年8月号, pp.23-30.「情報狂時代」
09	小説	平本勝章	平本勝章（2005）『色覚異常』文芸社
10	小説	小浜清志	文学界1990年12月号「赤いカラス」

て，他の事例で補うのが適当と思われる。
2）経験を理解するために図解を用いる。図解は「体験世界の構造理解のための必須の方法」（渡辺，2008，p.141）である。研究対象である何らかの経験を言葉で説明することもできるが，図解には一目で伝えられるという利点がある。

3　「赤いカラス」における2つの場面の分析

3-1　作品のあらすじ

小浜清志が1990年に発表した「赤いカラス」のあらすじは次のようにまとめることができる。石垣島に隣接する小島に生まれ，今は都会で舞台の裏方の仕事をしている主人公・廉は美大生の多美子とつき合っている。多美子の強い希望で2人は石垣島へ行く。島で光の洪水と原色に心奪われる多美子を見ながら，廉は遠い過去の出来事を思い出す。

この小説の中で主人公は自身の色覚異常を自覚させられた2つの場面を思い出す。以後，それぞれを場面1，場面2と記載する。

3-2　場面1

場面1（抜粋1）は小学5年生の4月の終わりに，母に連れられて石垣島へ行き，病院で検査を受けた場面である。医者は，主人公が「赤緑色盲」であると断言する。母は医者に，治せないのかと尋ねるが，その可能性は否定される。

〈抜粋1〉10の場面1

> 「廉，早く読みなさい」
> 　本は色とりどりの水玉模様がぎっしりと詰まり，色を追っていくと数字が現れる仕組みになっていた。すぐに読める数字もあったが，途中で消えたり別の数字に変化する頁もあった。読めなくなって顔を上げると医者が顔を寄せてページ数を確認した。医者が顔を寄せるたびにポマードの匂いが鼻についた。まったく数字の現れない頁もあった。

> 「落ち着いて，ほら」
> 　数字のでかかった口を押さえて母が励ました。母の口元に出かかった数字をヒントに目を凝らすのだが読むことはできなかった。再び振り向いて助けを期待したが，母は棒立ちになり焦点の合わない顔つきになっていた。母の姿に狼狽して慌てて姿勢を直し，必死になってまた読もうとした。が，数字を見ることはできなかった。新しい頁が開かれると背中を汗が流れた。掌の汗を何度もズボンで拭いたがすぐに滲み出した。
> 　最後の頁を読み終えると無力感に襲われた。母に見えた数字が，なぜぼくには見えないのか。耳鳴りがしてきた。それでもぼくは唇を真一文字に，閉じて医者と向き合っていた。
> 　本を静かに閉じると，医者は椅子の背にもたれ顔を天井に向けた。ぼくは白衣に目を止めながらもう一度読ませてくれれば今度はうまく読めるかもしれないと考えていた。
> 　「間違いありません。セキリョクシキモウです」
> 　医者が身体を下に戻すと，囁くような低い声で断言した。ぼくは何のことなのか理解ができなかったが，母の表情から何か重大な宣告であることを感じていた。
> 　「先生，治せないのですか」
> 　母は涙声で訴えた。医者は母の涙に気後れするように黙っていた。ぼくは不思議な気がした。母がぼくのために泣いていることはわかっていたが，当の本人のぼくはどこにも痛みを感じていなかった。注射がなかったことで安心していたぼくは母の涙が理解できなかった。本が読めなくてもこれから勉強すればどうにかなるのではないか。しかし，治せないのですか，と洩らした母の言葉が棘のように心に残っていた。(pp. 147–148)

　世界全体を円で示すなら，母と医者にとって世界は色覚が正常な者の世界と，色覚が異常な者の世界とに二分される（図4-1上）。母親と医者は正常者の側にいて，主人公は異常者の側にいる。前者は世の中の多数を占め，後者は少数である。両者の間には両者を隔てる断絶がある。「治る」とは異常者の側から正常者の側に移ることであるが，それは不可能なので，この断絶を越えることはできない。
　一方，主人公には世界が異なるように現れている（図4-1下）。母に見えた

第Ⅱ部　実践編

母・医者にとって

正常
母・医者らの
世界

異常
主人公の
世界

主人公にとって

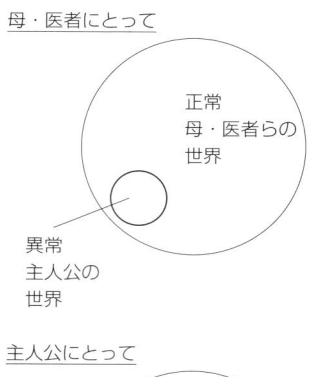

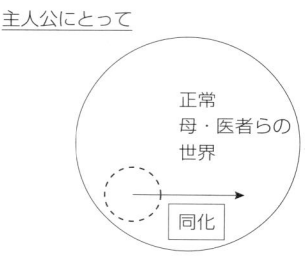

正常
母・医者らの
世界

同化

図4-1　「赤いカラス」の場面1

数字が見えないため無力感に襲われ，診断を告げる医者の言葉が母にとって「宣告」だったことを感じていたにもかかわらず，主人公は痛みを感じていない。そして，「本が読めなくてもこれから勉強すればどうにかなるのではないか」と考える。そして後に場面2で主人公は，「宣告の日から色の話題を巧みに避ける要領をつかむことで，自分の障害を乗り越えようとしていた」と振り返る。つまり，母親と医者にとっては乗り越えることのできない断絶を，主人公は乗り越えることができるものと考えていた。さらに場面2では「誰とも同化し得ないという恐怖」を経験したのだから，場面1での宣告以降，場面2までの主人公は，色覚が正常な者たちと同化できると信じていたことになる。主人公にとって世界が正常者の世界と異常者の世界とに分けられ，主人公が後者に位置づけられているのは母・医者にとっての世界と同じであるが，両者を隔てる境界はそれほど強固ではなく，努力によって乗り越えることができるものである。

3-3 場面 2

場面2（抜粋2）は主人公が高校生のときの出来事である。

〈抜粋2〉 10の場面2

　友人宅へ自転車で向かっていた。未成年者の出入りが禁止されている場所を通り抜ければ近道だった。夜になるとネオンと厚化粧の女で溢れるという場所は昼間とあって静まり返っていたが、ダンスホールの先へ続いている飲み屋街の坂には乱雑に積み上げてある酒瓶や酔っ払いが壊しただろう看板の破片が散っていた。

　ぼくはダンスホールの前まで来て自転車を止めた。制服制帽のまま飲み屋街を進むことに抵抗があった。人影はなくひっそりしているものの誰かに見つかることが怖かった。引き返そうと思い自転車のハンドルを変えたとき、ダンスホールの色が変わっているのに気づいた。緑色だと思っていた壁がいつの間にか赤い色になっていた。

　塗り替えたのだろうか。以前に見た時は緑色だったのに、と思ったぼくは壁に近寄った。間近で眺めると塗り替えた形跡はまったくなかった。くすんではいるが確かに赤い色だった。

　ダンスホールを初めて見たのは夜だった。周囲の建物と異様に違う造りだったから強く印象に残っていた。その時は紛れもなく緑色だと見たのだ。

　少し離れて見たけれど赤い色に変わりはなかった。夜に見たから緑色に見えたのか。

　その次だった。ダンスホールの壁に掛かっている隣りの建物の影を見たとき、ぼくは頭の中が混乱してきた。斜めに差しかかっている壁の部分が緑色に見えた。同じ色で塗られているはずの壁の色が陽の当たっている所と、影の部分が赤い色と緑色にきっちりと区分けされている。

　ぼくは得体の知れない不安が広がるのを覚え、顔から血が失せていくのが自分でもわかった。一体ダンスホールの壁の色は何色なのか。見事に二分されている壁に向かいながら叫びたかった。本当は何色なのか目を瞬かせ食い入るように見たが、二分されている色はそのままだった。悪事を犯した場所から逃げ去ることのできない恐怖のように膝が小刻みに震えてきた。ダンスホールの壁に眩惑されている気がした。しかし、何度見ても二分された色は同じだった。一体ぼくは何を見ているのだろうか。壁から顔を背け目に映るすべての色の点検を始めた。

第Ⅱ部　実践編

　《中略》
　色を見続けていると霧の中に取り残されている気がした。確かに見ているはずの色が見えていない。自分が地面に立ち，花を見ているという事実すらが信じられない，夢の中にいるような錯覚を覚えてぼくはその場を離れた。
　友人宅へ行くことも忘れ，何かに追われるように自転車をこいだ。
　宣告の日から色の話題を巧みに避ける要領をつかむことで，自分の障害を乗り越えようとしていたことに思い当たった。しかし，ダンスホールの二分された色が甦ると胸の奥から何かが込み上げてきた。それは自分が他人とは違うという疎外感ではなく，誰とも同化し得ないという恐怖だった。
　《中略》
　岩場の下を長い間見とれていたぼくが，弾かれたように珊瑚から顔を背けて立ち上がったのは，ダンスホールの壁の色が悪夢のように甦ったからだった。耳元で誰かが囁いていた。おまえが見ているのは本物ではない。おまえは何も見ることができない。
　陽射しが雲に遮られたように一瞬，視界が曇った。慌てて海の底を見直したが色鮮やかな珊瑚は残っていた。しかし，本当はもっと鮮やかな色ではないのか，その思いがぼくの胸に突き刺さった。
　海岸近くの製糖工場へ向かったのはその後だった。
　《中略》
　近くに落ちていた新聞紙を丸めると，マッチの火を移して山積みの砂糖黍へ投げた。ぼくはその時，燃え上がる炎の色を見たいと願った。本当の色が見たい。胸の中で鬱積していたものが渇望となっていた。目の前で揺らいでいる炎だけが救いのような気がした。一刻も早くダンスホールの壁と向き合った時の屈辱から逃げたかった。(pp. 152-156)

　ダンスホールの壁の色が，陽の当たっている所が赤い色に，隣の建物の影が差している所が緑色に見えることに主人公は衝撃を受ける。主人公は「得体の知れない不安が広がるのを覚え，顔から血が失せていく」。さらに「悪事を犯した場所から逃げ去ることができない恐怖」を感じる。一体何を見ているのかわからなくなり，「自分が地面に立ち，花を見ているという事実すらが信じられない，夢の中にいるような錯覚」を覚える。
　ここに至って主人公は，場面1の「宣告の日から色の話題を巧みに避ける要

第4章　色覚異常を自覚させられる経験

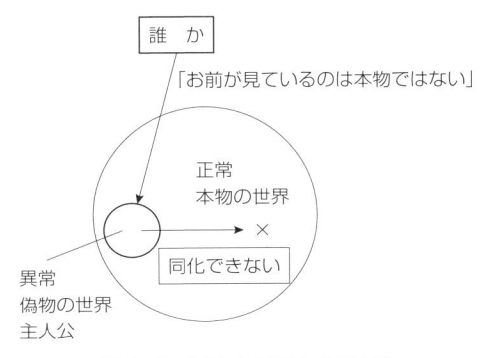

```
        誰　か
          │
「お前が見ているのは本物ではない」
          │
     ┌────┼────────┐
     │    ↓  正常    │
     │  ○  本物の世界 │
     │  │    ×       │
     │  │ ┌──────┐  │
     │  │ │同化できない│ │
     │  │ └──────┘  │
     └──┼───────────┘
        │
      異常
     偽物の世界
      主人公
```

図4-2　「赤いカラス」の場面2

領をつかむことで，自分の障害を乗り越えようとしていた」ことに思い当たり，「誰とも同化し得ないという恐怖」を経験する。

　ダンスホールを立ち去って海岸近くで自転車を止め，砂浜を歩いて岩場に立っていた主人公にダンスホールの壁の色が悪夢のように甦る。そして耳元で誰かが「おまえが見ているのは本物ではない。おまえは何も見ることができない」と囁く。

　この経験を図にしたのが図4-2である。場面1における母と医者にとっての世界と同じように，世界は正常者の世界と異常者の世界に二分され，両者を隔てる断絶がある。「誰か」の囁きによると，前者は本物の色の世界であり，後者は偽物の色の世界である。主人公は後者の世界に位置づけられ，したがって本物の色を何も見ることができない。それまでは2つの世界を隔てる断絶を乗り越え，前者の世界に同化できると信じていたのであるが，ダンスホールの壁の色を見た衝撃により，同化は不可能であることを，主人公は覚る。

　場面2から，さらに検討を必要とする事柄を5つ指摘しよう。

　1つ目は，この経験における倫理的次元である。主人公はあたかも「悪事を犯した」かのようである。色覚が異常であることがなぜ悪事なのだろうか。それだけでなく，主人公はその場から逃げ去ろうとしていて，できない。悪事の発覚を恐れているかのようである。誰に見つかるというのだろうか。逃げ去ることができないのなら，すでに発覚したのだろうか。

2つ目は，この経験に伴う「屈辱」である。場面2のダンスホールの壁と向かい合ったときの記述には「屈辱」の語もそれに類する語もないが，この言葉はこの場面の最後に「ダンスホールの壁と向き合った時の屈辱」といった形で現れる。この場面の体験を要約するのが「屈辱」なのである。なぜこの場面で「屈辱」の語が使われるのだろうか。なぜ色覚が異常であることを自覚させられることに屈辱が伴うのだろうか。

3つ目は，「誰か」の存在である。ここでは具体的な人物ではない，非人格的な存在として現れているが，具体的な人物から直接何かを囁かれたり言われたりすることはないのか。もしそれがあるなら，その「誰か」はどのような権利で言うことができるのか。

4つ目は，この経験によるリアリティの変化である。主人公は「夢の中にいるような錯覚」を覚えた。色覚異常を自覚させられることにより，リアリティ（現実感）が変わるようである。これはどのようにしてもたらされるのだろうか。

5つ目は，この経験には将来が閉ざされるような感じが伴うことである。主人公は「自分が他人とは違うという疎外感ではなく，誰とも同化し得ないという恐怖」が胸の奥から込み上げてきたのを感じた。主人公にとっては疎外感よりも「誰とも同化し得ないという恐怖」の方が重要だった。つまりそのときまで主人公は誰かと同化できるという希望をもっていたのだが，その可能性がないことを知ったのである。希望を失うこと，それまで信じていた可能性を失うことは，どのようにしてもたらされるのだろうか。

以下，この5点を他のデータに基づいて検討する。

4　他のデータによる分析

4-1　倫理的次元

〈抜粋3〉08

> 　初めてあの検査表に出会ったのは，小学4年生の身体検査だった。やけに簡単な検査に見えた。順番を待つ間もクラスメートとふざけ合っていた。ところがいざ自分の番がきて，あの検査表を読めといわれると，なんと読めない！あのうちの2〜3の文字が，どうしても読めないのだ。周囲がざわつき始めた。だれもがありありと見えるものが，自分だけには見えないというショック。それに追い討ちをかけるような教師の追求的な態度が，とても怖かった。まるで踏絵で隠れキリシタンを発見した長崎奉行みたいなのだ（おまえのことだぜ角田教頭）。結局，順番待ちの間に検査表を暗記した疑いがあるというわけで，執拗な追検査を受け，読める文字まで読めなくなった。

　抜粋3では小学4年生の身体検査で色覚検査を受けた作者は，「教師の追求的な態度」がとても怖かった。その態度は「まるで踏絵で隠れキリシタンを発見した長崎奉行みたい」という表現は，作者が「悪事」や「罪」を犯したと教師から疑われるかのような体験をしたことを喩えている。作者は検査の順番を待っている間クラスメートとふざけ合っていた。つまり作者は検査で異常と判定されることを全く予想していなかった。言い換えれば，「悪事」を働いた覚えがなかった。この「悪事」や「罪」は，検査での異常の発見により事後的に生まれたのである。

〈抜粋4〉06

> 　やはり小学校にあがったばかりのころ，私は近所の絵画教室に通うことになりました。うちは共働きでしたから，鍵っ子の私は毎日なにかしら習い事をして放課後の時間をつぶすことが多かったのです。習字，そろばん，ひと通りやっていました。自分でいうのも何ですが，習字は毎回金賞をもらっていましたし，そろばんにしてもかなりできのいい生徒だったと思います。
> 　絵画教室には友だちと3人くらいで通い始めましたが，最初に絵を習うよう

に勧めてくれたのは私の母でした。色弱は治るというものではありませんが，色について勉強すれば少しは生きやすくなると思ったのかもしれません。

　ところが，私はそこへはほんの数回しか通いませんでした。通えなくなったのです。よく覚えていないのですけれど，たしかリンゴか何かを描かされたと思います。みんなの目の前に置かれたリンゴを写生し，色を塗っている途中で先生が私の背後に立つ気配がしました。

　「あ，先生だ」

　と思った瞬間，ものすごい勢いで画板ごと絵を奪い取られました。先生は恐ろしい顔でなにごとか叫びながら，開いていた窓の外へ画板を投げ捨ててしまったのです。

　「もう二度と来るな！」

　という意味のことを言われたことだけ理解できました。けれど，何が起きたのかはとうとう最後までわかりませんでした。

　頭の中がまっ白になったまま，ひとりでふらふらと家に帰ったのを覚えています。私はそれまで親からもそんな乱暴な扱いを受けたことがなかったので，とにかくショックでした。

　両親はまだ帰宅しておらず，私は薄暗くなった家のすみっこで体を小さく丸めて座り込みながら，ようやく先生の口から「違う！」「ふざけるな！」という言葉が飛び出していたことを思い出しました。

　あの剣幕からして，とんでもない失敗をしたんだということはなんとなくわかりました。でも，どんなまずいことをしでかしたのかまではわからなかった。

　いま思えば，私はおそらく赤いリンゴを茶色や黒に塗っていたのだと思います。

　先生は私が色弱だということを知らずに，ふざけておかしな色を塗っていると思ったのでしょう。色弱に関する知識がなかったのでしょうね。（pp. 48-50）

　抜粋4では，絵画教室に通っていた子どものころの作者は先生から乱暴な扱いを受け，その剣幕からとんでもない失敗をしたことに気づく。失敗とは，赤いリンゴを茶色や黒に塗ったことであるらしいことに，後で思い当たる。子どものころの作者がそのように色を塗ったのは意図的にではなかったが，先生には意図的に，つまりふざけてそうしたように思えたようだ。作者は何かとんで

もない失敗をしたことに気づいたが，どんなまずいことをしたのかはわからなかった。この失敗は，教師から乱暴な扱いを受けたことによって事後的に生まれたものである。

〈抜粋5〉09

> 冴子の順番が近づいてきた。冴子は，ありのままを正直に答えようと思った。これまでもそうしてきた。ひとつだけ変わったことがあるとするれば(ママ)，それは保健室ではなく教室での検査だった。
> 「わかりません。読めません，先生」
> 冴子がはっきりとした口調で答えると，担任は冴子の顔に視線を移し，無言のままつぎのページの色模様を指差した。
> 「読めないんです，私。わかりません」
> こう答えるしかなかった。
> 「ほんとうか，杉村。ふざけるな，お前は先生をばかにしとるのと違うか。許さんぞ」
> 担任は真顔だ。本気でそう思ったようだ。地声の大きさも影響したのか，教室が水を打ったように静まりかえった。
> 冴子を耐えがたい屈辱感が襲った。絶望の淵に追いやられる瞬間を感じた。いたたまれなくなった冴子は，両手で顔を覆い教室を飛びだした。涙が止まらない。顔をゆがめて廊下を走り去る冴子の姿を，級友の幾人かが呆気にとられて眺めていた。(pp. 47-48)

抜粋5では，色覚検査表が読めない主人公は，担任教師から「ほんとうか，杉村。ふざけるな，お前は先生をばかにしとるのと違うか。許さんぞ」と大声で言われる。言い換えれば，主人公は嘘をつき，ふざけ，先生をばかにしたと疑われ，許してもらえそうにない。しかし主人公はそのようなことをした覚えがない。

色覚異常のために人は，何かに失敗したり，他人から嘘やふざけを疑われたりすることがある。そして他者からの期待に背いたり，世の中のルールを破ったりしたとみなされることがある。こうして色覚が異常であることが，倫理的次元で悪いことや罪に位置づけられる。しかし本人にとってその「悪」「罪」

「失敗」「嘘」「ふざけ」は身に覚えのないことであり，事後的に知らされるのである。

4-2　屈　　辱
　「赤いカラス」の場面2以外で「屈辱」の語を見つけることができるのは09である。抜粋5で色覚検査表が読めない主人公は，担任教師から「ほんとうか，杉村。ふざけるな，お前は先生をばかにしとるのと違うか。許さんぞ」と大声で言われ，耐えがたい屈辱感に襲われ，さらに絶望の淵に追いやられる。「屈辱」とはある辞書によると，「抑えつけられて恥を受けること」(小学館辞典編集部，2006) である。つまり屈辱は，抑えつけられることと，恥を受けることの2つの要素からなる感情である。この感情が生じるためには，まず屈辱を感じた人を抑えつける何者かの存在が必要である。抜粋5では，それは担任教師である。主人公は担任教師から，ふざけた，先生をばかにした，と決めつけられ，さらには許してもらえない。一方，恥は一般に自己意識的情動の一種であり，自己自身を意識せざるを得ない状況で生じる感情である (久崎，2010)。抜粋5の場合，検査がそれまでとは異なり保健室ではなく教室で行われたため，検査表が読めないことが級友に見られたために以前よりも自己意識的になり，その結果恥の感情が生じている。

　「屈辱」を構成する要素の一つ「抑えつけられること」には，抑えつける者が抑えつけられる者よりも強力な力を持っていることが暗示されている。その力がむき出しに示されているのが抜粋4である。絵画教室に通っていた子どものころの作者が塗ったリンゴの色を見た教室の先生はものすごい勢いで画板ごと絵を奪い，(おそらく怒って) 恐ろしい顔で叫びながら窓の外へ投げ捨てた。そして作者は，「もう二度と来るな！」「違う！」「ふざけるな！」と言われる。作者は何が起きたのかわからなかったのであるが，もしそのとき何が起きたのかわかり，恥を受けたと感じたなら，彼は屈辱を感じたことだろう。

　「赤いカラス」の場面2での「屈辱」は，主人公を抑えつける者が誰なのかが明示されていない。それにダンスホールの壁の色を見た際，主人公の周囲に

第4章　色覚異常を自覚させられる経験

は誰もいない。恥の感情は他者が存在するか否かに関係なく生じ得る（久崎，2010）から，この場面で主人公が恥を感じた可能性はあるのだが，読者にとっては主人公の周囲に人がいた方が，主人公が恥を受けたことが読み取りやすい。このためこの場面で主人公が屈辱を感じることが読者には理解しにくい。ただし，好意的に考えるなら，色覚異常を自覚させられる際に屈辱が伴う可能性があることを，この小説の作者はこの場面で暗示したのかもしれない。

4-3　「誰か」の存在

「赤いカラス」の場面2では主人公に囁く非人格的な「誰か」が登場した。これに対して身体検査での経験を述べるデータでは，教師という具体的な人物が登場する。抜粋3の教師の態度は「長崎奉行」に喩えられている。ただでさえ教師は子どもにとって権力のある存在であるが，この場面ではそれ以上の権力を持つ存在である。教師には子どもの色覚異常を発見するだけではなく，さらにそれを「悪事」として追及する権利と力が与えられている。

教師は，「宣告」する者でもある。抜粋6と抜粋7にはそのことが描かれている。

〈抜粋6〉04

> 　私の色弱を発見したのは，小学校時代の担任の先生でした。近くの海岸で写生していた私の絵が，松の木の枝が緑，葉が茶色なのを見て，「この子の色彩感覚はおかしい」と気づかれたようです。
> 　ある日，「大江，これを読んでごらん」と言われて，いろいろな文字や色のある表（いま思えば石原式検査表）を見せられたことがありました。そして，「やっぱりお前，色盲やで（実際には色弱でした）」と，悲しそうな顔で，教え子に宣告したのでした。（p.167）

〈抜粋7〉05

> 　私の人生は，色覚異常抜きでは語ることができません。その記憶は，子ども時代，学校で受ける健康診断から始まります。当時は，毎年，健康診断のたびに色覚検査がありました。

第Ⅱ部　実践編

> 　クラス全員の前で，学級担任が石原式検査表を見せるのです。毎年やっていますから，「そろそろ読めない字のページだな」ということが，自分でもわかります。
> 　「住田，もう一回よーく見てごらん，ほら，しっかり見るんだよ，やっぱり読めないかな？」という感じですから，クラスの皆が，興味しんしんでそばに寄ってきます。
> 　「これが読めないということは，色弱だ！」と，先生にクラス皆の注目の中で言われるのです。これが毎年くり返される，4月の悲しい年中行事でした。
> （p. 214）

　抜粋6で小学校時代の作者の担任の先生は，色覚検査の結果，「やっぱりお前，色盲やで」と作者に宣告した。抜粋7のように教師がクラスの皆の前で「これが読めないということは，色弱だ！」と言うのも，宣告に含めていいだろう。倫理的次元の項と屈辱の項で検討したように，色覚検査をする教師は「悪」を暴く力と子どもを抑えつける力を持っているが，さらに子どもを「色盲」「色弱」と宣告する権利も持っている。

　抜粋7の教師が悲しそうな顔で宣告したように，宣告をするのに気が進まない場合がある。だから，この権利を行使するのは義務でもある。教師にこのよ

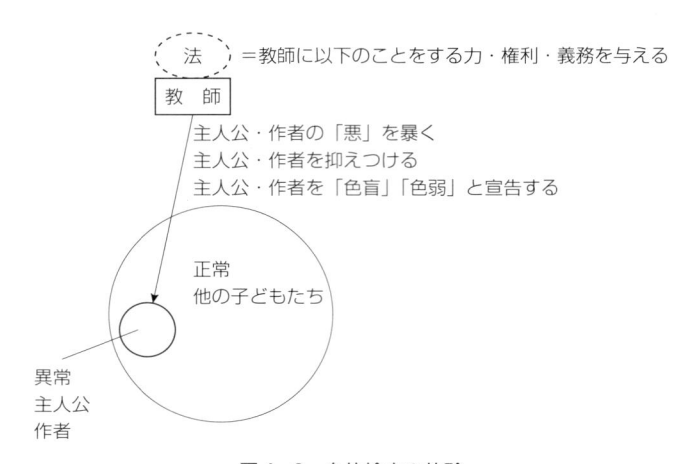

　　　　　（法）＝教師に以下のことをする力・権利・義務を与える
　　　　　教　師
　　　　　主人公・作者の「悪」を暴く
　　　　　主人公・作者を抑えつける
　　　　　主人公・作者を「色盲」「色弱」と宣告する

　　　　　　　　　　　正常
　　　　　　　　　　　他の子どもたち

　異常
　主人公
　作者

図4-3　身体検査の体験

うな力や権利や義務を与えるものは何か。教師は学校保健安全法に基づいて身体検査で色覚検査を実施するのであるから、それは法である。ここで言う法とは法律だけではなく、社会や共同体における定めや掟や決まり事も含めた概念としておこう。法は非人格的な存在であるから、「赤いカラス」の場面2で主人公に囁くのが非人格的な「誰か」だったのは、法を暗示しているのかもしれない。

倫理的次元の項、屈辱の項、「誰か」の存在の項は互いに関連しているので、一つに表したのが図4-3である。

4-4　リアリティの変化

色覚検査の判定によってリアリティの変化がもたらされる。抜粋3で作者は検査の順番を待つ間、クラスメートとふざけ合っていたが、検査表を読むと「だれもがありありと見えるものが、自分だけには見えないというショック」を受ける。02の作者は、「クラスでたった一人『色盲』と言われて、泣いて家に帰った記憶が」ある。これらのデータでは、作者は最初クラスの皆と同じであり、その世界では他の子どもたちと大きな違いがなかったが、検査により世界が二分されたと考えられる（図4-4）。突然世界が二分されたこと、こちら側には一人しかいないことが、作者にはショックであり、悲しいことだったのである。

他方、すぐにはリアリティの変化がない場合がある。

〈抜粋8〉04

> 自分が色弱と知って無心でいられたのは、小学校まででした。成長するにつれ、色覚異常は、重く心にのしかかり、特に絵画の時間がたまらなく苦痛でした。
> 写生をしても、私はいっさい絵の具もクレヨンも使わず、いつも鉛筆のデッサンだけで提出しました。絵の具で彩色して一枚の絵を仕上げる十分な時間があるのに、デッサンだけに終始するのは苦痛以外の何ものでもなく、つらいつらい長い時間でした。（p. 167）

第Ⅱ部　実　践　編

宣告前

他の子どもたちと同じ
他の子どもたちと一体

宣告後

他の子どもたち
の世界

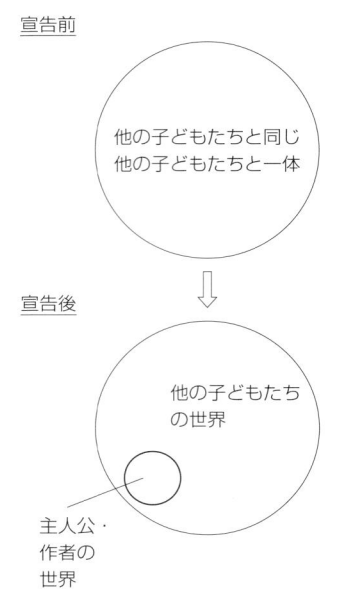

主人公・
作者の
世界

図 4-4　色覚異常宣告によるリアリティの変化

　抜粋 8 の作者は宣告を受けても小学校までは「無心」でいることができ，成長するにつれ色覚異常であるという事実が「重く心にのしかか」ってきた。06 の作者は，色覚検査表が読めなかったとき「事情がよくわからな」かったし，通信簿に「色盲」と書かれてあるのを目にしても「何のことかよくわからなか」った。これらの例では，色覚異常であることを知らされ，世界が二分されても，その境界線は弱く，ないに等しい（図 4-5）。「赤いカラス」の場面 1 もこれと同様である。

4-5　将来が閉ざされる感じと不当性

　「赤いカラス」の場面 2 で主人公が経験した将来が閉ざされる感じは，「誰とも同化し得ない」という対人関係での可能性を失うことで，それは恐怖であるが，内容はやや漠然としている。これに対して 04 の作者が述べるのは別の種類のものである。

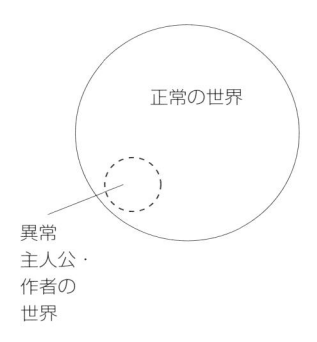

第4章　色覚異常を自覚させられる経験

```
        ╱‾‾‾‾‾‾‾╲
       ╱         ╲
      ╱  正常の世界 ╲
      │           │
      │    ⌐ ⌐    │
       ╲   ⌙_⌙  ╱
        ╲_____╱
異常
主人公・
作者の
世界

      二分された世界の境界線は弱い
```

図4-5　宣告直後リアリティの変化がない場合

〈抜粋9〉04

> 　色弱が「障害」と思い知らされたのは，中学4年になって，当時希望していた海兵・陸士の試験を拒否され，高等学校の理科の受験資格さえ与えられなかったときです。
> 　貧乏人の子だくさんで苦労していた父のためにも，私は学資のいらない海兵・陸士の試験を受けたかったのですが，「あかん，色弱者は受験でけへん」ということで，あっさりと切り捨てられ，いやがうえにも差別を痛感させられたのです。
> 　さらに高校の理科の受験でも，色弱のために門戸閉鎖の憂き目に合い，「高校を受けたければ文科にせよ」と通達されたのでした。
> 　「そんなバカな話があるか，おれのほうがあいつらよりよっぽど成績がええんやで……」といくら歯ぎしりしても，どうにもなりません。こんな差別が待っていようとは，予想もしなかったことで，私には許しがたい不平等に思えました。（pp. 167-168）

　抜粋9には，進路が制限され，本人と家族の希望が失われたことが描かれている。この最後の段落には，「そんなバカな話があるか」「こんな差別」「許しがたい不平等」といった言葉が並んでいる。04の作者にとって進路が制限されることは悲しいことではなく，不当なことだった。こうした不当性は「赤いカラス」では描かれておらず，他のデータに見ることができる。「赤いカラス」

73

で描かれた「誰とも同化し得ないという恐怖」は他のデータには見つけることができなかった。このためこの項では不当性を検討することにする。

　色覚異常に伴う不当性は2種類ある。一つは抜粋9に見られるような、進路が制限されることへの不当な思いである。「そんなバカな話があるか」「こんな差別」「許しがたい不平等」というように、この思いは社会性を帯びている。つまり社会正義に反するがゆえに04の作者は強い口調でその不当性を訴えている。

　もう一つは、自分が異常とされることの不当性である。

〈抜粋10〉01

> 　小学校のころから身体検査のたびに、「色覚異常」の判定をうけつづけてきました。見た目には、周りの友だちと何一つ違わない自分が、なぜ「異常」のレッテルをはられるのか、子ども心にもげせない思いでした。ですから身体検査の日は、一年じゅうでいちばんきらいな日でした。(p.50)

　01の作者は、なぜ自分が「異常」のレッテルをはられるのか「子ども心にもげせない思い」をした。なぜなら、自分は「見た目には、周りの友だちと何一つ違わない」からである。07の作者は、「学校で行われた色覚検査ではいつも暗い気持ちになりました。どうして自分だけが分からないのだろうと思いました」(p.18)と語る。わからないのが「自分だけ」なのが不思議なのである。検査の結果と検査の最中という違いはあるが、どちらも自分だけが違うことに納得していない。09の小説の主人公は、高校3年の受験直前に眼科で検査を受け、異常が疑われる。このことに主人公は、「学校で毎年する検査は、いつも正常でした。異常といわれたことはありません」(p.139)と抗議する。2つ目の不当性は、異常であるとの自覚がないことに根差している。異常であるとの実感がないので不当に思えるのである。

　不当であると主張することは、そう主張する人は正しく、他の誰かが間違っていることを意味する。間違っているのはその人を「異常」とする法（図4-3）である。色覚異常に関する不当性の訴えは、当事者たちを異常とする法へ

の異議申し立てを含んでいる。

5　色覚異常を自覚させられる経験の独自性，地理・歴史的限定性

　色覚異常を自覚させられる経験には，本人の知らない「悪事」が暴かれること，屈辱を感じること，何者かによって宣告されること，世界が二分されること，不当性を感じることが伴うことがわかった。以上はフィクションとノンフィクションとを含む複数のデータを元にした全体像であり，一人の当事者の経験にこれらすべてが伴うとは限らない。

　色覚異常以外にも，自覚症状がないのに医療機関への受診をきっかけに知らされる病気や障害がある。たとえば無精子症や発達障害が挙げられる。無精子症の場合，その病気を持っているのは夫であるが，この診断をきっかけに夫婦の目標である妻の妊娠へ向けて治療が始まることがある。発達障害の場合，とくに成人例では診断名をもらうことはそれまでの生きづらさの原因を知り，新しい生き方を始めるきっかけになることがある（綾屋・熊谷，2008，2010）。これらの病気や障害では，自身の病気や障害を知らされたときに，悪いことをしたという感じや，屈辱感や，不当性は伴わないようである。したがって色覚異常を自覚させられる経験は，他の病気や障害と異なる独特なものかもしれない。

　前述したように，色覚異常が危険視されるようになった背景に19世紀後半の鉄道の発達があった。多発した事故の原因として色覚異常が「発見」されたのである。その意味で色覚異常は歴史的に作られた病気といってよい。そして日本では学校身体検査により学齢期に色覚異常を持つ子どもが毎年発見された。そうした子どもは自身の色覚異常を強制的に自覚させられた。

　現在，学校身体検査の項目に色覚は入っていない。また進化論や遺伝学による病気概念の見直しを踏まえて，色覚異常が病気であることを疑問視する医学者がいる（たとえば井村，2013）。こうして自身の色覚異常を知らされる機会が減り，さらにこれは病気や異常ではないとの認識が将来広まるなら，色覚異常

を自覚させられる経験は過去のものになるだろう。この経験は，ある時代のある地域に住む人びとに限定された経験なのかもしれない。

引用文献

綾屋紗月・熊谷晋一郎　2008　発達障害当事者研究——ゆっくりていねいにつながりたい　医学書院

綾屋紗月・熊谷晋一郎　2010　つながりの作法——同じでもなく違うでもなく　日本放送出版協会

ドルトン，J.　1988　色覚に関する異常な事実——観察記録（一七九四年一〇月三一日発表）　村上陽一郎（編）　井山弘幸（訳）　科学の名著第Ⅱ期6(16)　ドルトン　朝日出版社　pp. 225-237.

深見嘉一郎　2003　色覚異常——色盲に対する誤解をなくすために　改訂第4版　金原出版

久崎孝浩　2010　恥の個人差の発達的要因を探る　心理学評論，**53**(1), 62-76.

市川一夫・田邊詔子・深見嘉一郎　1996　先天色覚異常の検査と指導——実地医家のために　金原出版

井村裕夫　2013　進化医学——人への進化が生んだ疾患　羊土社

小学館辞典編集部（編）　2006　現代国語例解辞典　第四版　小学館

渡辺恒夫　2008　独我論的体験とは何か——自発的事例に基づく自我体験との統合的理解　質的心理学研究，7, 138-156.

八ッ塚一郎　2013　アクションリサーチの哲学と方法　やまだようこほか（編）　質的心理学ハンドブック　新曜社　pp. 348-362.

第5章
知的障害児を持つ母親は子どもの将来をどのように語るのか

飯野雄大

本章では知的障害児を持つ母親の，子どもの将来についての語りを取り扱う。子どもの将来は，社会との関係を抜きにして考えることはできない。そこで，語りの背景にある社会的なディスコースを知る手がかりとして，何が語られているかだけではなく，どのように語られているのかに注目して語りを検討する。とくに語り方，とりわけ語りのゆらぎから，障害児を持つ母親と「障害」を巡る社会的なディスコースとの関係について考えてみたい。

1 知的障害児とその家族を取り巻くディスコース

1-1 語りを読み返す中で生じた違和感

〈抜粋1〉サイトウさん

> 自分でお金を稼げるようになればいいかなとは思っているんですけど。やっぱり親がいなくなった時に，はい，自分でお金を稼げるようになったほうがいいんじゃないかとは思っているんですけど，いいと思うんですけど。やっぱり自立に向けて，はい。具体的にはまだせっぱつまっていないので，特にはないんですけど。

この語りは知的障害児を持つ母親が，子どもの将来について語ったものである。筆者は当初，このような語りを集めて，母親が「どのような将来を考えているのか」を分類し，カテゴリー化しようと考えていた。しかし，語りを読み返していく中で，なんともカテゴリーには納まりがつかない感覚になった。

つまり，この母親は「お金を稼げることを希望している」と単純に考えるこ

とに違和感を覚えたのである。「いいかなとは思っているんですけど」「いいと思うんですけど」という言い淀みであったり、「まだせっぱつまっていないので、特にはないんですけど」というような断定を避けたりする語りを切り捨ててよいのだろうか。しかも、このような「けど」といった逆説の接続詞を用いた語り方は他の母親にもよく見られたのである。

　筆者は、ディスコース分析を学ぶ機会を得ることで、むしろこのような「語り方」そのものに意味があるのではないかと考えるようになった。語りの様式、とりわけ「ゆらぎ」に注目することで、語りえない意味を探ることができるとされる（矢守，2003）。そこで、子どもの将来についての母親の語りを理解しようとする際にも、「けど」といった語り方を分析することで、母親が意識せずにその中で生きているディスコースと母親の語りとの関係を検討できるのではないかと考えたのである。

　本章で扱うデータは、知的障害児を持つ母親23名が語った将来についての語りである。筆者は、調査当時大学院生の身分であると同時に障害児支援に携わっている立場であった。障害を持つ子どもたちの支援に関する研究に協力してほしいと調査依頼をし、「子どもの発達と支援について母親がどう思っているか」についてのインタビューに臨んだ。以下では、そこで得られた語りの中から将来について言及された部分を抜き出し、何が語られているかだけではなく、どのように語られているかを検討することで、障害児を持つ母親を巡るディスコースと母親との関係を探ってみたい。

　なお、事例で登場する固有名詞はすべて仮名であり、語りは個人の守秘のために論旨に影響のない範囲で改変してある。

1-2　障害と自立をめぐるディスコース

　実際の事例を紹介する前に、障害を巡る考え方を見ていきたい。というのも、そうした障害の捉え方こそ障害児を持つ母親がそこで生きているディスコースの世界を形作っているからである。ICF（国際生活機能分類：世界保健機関（WHO），2002）では、障害を考える上で「環境」との関係を重要視している。

ある障害を持つと，ただちにある活動が行えなくなったり，ある場面に参加することができなくなったりするわけではない。むしろ不適切な環境に置かれることによってハンディキャップが生じ，逆に適切な援助があれば，障害による活動制限や参加制約は最小限にできると考えられている。

知的障害には，認知機能や言葉の遅れなど，個の発達の問題が存在する。そのため，そうした障害を持つ子どもは，コミュニケーションや生活習慣において困難を持ちやすい。しかし，周囲が子どもの特性を理解して，適切な声かけをしたり，わかりやすい環境を作ったりすることで，ある程度は日常生活での困難が軽減する。

障害児を持つ家族にとっても社会との接点で生じる問題が大きいことが指摘されている。たとえば，障害児を持つ兄弟は「友だちが呼べない」「人の目が恥ずかしい」など社会環境との関係において生じる部分を負担として挙げている（吉川，2002）。その背景として，社会が持つ障害に対する価値観や偏見が関係しているように思われる。そしてその価値観や偏見は母親が知的障害児を育てていく上でも影響する。たとえば，障害を持つ子どもの問題行動の原因を「育て方が悪かったから」「しつけがされていないため」と言われて悩んでしまう母親に出会うことは少なくない。さらに，過去には母親の育児が障害の原因であるという考え方も存在していた。このような障害をとりまくディスコースを意識化していくことで，母親が日常的に経験している葛藤の理解を深めることができると考えられる。母親が，社会と家族という関係の中でどのように悩んでいるのか，社会の中で障害を持つ子どもとどのように向き合っていくのかを知る手がかりになるのではないだろうか。

社会と家族との関係を理解する上で，最初に「自立」について考えてみたい。一般的には，教育を受け，何らかの形で職を得て，社会の中で生活していくことが自立と考えられる。そこでは「金銭的に親に依存せず，自分の力で生活をする」ということが想定されている。

では，障害児・者の自立についてはどのように考えられているのだろうか。障害児・者の自立概念は複数提起されている。代表的なものとしては，ADL

（日常生活動作）の自立，経済的自立，心理的・精神的自立，自己管理（自律性）を重視した概念などがある（吉川，2003）。こういった自立概念の多様性は，その背景に何を目標とするかの違いがある。どこまでを目標にできるのかは障害の種別や程度によって変わってくるが，「何を」については，社会における価値観が関係する。たとえば身辺自立や経済的自立が重視される背景には，「自分のことは自分でできる」「誰にも迷惑をかけない」ということが重要視される現代社会の価値観があると考えられる。自立概念とは「何を優先するのか」「何を重要視するのか」によって変わってくる側面があり，それは社会の現状や社会制度との関係なしには語ることができないものである。

　母親がどのような自立を希望しているのかという点から自立の内容を考えることには一定の意義はあると思われる。しかしそれだけではなく，障害と自立をめぐるディスコースにまで考えを広げていくことで，母親が社会のディスコースにどのような影響を受け，どのように向き合っているのかを踏まえながら障害児の自立について考えることができる。

　たとえば冒頭に紹介した抜粋１のエピソードを，このような自立概念の多様性を念頭においで考えると，「経済的自立の希望」というカテゴリに当てはめることができるかもしれない。しかし前述したような語りのゆらぎには，母親が自立概念を単一なものとみなしているのではないことが表れている可能性がある。そこには母親がわが子の自立を巡って，現代社会の価値観との間で悩み，揺れ動く生々しい姿が示されているのではないだろうか。養育の中心となりやすい母親は，とかくわが子の障害と家族としての役割を巡って葛藤を経験することが多いのかもしれない。そこで，次に障害児の親としての役割と自立の関係について考えてみたい。

1-3 「障害児の親」としての役割

　知的障害児を持つ家族にとって，家族の将来を思い描く際に，「子どもの自立」について考えることは避けられないことであろう。障害者の自立の多様性については前述したが，一般的に考えれば，自立は，家族とともに生活をして

いた子どもが，経済的にも心理的にも親から離れていくことである。しかし，知的障害を持つ子どもが，社会の中でそうした意味で自立をしていくことには困難な面が伴う。現実には，親とともに様々な施設とかかわったり，福祉制度を利用したりと，何らかの支援を受けながら生きていくことが多い。

　このような社会制度との付き合いは，子どもが幼い時期から始まる。専門的な医療機関，福祉施設など通常の育児ではあまり利用しないような場所とかかわりを持つことになるし，就学では学校選択の問題に直面する。そして，子どもの年齢が高くなるにつれて，作業所やグループホームなど将来かかわる場所を模索していく親も多いだろう。これらの過程には社会制度によって選択の幅が決まってしまう部分が少なからず存在している。

　その一方，親と子は同一の存在ではないし，いつか子どもと離れなければならない。にもかかわらず，現在の社会では，障害児の親に対して「家族規範」や永続的に続く「扶養義務」といった形で一定の責任を負わせる傾向がある（中根，2007）。親は，この社会で生きていくことに対して障害を持つ当事者と同等の責任を負わされながらも，最後まで当事者とともにいることはできないという意味で「当事者になりきれない当事者」（中根，2002）とされる。最終的にはわが子の将来を社会に委ねなければならないがために，社会における障害の捉え方というディスコースを切り離して自立を考えることはできないのではないだろうか。

　母親の語りをディスコース（言説）の視点から捉えることは，社会の中で「障害」がどのように扱われているのか，また「障害児の親」という役割がどのように位置づけられているのかを知る手がかりにもなると考えられる。そのため，まずは語り方を通して必ずしも明示されてはいない語りの内容を検討し，次に語り方を手がかりに語り手と聞き手の関係の中で立ち現れるディスコース（談話）の働きを探っていきたい。

第Ⅱ部　実践編

2　希望と不安の語り方

2-1　「けど」を用いて描かれる抽象的な将来
〈抜粋2〉イイダさん

> 漠然としているんですけど，どの保護者の方も思うと思うんですけど。やっぱり順番からして自分たちが先じゃないですか，その後ですよね。この子はどうなっちゃうんだろう，やっぱり兄弟に負担をかけたくないんですよ。お兄ちゃんにはお兄ちゃんの人生があるので，この子がいるから我慢するとかそれは絶対させたくないので，うちの子がやっぱり自立してくれるといいなっていうのが最終的な目標ですね。まあまだ，小さいから漠然としているんですけど，やっぱり中学生ぐらいになったらどうなるのかなって思うんでしょうけど，そのときの社会の環境とかどうなっているかなっていうのもありますし，漠然となんですけど，将来安心したいなって，きっと皆さん思っているんでしょうけどね。自分だけの力ではちょっとどうにもならないところがあまりにも大きい課題なので。やっぱり安心してその，本人が生活できる環境ですね。大きく言えば，本人ももちろん家族も。いつまでも一緒にいられないですからね。実際きっと，だから自立がどこまでできるかこれからの成長で分からないですけど。うーん，安心できる環境になったら本当にいいなっていうのがありますね。あと，自閉症がどこまで治るのかなっていうのもそれも漠然としているんですけど。

　イイダさんは，将来についてまだ「漠然としている」と語る。その後，兄弟に負担をかけたくないことを理由に「自立」を希望する。しかし，未来の社会環境がどうなっているかわからないという不確定さや，子どもの成長（障害の改善）の曖昧さを語り，「まだ漠然としている」ことを強調し断定を避けている。イイダさんの語りは「けど」を用いながら，将来を不確定にしたり，曖昧にしたりしている点に特徴がある。わからないことを前提としながら，母親の希望を主張しているパターンである。この語りの中では，希望の実現可能性は留保され，「自立」のイメージは抽象的なままで留め置かれる。このような語

第5章　知的障害児を持つ母親は子どもの将来をどのように語るのか

り方で抽象的な「自立」を語るパターンは他にも見られる。

　本章の冒頭でも紹介したサイトウさん（抜粋1）も，イイダさんと似た語り方をしている。「けど」の前に希望が語られている点が違っているとも言えるが，親亡き後を考えて，「お金を稼げるようになればいい」（経済的自立）と目標を語りながらも，「まだせっぱつまっていない」と具体化を先送りしている点では，イイダさんが抽象的に「自立」を語るのと似ている。次に紹介する抜粋3も抜粋1，2と似たパターンを持つ語りである。

〈抜粋3〉コンドウさん

> 　今ちょっと絵とか一生懸命描いたりして好きなんで，そういう面を伸ばしつつ，職業にするのは難しいので，こつこつと簡単にできる作業ができればいいなと思ってますけど，絵は趣味という形で。自立はして欲しいとは思ってますけど……一人で生活するのは，○○先生（医者）に難しいと言われたんで，多分そうだと思いますけど，それは幼稚園のときだったので，だいぶ伸びてきていると思うんですけど，将来的にどうなるか分からないと思ってますけど。

　コンドウさんは，子どもができる面を認めながらも，それで自立することは難しいと語る。さらに，「先生に難しいと言われたんで，多分そうだと思いますけど」と医者の意見をいったん肯定しながらも「将来的にどうなるか分からない」ことを強調している。医者の意見は過去のことであり，これからは「どうなるか分からない」と語り，曖昧さを強調することで，医者から言われた「自立の難しさ」を断定しないようにしている。医者の指摘は母親にとって大きな言葉であろう。「医者の言葉」を否定したい気持ちがありながらも，容易に否定することができずに，「けど」を用いて抵抗しているように見える。

　抜粋1～3に共通して，「自立」という将来の希望が語られている。「兄弟に負担をかけたくない（迷惑をかけない）」「親がいなくなった時に（略）自分でお金を稼げる」という語りは，通常の自立のイメージに近い。「誰にも迷惑をかけない」という価値観に基づくものである。ここでの母親は，将来の希望として一般的な自立をイメージするが，現在の状態からその自立の実現を危ぶんでいるところがある。そのため，「けど」を用いて，その距離の遠さを曖昧に

第Ⅱ部　実　践　編

しようとしているのではないかと思われる。希望に対して「けど」を用いて，社会制度の変化や子どもの成長への期待を語ることで，将来を断定することを先送りにしている。断定を避けることは，将来を結論付けないことである。結論付けないことでいくつもの可能性を残しておく意味があろう。曖昧な，だからこそ可能性を否定しない将来を作っている。このような語り方を用いることで，問題を先送りにし，母親なりに現実と将来の希望とのギャップに折り合いをつけている姿であると理解することができる。

次に紹介する語りは，抜粋1～3と同じように「けど」を用いて漠然とした将来の語りを展開していくが，これまでの断定を避ける語りとはやや異なるものである。

〈抜粋4〉イトウさん

> そうですねぇ，難しい質問ですね。まあ彼なりに彼なりの人生を送って欲しいというのがあるんですけど，それがどんなものかって言われると難しいですね。具体的に思い浮かばないですね。ただ，彼にとってやっぱり楽しい人生であって欲しいなとは思いますけど，ただ彼だけのわがまま放題としか思えない行動では受け入れてもらえないと思うので，彼にも皆から受け入れてもらえるぐらいには頑張ってもらって，ちゃんと生きていって欲しいなと思いますけども。

イトウさんは，「彼なりの人生を送って欲しい」という希望を語るが，その具体的内容に関しては「思い浮かばない」と曖昧にする。この点は抜粋1～3の語りと似ている。しかし，その後，「楽しい人生」のために，「皆から受け入れてもらえるぐらいには頑張ってもらって」と子どもの頑張りを条件として付け加える。「彼なりの人生を送って欲しい」という母親の希望に対して，子どもの成長を条件としていることが語られる。

また最後には「生きていって欲しいな」とやや突き放すような言い方で，子どもと距離を取ろうとしているような語り方があるのが特徴的である。

抜粋1～3では，語りは曖昧なままで終わる。しかし抜粋4では曖昧さを強調する点では似ているが，希望を達成するために少しだけ具体的な条件をつけ

ようとしており，母親なりに模索している様子がうかがえる。

2-2 「けど」を用いて将来の目標を修正する

「けど」を用いて語る将来は，必ずしも曖昧で抽象的である場合ばかりではない。次に紹介するいくつかの語りは抜粋1〜4よりも明確な将来を語っていたり，希望に条件をつけようとしていたり，親子関係を調整しようとしている語りである。

〈抜粋5〉キムラさん

> そうですね，私の希望では，グループホームみたいな。集団，お友だちと仲良く生活をともにできれば，仕事場はそれぞれだとしても，親がかりじゃなくて，そのほうが本人が楽しいんじゃないかって思って。でも，それは本当に微かな希望で，きっと無理だろうなと思っているんですけど。今のまんま，親と一緒に住んで，作業所には親が送り迎えするたぶんそういうことになるとは思っています。もしそういうことができれば，例えばお友だちと一緒に介護人がついたとしても，好きなものを一緒に買い物に行くとか，映画を見に行くとか，それができれば幸せなんじゃないかなと思って。うちでももちろんやってますけど，親付きとは全然意味が違うと思うから，だからって施設っていうと抵抗あるっていうか，そういうのとは私の気持ちは違う。アパート暮らしみたいなのが普通っぽいなぁって。

キムラさんは，グループホームでの生活（親から離れての生活）を希望として語るが，その後それを「無理だろうなと思っているんですけど」といったん否定する。そして，「親と一緒に住んで（略）親が送り迎えする」と修正した将来の姿を語る。しかし「もしそういうことができれば」と最初の希望に続けるような形で介護人がついたとしても親と違う人と行動できることを希望する。最初に希望を語り，「けど」を用いて最初の希望を現実的な予想に修正しながらも，再度希望を述べるパターンである。とくに親との関係を変えていこうとしている点が特徴的である。親以外の他者との関係を作っていけることを重視し，親と子どもの距離を取ろうとしている語りだといえる。

第Ⅱ部　実　践　編

　次に紹介するシミズさんの語りは，大きな目標を語った上で，それを妥協していく語りである。

〈抜粋6〉シミズさん

> 　昔はずっと，自分のことは自分で最低限できるっていう身辺自立を大きな目標にしていたんですが，それが大きな目標は目標なんですが，介助なしでは生活できない部分はあるっていうのは認めざる得ない。そうですね。私もなんでしょうけど，特に人に対して素直に従順とは違うけど，人に対してそういうマナーを最低限もって，人間として付き合っていけれるように，育って欲しいなと思うのが目標ですね。レジに行って買ってくださいといわれたときに，お金はわからないけど，これを渡して，おつりをもらうというところまでいわれたことを従順に守れるという感じ。人に言われたこと，単純にわかりやすいものを実行できるようになれば，介助に連れて行ってもらっても，彼女自身でもいろんなことを体験できれば，彼女自身も満足感が得られるし，介護する側も素直に言うこと聞けば，介護をしやすいと思う。

　シミズさんは「介助なしでは生活できない」ことを認めたうえで，そのために必要なこととして，介護してもらいやすいようになってほしいと具体的に希望する子どもの姿を語る。その理由として，他者からの援助が必須であり，家族以外の他者とかかわる際に，最低限のマナーを持って人としてつきあっていければ，子どもと介護者双方にとってよい関係になることを想定している。そしてそのためにある目標まで子どもが成長してくれることを希望として語る。

　抜粋5，6で共通するのは，「けど」を用いて目標を修正していくプロセスである。そこでは，ある希望を語りながらも，それは難しいといったん否定し，最初の希望を修正していく様子がみてとれる。つまり，当初の希望を一定の範囲で諦め，介助を前提としたり，親の力を必要としたり，障害児として社会制度を利用したりすることを選択する中で自立を模索し，新たな目標を設定し直しているのである。また，家族以外の他者との関係が作りやすいようにと願っているという特徴もある。これは親子関係が永続しないことを踏まえ，家族の中だけで環境が固定化しないようにと考えているのではないだろうか。親が子

どもとの距離を取ろうとすることは，障害児の親に結びつけて考えられることが多い「扶養義務」に反する部分もあろう。しかし，親亡き後のことを考えた際には親は子どもから距離を取る必要があるのも確かである。

親が子どもとの関係を客観的に捉え，距離を取り，将来を模索しようとしている態度は，親が1節で述べた一般的な自立のイメージから離れていくことができている結果といえるのかもしれない。

「けど」を用いて目標を修正していく語りにおいては，語ることで，母親が自身の希望を客観的に眺めることができ，それを修正しようと新たな語りを展開していると思われる。そこに描かれているのは，母親なりに希望と現実との間に生じる葛藤に対して，折り合いをつけていくプロセスではないかと考えられる。

2-3 将来を語れない

ここまでのところでは，「けど」を用いて曖昧であったり修正途上であったりするような将来が，まがりなりにも語られる事例を紹介した。しかし，現実には将来を語ることができる親ばかりではない。次に紹介する事例は不安やどうなるかわからないという思いを語り，明確に将来の希望が語られない語りである。

〈抜粋7〉カトウさん

> 将来は，やっぱり人に迷惑かけなくて，一人でできることを増やして，増やしてっていうか，増えて，自分である程度の生活は身につけて，少しは，人が見ていなくても危ないことをしない。もうほんとになんだろう，いま目が離せない状態じゃないですか，そうじゃなくって，一人で，まあ将来，学校とかも，まず一人で一回行けるといいなとか，高校なったら，ほんとはそれをやらそうと思ったら，ちょっとこんど（学校が）合併になるっていって一人で行かすわけにはいかなくなったんですけど，今の学校は歩いて15分ぐらいでいけるんで，ああ，そのうちいけるかなとか，そういう思いはあったんですけど，うん，やっぱり一人で行動できる範囲，人に迷惑かけなくて，人に迷惑かけないのが一番ですね。

第Ⅱ部　実　践　編

> （学校出てからのことっていうのは考えてますかね？）
> 　うーん，いやまだ考えてはいないんですけど，できるんだったら自分でやりたい，自分で働きたいっていうんだったら，働けるか，働きたいなっていうんだったら働かせたいし，働ければいいなって思うんですけど，うーん。

　「人に迷惑かけなくて…」と語り始めるのだが，現在の学校に関する悩みから，過去に希望していたことが叶わなくなったと語る。次いで筆者がより先の将来のこととして質問をするがカトウさんは，「考えてはいないんですけど（略）働ければいいなって思うんですけど，うーん」と言い淀んで終わってしまう。「けど」を用いて曖昧さを述べながら希望を述べようするのだが，結果的に現状の困難さが強調されてしまう。特に，母親なりの目標を持っていた（一人で通学できること）のに，母親が考えていたのとは異なる事態（学校が変わる）が起こり，目標が揺らいでしまったのではないかと考えられる。希望を語るためには，現状がある程度落ち着いている必要があるのかもしれない。

　次の例は，将来を語ることができず，いくつもの不安を語るパターンである。

〈抜粋8〉スギモトさん

> 　将来に向けてはありますね。不安があるっていうか。中高生に向けてお母さん方の話を聞いて，中学に入ると大変だけどまだいいわよ，高校よって言われちゃってこの前。脅かされました。不安ですね。具体的に，どういう思春期を迎えるのかっていうことですよね。何かに暴れてモノに当たるとか私に当たられると嫌だなって。まだこれからだからどうなるか分からない。その不安。不安が大きいんですけど，それは考えていても分からないじゃないですか。だから考えないようにしているんですけど，でも不安は消えないですよね。反抗期とか，今も反抗していますけどね。大人になったときとかちょっと考えられない。お仕事を何か。でもあの，やればそれこそやると思うんですよ。きちんとしているから割と。これをやるとお昼が来て。ちょっとやるとおやつが出て，ちょっとやると帰れるみたいな生活パターンを作ってあげると，ちょっとずつですね。座って，何ができるんでしょう。逆に聞きたいですけど，毎日やることとして仕事。土日以外で，逆にどうしたらいいでしょうみたいな。

　抜粋8は「けど」を用いて不安を何度も繰り返す語りである。その不安には

第5章　知的障害児を持つ母親は子どもの将来をどのように語るのか

いくつかの理由があるのだが，スギモトさんは「考えないようにしている」と対応を先送りにするという特徴がある。一方で，「生活パターンを作ってあげると，ちょっとずつですね」と子どもの可能性を語りながら，自ら「何ができるんでしょう」とそれを打ち消している。最後には「逆にどうしたらいいでしょうみたいな」と冗談めかした形でインタビュアー（筆者）に質問を返す。この事例では「不安ですね（略）どういう思春期を迎えるのか」「座って，何ができるんでしょう」と現実の子どもの姿から想像される将来への不安が垣間見える。

障害児の母親が語る就労と自立を取り扱った東村（2012）によれば，現在がよい状態である場合，過去の出来事がポジティブに捉えなおされ，「これからも同様にやっていけるだろう」とそれが将来への希望にもつながっていくとされている。逆に言えば，現在の状態が悪い場合，「これからもこのままなのではないか」「成長していくのだろうか」と将来がネガティブに捉えられ，不安へとつながってしまうのではないだろうか。

また，このように将来を「語れない」のは何も障害児の親だけではない。通常の育児でも，現在の悩みが強い場合には，将来を思い描くことができないとされる（徳田，2004）。障害児を持つ親の場合でも，悩みの内容という点では異なるかもしれないが，現在の負担感によって将来を描くことが難しくなる点は共通していると考えられる。

3　「障害児の親」と「支援者」という関係の中で表れてくるディスコース

3-1　調査に先立つ説明の影響

これまでは，語り方から母親がその中で生きている社会的なディスコースを探ってきた。そのディスコースは語り手と聞き手がどのような関係の下，インタビューという場を形成しているのかに影響をうける（Holstein & Gubrium, 1995/2004）。そこで，インタビュアー（筆者）とインタビュイー（母親）両者の関係において母親の立場はどのようなもので，どのようなディスコースが関

第Ⅱ部　実践編

係していたのかを検討し，母親の認識世界を描く試みをしてみようと思う。というのも，「障害児を持つ母親」は，「障害児を持つ母親」という立場だけでなく「○○くんの母親」であり，子ども本人にとってみれば単純に「母親」でもあるはずである。しかし，本章のような調査研究の場合，「障害児を持つ母親」という立場に対して調査依頼が行われることが多い。その「障害児を持つ母親」として依頼をするという行為そのものが，母親の役割を固定化させ社会的なディスコースを意識させうると思われるからである。そのような視点を持つと，今回の調査に先立つ説明が，両者の関係のベースを形成したと考えられる。

〈抜粋9〉調査依頼時の説明

> 《前略》学齢期にある障害のお子さん方が，いままでどのような支援を受け，またこれからどのような困難に対して支援を受けたいかを，保護者の方のお気持ちを中心にお話をお聞きしたいと思います。また，お子さんとの生活の中で，どのようなことが気になり，どう感じているのかをお聞かせいただき今後の支援につなげていけたらと考えております。《後略》

〈抜粋10〉インタビューにあたっての事前説明

> この調査は，学齢期の障害を持つお子さんの保護者の方にお願いしております。障害を持つ子どもに対するサポートをどのように考えるかを，ご家族の方々の視点から障害をどうみるかという点を含めて研究していきたいと考えております。お子さんとの生活の中で，どんなことが気になり，どう感じているのかを聞かせていただきたいと思います。

抜粋9と抜粋10は，調査の依頼文とインタビューの事前説明の一部（波線等一部追記）である。調査にあたっては，倫理的な配慮事項と合わせて文章を提示しながら母親に直接説明した。ここでは，両方の抜粋に示されているように「障害児を持つお子さんの保護者」という役割を強調している。また「支援のために」行う調査であることも明示している点が特徴的である。

当時の筆者は母親から見れば年齢的には若かったが「研究者」であり「支援者」であった。そして，調査を依頼する経緯を見ても，筆者は「障害児の親」

としての母親を求めていたし，調査を引き受けることは否応なしに「障害児の親」として筆者と相対することになったと考えられる。「障害児の親」と「支援者（研究者）」という関係から，すでにある種のディスコースのもとで語りがなされた可能性を考慮しなければならない。たとえば，抜粋8では「どうしたらいいでしょう」と支援者―相談者としての関係を浮かび上がらせるような語りが見られる。このような関係を前提に考えていくことは，「けど」を用いて語りが展開していくパターンを解釈するうえで重要な示唆を与えくれる。

3-2　障害や障害児の親をめぐる社会的なディスコースの影響

　「障害児の親」として語りの場に入るとき，障害や障害児の親をめぐる社会的なディスコースを無視して将来を語ることは難しいのかもしれない。抜粋1～4の事例は，「障害児の親」というアイデンティティをまだ強く持っていない母親が将来の希望（一般的な自立）を語ろうとするときの葛藤を示しているとも言える。希望に「けど」を加えて断定を避けたり，曖昧にしたりするのはその葛藤の表れと考えることもできる。

　すなわち，ここでの母親は健常者のディスコースにおける一般的な「自立」を語り，それに対して条件を付けたり，変化を期待したりして断定を避けることで，障害のディスコースに対抗しているのではないか，ということである。

　それは，「障害児の自立はこうあるべき」という障害のディスコースと母親自身の希望とのギャップに母親なりに折り合いを付けようとしながら語りを展開している姿と捉えることができる。障害児の親としての扶養義務や養育の責任が社会的なディスコースとして感じとられている場合，障害児には難しい将来像を「自分はこのように希望します」と単純に語るとしたら，『わかっていない親』『障害を理解していない親』とラベリングされる危険性があることを，母親自身どこかで感じていると思われる。

　さらに，母親にとって筆者は支援者の側にいる存在であった。障害児の親として接してくるそのような人に対し，自分が希望を楽観的に語ることは社会的支援を遠ざける結果をもたらしかねないのではないか，とおそれを抱くところ

があるのかもしれない。そして，それを避けるために，「けど」を用いることで，希望と同時に条件や曖昧さを提示しているのではないだろうか。

　一方で，抜粋5〜6は障害児の親としてのディスコースに比較的添った形で語っていると考えることができる。「障害児としての福祉制度の利用」を語ることは，障害児の親として適切な答えと受け取られやすいものであろう。しかし障害のディスコースだけで語りが終わるのではなく，「けど」を用いて，母親が希望する将来に近づくような条件を付けている。この語りも，障害のディスコースに添いつつあるが，親の願いや希望との間にも折り合いをつけようとし，妥協点を模索した結果と考えられる。

　こうした模索が生じる一つの背景に，語りが生じる場の特殊性がある。前述したとおり，母親に対して障害児の親として接する筆者は，障害のディスコースを母親に感じさせる存在であった。そのような相手に対しては，「○○と希望しているけど××だと思っています」「○○だけど，それは難しいからせめて××にします」と，エクスキューズを入れながら語っていかなければ理想的な希望を語ることが難しいのかもしれない。それほどまでに，「障害児の親」という立場は，社会的なディスコースの影響を受けているのではないだろうか。

4　語り方からみる自立概念の再構築

　さて，これまで，知的障害児を持つ母親が子どもの将来をどのように語るのかを検討するために，特徴的であった「けど」を用いた語り方に注目し，社会が持つディスコースの影響を見てきた。そこで浮かび上がってきたのは，母親が子どもの将来をストレートに語らず，曖昧な希望を語る語り方や，また，希望に対して条件を付けたり，希望そのものを修正したりして妥協していくような語り方であった。

　そもそも，障害児を持つ母親の「現在の視点」と「未来の視点」はズレを引き起こす（東村，2012）。現在の状態がいくら良くても，障害児の母親が未来の視点で語る際には親亡き後のことを意識せざるをえない。そこでは，現在で

どれほど準備をしようとも，未来は不安定なものとして捉えられてしまう。そのため，東村は自立へ向けた母親の努力は終わりがなく，子どもの自立を願う親の思いはゆらぎを含むことを指摘している。

本章で紹介した語りには，そのようなゆらぎが語り方として表れていた。そして，ゆらぎながらも，現在の状態と将来の希望とのズレを何とか埋めるために悩み，曖昧にすることで可能性を残したり，条件を付けることで妥協点を模索したり，母親なりに折り合いをつけようとしている姿を見て取ることができるのではないだろうか。

このような妥協点の模索が可能なのは「子どもの自立」を幅広く捉えているからだと考えることができる。一般的な自立のイメージは，先にも述べたように「金銭的に親に依存せず，自分の力で生活をする」というようなものであろう。しかし，障害者の自立では，意思表示による自立や自律性による自立など多様な自立のあり方がある（吉川，2003）。ただ，それらをどのように選択していくかは，子どもの状態や家族の価値観，社会的資源など様々な要因によるため，明確に定まるものではない。母親は子どもとの日常生活でのやりとりやこれまでの成長を見返し，ときには挑戦し，ときには諦めを持ちながら，その子その子にあった自立の形を模索し，作り上げていく。

一般的な自立のディスコースに縛られるのではなく，それに寄り添いながらも修正したり，逆に対抗したりしながら，自立概念を再構築していく姿が，母親の語り方から描かれたのではないだろうか。

また，3節では支援者─障害児の親という関係にある社会的なディスコースを取り扱った。そこで生じる社会的なディスコースをなくすことは容易ではない。しかし，ディスコースを意識化することで，必要に応じてそこから離れることができるようになる。「障害児の親」としての語り，「親」としての語り，「私」としての語りといった立場を意識し，立場を変えながら語ることで，客観的に子どもと家族を俯瞰してみることができる可能性がある。なにより，支援者は自身が内包するディスコースを自覚し，ときにはそこから離れて関係を見直すことで，支援が促されることもありうる。ディスコースから自由になる

からこそ，再構築も可能になる。

　今回はいくつかの語りの形式を紹介したにとどまっている。子どもの年齢を考慮した分析ではないし，子どもの成長とともに，語りがどのように変化していくのかを検討することはできていない。しかし，語り方を手がかりとして語りを見ていくことは，知的障害児の母親とその母親を取り巻く社会的なディスコースとの関係について理解を深めていく視点の一つになるのではないだろうか。

引用文献

東村知子　2012　母親が語る障害のある人々への就労と自立――語りの形式とずれの分析　質的心理学研究，**11**，136-155．

Holstein, J. A., & Gubrium, J. F. 1995 *The active interview.* Thousand Oaks, Calif: Sage.（ホルスタイン，J. A., & グブリアム，J. F.　山田富秋・兼子一・倉石一郎・矢原隆行（訳）　2004　アクティヴ・インタビュー――相互行為としての社会調査　せりか書房）

中根成寿　2002　「障害をもつ子の親」という視座――家族支援はいかにして成立するか　立命館産業社会論集，**38**(1)，139-164．

中根成寿　2007　コミュニティソーシャルワークの視点から「障害者家族」を考える――障害者家族特性に配慮した支援に向けて　福祉社会研究，**7**，37-48．

世界保健機関（著）障害福祉研究会（編）　2002　ICF 国際生活機能分類――国際障害分類改訂版　中央法規出版

徳田治子　2004　ナラティブから捉える子育て期女性の意味づけ――生涯発達の視点から　発達心理学研究，**15**，13-26．

矢守克也　2003　4人の震災被災者が語るいま現在――語り部活動の現場から　質的心理学研究，**2**，29-55．

吉川かおり　2002　障害とは何か　伊藤智佳子（編）児島美都子・吉川かおり（著）　障害者福祉シリーズ1　障害をもつということ　一橋出版　pp. 13-138．

吉川かおり　2003　障害者「自立」概念のパラダイム転換――その必要性と展望　東洋大学社会学部紀要，**40**(2)，17-30．

第6章

自死遺族のナラティヴ
―― 対話的関係を共同生成するプロセス ――

古井（橋本）望

　本章では，息子を自死で亡くしたミズエさん[1]（仮名）と筆者とのインタビューを取り上げる。2時間のインタビューの中で，ミズエさんは辛い体験に打ちひしがれるばかりではない自己を語ろうとしていた。相矛盾する感情や意味づけを一つのナラティヴに配置するのは簡単な試みではないが，ミズエさんはこれにどう取り組んだのか。また，ナラティヴは語り手と聴き手によって共同生成されるものである以上，この試みには聴き手である筆者も影響したはずである。ミズエさんの自死遺族としてのナラティヴ生成の試みと，筆者とのやり取りが与えた影響を検討したい。

1　ナラティヴを通して現れる自己

　日頃とりたてて意識しないが，私たちはみな自己についてのイメージを持っている。昨日の私と今の私，そしてこれから訪れる未来の私とをつなぐ働きをするこのイメージは，物語（ナラティヴ）の形式をとる。ナラティヴ論では，私たちには"物語を通して現れる自己を生きている側面"と"その物語を主体

---

[1] ミズエさんは，自死遺族支援団体の紹介でインタビューに協力いただいた50代女性（インタビュー当時）である。筆者とは，支援団体主催の集まりで見知ってはいたが，個別に話をしたことはなかった。なお本研究の実施にあたり，筆者の所属機関および自死遺族支援団体双方の倫理委員会による審査で承認を得ている。本章で述べる協力者の状況や語りは，個人の守秘のために論旨に影響のない範囲で改変してある。
　なお，調査へのご協力をいただき，掲載を許可下さったミズエさんはじめ関係者の皆様には，心から感謝申し上げます。

的に書きかえていく行為主体的な側面"があると考える。思いがけない出来事に出会うと自己ナラティヴが揺さぶられるが，行為主体としてナラティヴを書き換え，その後を生きる力が私たちには備わっている（Neimeyer, 2001/2007; 川島，2014）。

家族との死別も自己ナラティヴを揺さぶる出来事の一つだろう。突然死や暴力的な死と並んで，自死による死別では罪責感や怒りが強い傾向があるとする国内外での報告がある（国内での調査報告として川野（2007），海外での知見をレビューした坂口（2010）などがある）。ナラティヴの再構成が困難になりやすい死別の一つに挙げられている。

今回取り上げるミズエさんのナラティヴでも，始まりの主題は罪責感だった。しかし，より多様な経験や多彩な情緒を取り戻し，相矛盾する自己として見える景色をなんとか一つの額縁の中におさめて語ろうとする展開を見せた。そして，その動きが未来の方向性を生み出してもいた。まずはミズエさんの語りの様相の一部を2節で検討する。

また，否定的とはいえ慣れ親しんだ自己ナラティヴから新しい自己ナラティヴへと変えていくには大きな労力がいる。森岡（2007）が言うように，一人で体験を想起し，意味を思い直すというだけでは，なかなか生の物語を変化させるまでには到らない。他者との対話的関係があってはじめて新しい意味が発見され，未来志向的な語りが可能となる。

いま筆者は臨床面接の場でナラティヴの共同生成に携わることを生業にしているが，7年前のインタビュー当時は修士論文に取り組む大学院生であった。そのインタビューの冒頭部分にも，不安定なやり取りから，2人で力を合わせるようにして対話的な関係へ向かったプロセスが見出せる。ミズエさんは，自己について語るだけではなく，聴き手である他者からの応答を切実に求めていたように思われる。やり取りの開始当初，聴き手に徹していた筆者に対し，応答を引き出そうと繰り返し呼びかけ，筆者が起こしたわずかな発話や能動的な動きに敏感に反応し，筆者の小さな応答を自身のナラティヴに積極的に取り入れようとしていった。そして，筆者との対話関係が安定したことで，ミズエさ

んはより能動的な行為主体としてナラティヴを展開していったように思われる。3節では，後半の展開については紙幅の関係から触れず，前半のやり取りの中で，役割固定的で一方向的なやり取りから双方向的なやり取りへと変化していったプロセスを検討する。

最後に4節では，2節で述べるミズエさんのナラティヴの変化と，3節で述べる筆者とのやり取りの変化との関連を検討したいと思う。なお，語られた内容を「物語」，語る行為を「語る」という言葉で表し，これら内容と行為の双方を含む概念として「ナラティヴ」という用語を用いる。

2　自死遺族のナラティヴ

2-1　語り出されるナラティヴ——"ダメな母親"という物語

ミズエさんは，死別当時の心境を尋ねた筆者に対し，次のように語っている。
〈抜粋1〉〔224-237行目〕

> うんーとねえ，考えても，みなかったことですから。まあ，親にそういうねー，ことも，心の病に対しても，十分に後から考えれば，症状は，出てたわけですけれども。全くそういう方に考えが及ばなくて，うん…。それがやはり，あの子を，そういう行動に走らせて，しまった…。その悔いですよね。うん。
> 《中略》
> まあ，どういう気持ちだってことははっきり言って，あの子に，背かれたという，両親だけじゃなくって，やっぱり家族でね，あの子に，背を向けられたっていう。うん…あのようなことを，されてしまったという，そういうほんとに，無念残念なね…誰も頼ってもらえなかったと。家族がありながら。

抜粋1で死別当時の感情反応は，息子の自死を防げなかった悔い，親として否定された辛さ，の2つに集約されて語られている。「家族がありながら」のすぐ後で，涙があふれそうになって一度席を立たれた。この抜粋1はインタビュー開始から15分程度経ったあたり（書き起こしでは224行目から237行目）だが，それまで淡々と出来事を語っていたミズエさんの口調に感情がこもるような変

化が見られ始めたのはこの辺りからである。

　強い感情反応は，昨日まで当たり前にあった自分の輪郭，居場所，人々との関係性を揺らがせるが，インタビューがもう少し進んだところで，ミズエさんは，さらに感情のこもった口ぶりで，次のようにも語った。

〈抜粋2〉〔361行目〕

> 　ほんっとにねえ，結局，あの，自分が否定されたわけよね？あのー，息子にそういうことをされたっつっちゃ，悪者扱いだけれども，息子がそういうことをしてしまって，《息を大きく吸い込む》自分が否定されたと。育て方が悪かったのかなーと。もうそれしか見えない訳ね。すると，死なれた，当座というのは，もう，その辺でみかける母親が，自分よりみーんな立派に見えるわけ。とにかく。…あのお母さんも立派，子ども連れて歩いてるあのお母さんも立派よね。自分はダメだったのよって。もうほんとに，そればかりですね。

　この語りの中で，息子の自死は母親として否定される体験で，当たり前に持っていた"ふつうの母親"という自己ナラティヴを失い，"ダメな母親"へと追い込まれることと意味づけられている。変わってしまった自分では，従来からのコミュニティ（隣近所，保護者仲間）とうまくかかわれなくなったとも言う。

　自死遺族の手記やブログにも，罪責感や怒りのナラティヴをよく見る。数十年前まで家族の自死は「墓場まで持っていく」ような隠すべき出来事とされ，遺された側の心情を語るための言葉も物語もなかったことを思えば，強い衝撃を受け，怒りや自責の念に圧倒されそうな存在として自分の心情を呈示できる社会的状況になっていることは大きな変化である。その次に出てくる問いは，罪責感や怒りの物語に囚われた状態から，もう一度行為主体的存在となって語りを展開していくことがどうすればできるのか，であろう。もちろん一人ひとり異なる展開のさせ方となるし，同じ人物であっても場面によって異なりうるわけだが，ここでは一つの例として，筆者とのインタビューでミズエさんがどう自己ナラティヴを展開させたかを検討したい。

第 6 章　自死遺族のナラティヴ

2-2　筋立てられない変化——"罪責感"から"一生懸命"へ

前項でみたように，"ダメな母親""悔いる母親"として語り出したミズエさんは，そこに留まり続けたわけではなく，そこからの変化を語ろうとしていった。様々な知識を学び，自分の子育てや息子の症状を反省的に振り返る日々を語った上で，一つの展開点として登場するのが抜粋 3 の場面である。

〈抜粋 3〉〔385 行目〕

> もーう，思い出がよみがえって来まして《涙声》，あぁ，私一生懸命やったのよねっていう，こう結論になったわけね。もう，一枚一枚に，もうその時の？，育てたこと，一緒に過ごした思い出がよみがえって？，一生懸命やったんだっていう風に自分で思えたわけね。それが，少しずつ…まあ，うん，こんな結果になって，全く駄目な親だと思ってたけど，そのときそのとき一生懸命やってきたのよねって，こう思えるようになってね。

抜粋 3 は，「辛くて故人の写真が見られない」という他の遺族の言葉を聞いて，「じゃあ代わりに私が見てやろう」という気持ちになり，勇気が要ったが思い切って写真を見返した，と語る場面である。そして，写真を見返すことで息子の笑顔や生き生きとした姿の記憶がよみがえり，一生懸命やった自分もよみがえってきたと，ミズエさんは自身の変化を語ろうとしていく。

しかし変化の語りは簡単ではない。抜粋 3 の続きを抜粋 4 に示そう。

〈抜粋 4〉〔387-391 行目〕

> んんー，自分が，まあ，悪いことしか考えてなかったんですけど？やっぱりその写真によってね，その，思い返されて，んんーー，一生懸命やったんだと。全部ではないかもしれないけど。ってまあ，自分のやったことを，少し認められるようになって，それから少しずつ，うん，まあ…否定的なものが？消えていったというか。でもいまだにね，やっぱりどこか，間違ったからこうだったんでしょうっていう思いは消えませんけどね。うん……まあ，その子のもって生まれた，性格人格もあるかもしれませんと思うんですけども，まあ，うんーー

写真を見直したことで気持ちに変化が生まれ，「自分のやったことを，少し

認められるようになっ」た「少しずつ（略）否定的なものが？消えていった」と結論づけようとするが、「でもいまだにね」と続けて「やっぱりどこか，間違ったからこうだったんでしょうっていう思いは消えませんけどね（略）まあ，うんー」と、語尾を濁したまま沈黙となっている。"ダメな母親"から"一生懸命やってきた母親"への直線的な変化として語りを筋立てようと試みるが，それを断念してしまう。

　『否定的なものが，転機を得て，肯定的なものへと変化する』という筋立ては，一般的によく用いられる変容のプロットだろう。しかしミズエさんの罪責感は，転機によって「消えた」と結論づけ難いもののようだ。罪責感や怒りの強さは故人との結びつきの強さの証でもあり，それらが薄らいだと認めることは故人との関係が薄らぐことと同義に感じられ，また助けられなかった故人をもう一度見捨てるかのようにも思われ，いわば"罪責感を手放すことへの罪責感"が生じるのかもしれない。"たしかに自分は一生懸命に育てたんだ"という物語を取り戻すことはできても，"ダメな母親"という物語と併存させることは容易ではない。

2-3　変化をどう筋立てるか——故人との対話

　前項で取り上げた抜粋3，抜粋4では故人の写真が重要な手掛りとなっていたが，その後の語りで再び故人の写真が話題となった場面を見てみよう。

〈抜粋5〉〔496-516行目〕

> 　私は，仏壇のまわりに，小さい時，少し大きくなってから，で，最後に近いのと，何種類か並べてね。で，朝夕に，お線香あげてチンとやるでしょ。で，よーく顔もじっと見るの。逆に。ふっふっふっふ。そうしないとなんか？避けてたらあんたに悪いよねっていうような気持ちで？うん。で，亡くなった方向へ向いて？ごめんなさいねって，毎日，手を合わせるんですよね。悪かったねって。うん，うん。もうそれしか私には，することがないですからぁ。……こんなお母さんで，ごめんなさいって。うん…。でもねえ，今はねえ，お母さんこんなことして今日は楽しかったよ。だからなんかこう，その日のね，報告を，するような気持ちでね。うふふ。あの，遺影に手を合わせてるんです。うん，

> うん。なんかそういう自分を，あの子は喜んでくれるかなと思って。ええ。

　抜粋5で，ミズエさんは息子の写真を「よーく顔もじっと見るの」と笑う。そして「避けてたらあんたに悪いよね」と息子に語りかけるような口調になり，「悪かったね」「こんなお母さんで，ごめんなさい」と息子への語りかけが続く。これらは"ダメな母親"として悔いる気持ちからの謝罪であるが，そこから続けて「でもねえ，今はねえ」と時間的視点を変えると「お母さんこんなことして今日は楽しかったよ」と，日々を楽しんでいる現在の自分を息子に報告する語りかけへとつなげていく。さらには，「あの子（息子）は喜んでくれる」という応答が含まれる故人との対話的関係が生成されるのである。

　抜粋5の語りでミズエさんは，"ダメな母親"という自分を手放していない。"一生懸命な母親"とともに，息子との対話の中に並置され，「そういう自分を，あの子は喜んでくれる」という息子からの応答を帰結とすることで，直線的な変容の筋立てとは異なる筋立てで，ナラティヴを成立させようと試みている。

3　〔語り―聴く〕関係への視点

3-1　語り手と聴き手の出会い

　自死による死別が遺族に困難を強いるもう一つの側面は，社会的な次元にある。他者との相互作用が生まれづらいのは，自死への偏見のためだけではなく，身近な自死という話題でどう相互作用していいのかがお互いにわからないという側面も要因として大きいのではないだろうか。人がナラティヴに新しい意味を生み出し，変化を起こすには，他者との関係に支えられることが必要だが，その支えが得づらい。

　2節でみたミズエさんの語りにおきた変化は，筆者とのやり取りの中で生成されたものである(2)。2人の人間が出会い，交流を持とうとするとき，最初のハードルは2人のペースができるまでの過程にある。今回のインタビューでも，

第Ⅱ部　実践編

開始から30分ほどが一番難しく感じられた。やり取りのペースが一旦できれば，あとはある程度自然に流れるものだろう。そこで本節では，2人のペースができ，対話の土台ができあがっていくまでのプロセスにとくに焦点を当てて検討したい。

次の抜粋6は，インタビューの始まりの部分である。なお，以下の抜粋において「筆」は筆者，「ミ」はミズエさんを表す。

〈抜粋6〉

11	筆：	なんか，そうですね，どういうふうに，お訊きしていいのか，と思っていたんですけど（.）経緯，というのか
12	ミ：	ええ
13	筆：	伺っていい範囲で，いいんですけれども。
14	ミ：	うん，そうですねえ，うん。うん::と。.h小学校5年生の時にぃ::

抜粋6は，いわばミズエさんと筆者の出会いの場面である。筆者が最初に「自死の経緯を」と尋ね，ミズエさんは「小学校5年生の時にぃ::」と切り出し，故人の半生を淡々と語っていくやり取りでインタビューは始まった。ここからしばらくの間は，ミズエさんが語り，筆者は相槌をおもな反応として聴いており，発話はかなり一方向的で役割は固定されたやり取りが続く。また，筆者は長くても数年という時間的想定から「自死の経緯を」と問いかけたのだが，ミズエさんはもっと大きな時間枠組みからの物語を語り始めたように，ミズエさんと筆者の間には前提や想定に様々なズレがあっただろう。

3-2　対話関係を2人で育てる

語り手と聴き手の役割を固定した形でやり取りを始めた2人であるが，イン

（2）ここで筆者は，ミズエさんの内面における心理的変化が筆者とのやり取りの中ではじめて生じた，と捉えているのではない。ナラティヴは語る度毎に新たに生み出されるという前提に立ち，変化を語るという動きが，ミズエさん一人の独白として生じたのではなく，筆者との相互関係の中で生じたものであるという側面に焦点を当て，分析している。

タビューが進む中で相互関係が徐々に変化する様子が見られる。ここでは"相槌への相槌"，"涙"，"語尾上げ"と"間"を指標として着目したい。

（1）"相槌への相槌"

このやり取りが自死の経緯について〔語り―聴く〕ものである以上，物語は故人が亡くなった場面に向かわざるをえない。抜粋7に故人の死とその発見場面を含むやり取りを掲載する。

〈抜粋7〉

	118	ミ：	帰ってきて。そん時こちらもね::，あの，うんと詰め寄ればよかったんでしょうが，
	119	筆：	うん hh
	120	ミ：	帰ってきてだま:::ってるんですよね。
	121	筆：	うん
	122	ミ：	でもその，なんていうか（.）どうしたの，か，何考えてるの，か，そういうこう（.）彼をね，追いやるようなこと言っても，と思って，ま，黙ってるし，と思って，ちょっとそっとしといちゃったのが過保護だったのかな:。そしたらもう篭るようになっちゃったんです。
→	123	筆：	はあ:
→	124	ミ：	うん。ずっともう，昼間はほとんど寝てばかり。
	125	筆：	うん
	126	ミ：	で，興味のあったことも一切しなくなって。
→	127	筆：	はあ:
→	128	ミ：	ええ。ただ，食べることはまあ，食事よっていえば，自室から出てきて，ま，食べて，寝てという。そういう，（.）ことを，一年，丁度した矢先に。
→	129	筆：	はい
→	130	ミ：	うん:，.h 私が出かけた隙に，家族が昼間だれもそれぞれ出払ってましたから。（.）自室で。まあ，首を吊った訳なんですけれどもね。私が，うん，夕方帰って来まして，それを一人で発見したわけなんです。
	131	筆：	はあ .h

第Ⅱ部　実践編

　130行目にある「まあ，首を吊った訳なんですけれどもね」という文言を発話するには大きなエネルギーが必要とされる。語ることは，思い出すこと，さらに言えばもう一度そこを生き直すことである。聴き手の筆者にも，夕方ミズエさんが息子さんを見つめる後姿が浮かんだくらいだから，第一発見者のミズエさんにとっては辛い出来事の再体験になりかねない。曖昧にぼかしたり固い表現で体験から距離をとるようなことをせず，正面から言葉にしたミズエさんだが，やはりいくらか努力が必要だった跡がその前のやり取りにある。

　123行目で筆者は「はあ：」と相槌をうっている。これはここまで筆者が繰り返してきた応答と変わらないのだが，続くミズエさんの124行目の発話「うん。ずっともう，昼間はほとんど寝てばかり」の冒頭には，それまでなかった「うん」という発話が挟み込まれている。この〔はあ：─うん〕は"相槌への相槌"のようである。同種のやり取りは127-128行目〔はあ：─ええ〕，129-130行目〔はい─うん：〕でも繰り返されている。ミズエさんは，相槌の掛け合いのようなやり取りを3往復繰り返し，息を吸い込んだり，短い沈黙をおいて，先の発話に到る。

　この"相槌への相槌"を3往復する中で，ミズエさんは当時の出来事を重ねて言い換えてもいる。124行目で「ずっともう，昼間はほとんど寝てばかり」と語った当時の様子を，128行目で「食べることはまあ，食事よっていえば，自室から出てきて，ま，食べて，寝てという」とより具体的に語り直し，前述の130行目の発話へとつなげている。この明細化を伴う言い換えの中で，ミズエさんは過去のその場面に徐々に接近していくようである。聴き手の相槌という一貫した応答を土台に，語り手はリズミカルに語りを反復し，その反復の中で，近づきがたい過去への制御可能な接近が促進されたように思われる。

　この過去の時間への接近は，トラウマ性のある体験を語る際には重要な点となる。過去の出来事に圧倒される体験になればトラウマの再体験になってしまうが，コントロールを保った主体的な接近が可能になれば，それはトラウマの馴化につながる。難しいこの作業は，一人で行うよりも他者がいる方がずっとやりやすくなる。

（2） 聴き手の"涙"という応答

　息子さんが亡くなった場面は，筆者が尋ねた〈自死の経緯〉という質問に答えた一連の物語の結末と言える。一般的に，物語が終わるには「悲しい話ですね」や「お辛かったでしょう」のような聴き手からの応答が必要となる。しかし筆者は言葉での応答ができずにいた。この語りが彼の死に向かうことはすでに知っていても，130行目での語りはやはり思いがけない突然の出来事に感じられ，浮かんだ情景に言葉を失った。自分に起きた反応を言葉で伝え返すことができず，131行目辺りで滲んだ涙をそのまましばらく流しながら聴いていた。前節抜粋1でミズエさんの気持ちがあふれた場面に触れたが，涙での感情表出は筆者の方が先であった。

　筆者の涙にミズエさんはどう反応しているだろう。当時のフィールドノートには，筆者に対して身体をやや斜めに向け，時折しか目線を合わせずに語っていたミズエさんが，筆者が涙を流し始めてから，視線を向ける回数が増え，表情が少し柔らぎ，身体の向きも向き合い始めたとある。語る内容は，抜粋7に続けて，親として支援機関に相談に行くなどの行動を起こしていたこと，家の中で故人の辛そうな様子を見守っていたこと，その中で怖さを感じていたことなど，角度を変えて当時を語り直すということをしている。そして再度息子の亡くなった場面へと接近し直すのが抜粋8の語りである。

〈抜粋8〉

	171	ミ：	返す義務を取ってしまったら，本人のために
→	172	筆：	うん
→	173	ミ：	うん，逆にね，張り合いがなくなるかなと思って，一つだけ残しといたんですね。
→	174	筆：	はい
→	175	ミ：	ん，で，最終的には，亡くなる前に自分の机の上に，きちっとその，奨学金の。なんていうの，返還，規約みたいなの？返さなくていいからっていうところをちゃんと出して。
	176	筆：	はあ：
	177	ミ：	そして用意して。遺書はありませんでした。そして履歴書。

第Ⅱ部　実践編

		まあなんか写真使ってくださいっていう意味なんでしょうね。え：，会社から戻ってきた履歴書を出して。え：と（.）そうして準備して。亡くなってましたけどね。
178		（3.0）
179	ミ：	ん：とやっぱり，ん：，たいした金額ではなかったんだけど，うん：，自分にとって，こう，苦になってたのかな：と。うん（.）ま，普通に健康だったらね，そんなものくらいちょっとアルバイトしたり働けば十分。hh おこづかいもでき，返していけるものだったんですけど。やっぱりそれが自分としてかなり，社会に出て行くことが苦痛なことが，やっぱり病だったのかなと。それを，わかって，あげれなかった。うん hh。
180		（5.0）
181	ミ：	まあ，そうねえ。そういう風にやっぱり。自死する人っていうのは，他の人だったらね。ずるく逃げちゃったり。うん：。あの（.）このくらいのことって思えるようなことでも，まあ，非常に（.）くそ真面目でね。《笑い》そういう面，持ってますから。やはり，その奨学金も，返すために働け，働いていけないっていうことが，一番，だったのかな，と思って。

　抜粋8では，息子さんが最期に遺したメッセージが主題となっている。175-177行目で亡くなった場面を再び描写するが，直前の172-173行目〔うん—うん〕，174-175行目〔はい—ん〕にも"相槌への相槌"が表れるのは興味深い。

　抜粋7と抜粋8はどちらも息子さんが亡くなる場面や状況についてであるが，内容を比べると，ミズエさんの視点から息子の状態を描写した抜粋7に対し，抜粋8では彼の心理状態を推測して語る内容になっている。息子の視点に立とうとし，行為に到ろうとする彼の心情に迫ろうとする動きを含む語りであり，「え：」や「ん：」などの言い淀みが多いことからも，抜粋7よりも負荷が高い発話に語りは進んでいるように思われる。

　言葉での応答には明確に方向づける働きがあるが，涙はまだ名前のつかない感情の伝達となる。ここで筆者の応答が言葉ではなく涙であったのは当時の筆者の力量不足であるが，このやり取りに限っていえば，筆者が涙という形で応

答したので，ミズエさんが自分のペースで語りを深める流れとなったと考えることもできるのではないだろうか。

（3）"語尾上げ"や"間"による応答要請

とはいえ，涙という未分化な応答だけでは十分ではない。聴き手からのより明確な応答を求める指標が増えていく。一つは文の途中で語尾を上げるような発話（以下，"語尾上げ"と記載）であり，もう一つは"間"である。

"語尾上げ"の見られる語りを生じた順に例示すると，相談機関に行ったことを説明するくだりでの「神経内科みたいなところ？」（140行目）や，「1年過ぎた，4月くらいから？」（155行目），抜粋8の175行目にある「返還，規約みたいなの？」等がある。

一般的に，語尾を上げる発話は聴き手の同意や反応を求める働きかけと考えられる。ここでは筆者がはっきりと応答しなくても話が続くので，明確に応答を求めたものではないし，ミズエさんの語り方のクセと捉えることもできる。しかし，それまでなかった語尾上げ傾向がここから表れていることから，ミズエさんが語りの聴き手として筆者を意識し，やり取りの双方向性を志向するようになった指標の一つとみることは可能ではないかと思う。

また"間"は，抜粋8の178行目に3秒，180行目に5秒と続いている。どちらも筆者が発話しなかったのでミズエさんが発話を引き受けているが，筆者が発話することもできた。3秒や5秒という比較的長い間が続けて起きているのは，筆者の発話をより積極的に求めた指標と考えられる。

以上の指標から，語り手は聴き手に対し，ただそこにいるだけでなく，ナラティヴを生むプロセスにかかわるように招き入れているように思われる。

3-3　対話関係の中でナラティヴが変わる

3-2で取り上げたやり取りを経て，筆者が言葉で応答するという変化が起きていく。ここでは，筆者が反射や相槌以外の応答をした場面を3つ取り上げ，ミズエさんの反応とともに検討する。

第Ⅱ部　実践編

（１）　やわらかな修正

　どう応答したものか，わからなさや迷いがある一方で，抜粋8の2回の長い"間"が生まれていることで，ミズエさんから応答を要請されているという感覚が高まっていく中，筆者がはじめて自発的に発話した箇所が抜粋9である。

〈抜粋9〉

	183	筆：	息子さんも（.）
	184	ミ：	ええ
	185	筆：	すごく真面目で
	186	ミ：	ふん
→	187	筆：	生真面目というか真面目な，そこが（.）なんというのか，他の言い方をすれば，その，自死の，自死するくらいの，病というのか（.）
→	188	ミ：	うん：，なっちゃったんですね。そういう性格がね。恐らくね。うん::。それからそのアルバイトとして行って，社員にならないかと
	189	筆：	ああ，そうですね
	190	ミ：	いろいろ，社員になればああなるよ，こうなるよっていう，甘い言葉で誘われて，厳しい社員の方になったんでしょうけど。一般的にもね，なんか，あの：，位置が。社内でのね，格付けが上がったと同時に厳しくなって自死するサラリーマンも多いですしね：

　183，185，187行目で筆者は，傾聴スキルの一つである"要約"を試みているが，中途半端な発話となっている。ここまでミズエさんは自死の経緯，つまりなぜ息子が死んだのかについての物語を語った訳で，自死に到る要因の要約で応答することは論理的には的外れではないのだろうが，約10分にわたる物語を簡単に要約できるはずもない。直前に話題になった故人の性格を挙げようとするが，うまくまとめられず，結局187行目で語尾を濁して発話を終えている。

　ミズエさんが自死の要因としたいくつかの中で，故人の性格要因は他人にあまり触れられたくない点だろうから，ミズエさんはもっと強く否定したり言い

換えることもできただろう。しかし，ミズエさんは筆者のまとまらない発話を続く188行目で「うん：，なっちゃったんですね。そういう性格がね。恐らくね」とやわらかく受け止め，「うん：：。それから」とやり取りが破綻しないように続きの発話を引き受け，同時に語りの内容もやわらかく修正していく動きを見せる。このミズエさんの反応で，筆者は，語りへの完璧な応答など無いのだ，肩に力を入れずに自分なりに応答してもよいのだ，と感じられた。

（２）　聴き手による意味づけの取り入れ

少し肩の力が抜けた筆者が，相槌や反射以外の発話を２度目にした場面を抜粋10に示す。

〈抜粋10〉

	198	ミ：	うん：：，それ以上男の子に，ね：：もう，いっぱし26になりましたから，25か，当時はね。そんなにねえ，小さい子みたいに，どうのこうのいうあれでもないかな，と思って見てたんです。
	199	筆：	ああ
	200	ミ：	うん
→	201	筆：	信頼（.）していた（.）
→	202	ミ：	そうですねえ，うん，そうです。ほんと。そうです（.）うん（.）

ここまで概ね"悔いる母親"として語っていたミズエさんだったが，抜粋10の「もう，いっぱし26になりましたから（略）小さい子みたいに，どうのこうのいうあれでもないかな，と思って見てたんです」（198行目）という発話には，"息子を信頼していた母親"という側面が表れている。筆者の「信頼（.）していた（.）」（201行目）という発話は，この新たに現れたミズエさんの行為主体となる側面を拾い上げる働きをしている。

筆者の発話に対し，ミズエさんは「そうですねえ，うん，そうです。ほんと。そうです（.）うん（.）」（202行目）と声を大きくして反応し，繰り返し同意する。筆者の短い言葉を，咀嚼し，語りの中に取り入れている印象を受ける。

第Ⅱ部　実践編

　このやり取りで，ミズエさんが筆者からの応答を求めていると強く感じ，印象や感想，疑問を自然と返すようになった。次の抜粋11にも，筆者が素朴に口にした言葉をミズエさんが語りに取り入れる様子がある。

〈抜粋11〉

→	327	筆：	それは（.）あの（.）お辛い，ものではなかったんですか。
			《中略》
	336	ミ：	はい，ええ，もうあの子が示していたいろんな症状ですね：。
	337	筆：	ええ：
	338	ミ：	外にあんまり話したくない症状。
	339	筆：	んん
→	340	ミ：	もう，逆にそれは辛いことのようだけど，
	341	筆：	んん
	342	ミ：	もう，知りたいって気持ちだったんです。
	343	筆：	へえ：
	344	ミ：	うん。あの子のために知らずにはいらんない，一体なんだったのよっていう。
	345	筆：	はあ
	346	ミ：	もうとことんね，うん，一体自分のどこが悪かったのって。

　抜粋11は，息子の状況を精神医学的に捉え直す勉強をしたというエピソードに対して，「それは（略）お辛い，ものではなかったんですか」（327行目）と筆者が尋ねた箇所である。ミズエさんは「もう，逆にそれは辛いことのようだけど，もう，知りたいって気持ちだったんです」（340，342行目）と，筆者が触れた〈振り返ることの辛さ〉を否定せず，物語に取り入れ，学ぶ必然性を一層強調する語り方へとつなげている。

　ここで編み直された語り方は，インタビューの後半にも「どこが悪かったんだろう。辛いかもしれないけれどもそこを知りたい，と思って」（692行目）と維持されていた。筆者からの短い応答でも，ミズエさんは積極的に自分の物語へと取り入れている。聴き手からの反応や応答を切実に求め，その応答によりナラティヴを変化させ，先の展開につなげようとする動きが，ミズエさんには

4 重層化する対話的関係と変容するナラティヴ

4-1 外的対話関係の活性化が，内的対話関係を活性化する

　ここで，2節で検討したミズエさんの語りの変化と，3節で検討した語り手と聴き手のやり取りの変化とをつなげて検討したい。2-2で見たように，一見相矛盾する2つの自己ナラティヴを〔自分の直線的な変化〕として筋立てることを中断した語りは，2-3で見たように〔息子との対話にいたる変化〕をみせる語りへと変化した。この変化に，筆者とのやり取りはどう関与しただろうか。

　次の抜粋12は，2-2に挙げた抜粋4とその続き部分を，筆者とのやり取りの形で書き起こし直したものである。

〈抜粋12〉

	387	ミ：	んん::，自分が，まあ，悪いことしか考えてなかったんですけど？やっぱりその写真によってね，その，思い返されて，んん::，一生懸命やったんだと
	388	筆：	うん
	389	ミ：	全部ではないかもしれないけど。ってまあ，自分のやったことを，少し認められるようになって，それから少しずつ
	390	筆：	はい
	391	ミ：	うん，まあ(.)否定的なものが？消えていったというか。でもいまだにね，やっぱりどこか，間違ったからこうだったんでしょうっていう思いは消えませんけどね。うん(.)まあ，その子のもって生まれた，性格人格もあるかもしれませんと思うんですけども，まあ，うん::
	392		(4.0)
→	393	筆：	いやあ，写真(.)ほんとうに勇気が要っただろうなと思って(.)
	394	ミ：	うん:，そうですね::，うん::

```
     395   筆：  hh, ふ：ん（.）
 →   396   ミ：  なんかもう, うん, ここで開かないとずっとなんかもうそう
                 いう勇気が出ないような気がして？
     397   筆：  はあ：
     398   ミ：  えいやってなんかもう気合をかけて？
```

392行目にある"間"は、その前の発話でミズエさんが"ダメな母親"から"一生懸命やってきた母親"への直線的な変化としては筋立てられないことから生じている。ミズエさん一人ではつなげない語りの穴のようなこの"間"は、筆者の「いやあ、写真（.）ほんとうに勇気が要っただろうなと思って（.）」（393行目）という発話によって補われ、やり取りが継続していく。

また筆者の発話の中で、ミズエさんの変化という主題から、思い切って写真を開くという彼女の行為へと焦点がずらされ、さらに「勇気が要った」という行為に対する筆者からの意味づけが加わっている。これに対してミズエさんは、「うん：、そうですね：：、うん：：」という発話を挟んで、「なんかもう、うん、ここで開かないとずっとなんかもうそういう勇気が出ないような気がして？」（396行目）と、筆者の発話でなされた方向づけに添って語りを発展させ、"やり取りにふみこめない自分"との揺らぎもふくめ、"勇敢な行為者としての自分"を、そして"精一杯生きた息子"を、たくさんの笑い声や情緒を交えて生き生きと語っていく。

2-3の抜粋5の語りは、"楽しい時間を過ごした息子／自分"、"一生懸命生きた息子／自分"、そして"勇敢な行為者としての自分"をじっくり語るという行為を経ることで、生まれてきた。自死遺族としての自己ナラティヴは故人との関係性が密に織り込まれたものであり、故人と切り離しては語れない。ミズエさんの場合は、開始時点ではおもに罪責感によって維持されていた故人とのつながりが、故人との内的対話の中で、ともに楽しんだ時間や一生懸命かかわった関係などの異なる角度からのつながりが活性化したことで、当初支配的であった"ダメな母親"というナラティヴが緩み、より柔軟なナラティヴへと変容したと考えられる。遺族の内側で故人との対話が生まれ、内的な対話的関

係が活性化することが，ナラティヴが変容する機会になる。そして，外的な他者との対話的関係の活性化が，内的な対話的関係を動かす力をもつものの一つとして捉えられる。

4-2 語りづらさと聴きづらさの先へ

自死遺族に対する心理的支援は「これまで思いを語れなかった自死遺族が語れるように」という方向で展開されている。この語れなさは，語り手側の言語化能力や内省能力等にのみ帰属されるものではなく，聴き手側の聴くことや応答へのためらいや戸惑いも関係している。

今回聴き手となった筆者にも，出会いの時点では不安や緊張があった。これは，明確な応答例や応答パターンがないことへの不安，対話関係が破綻しかねないという怖れから来ていたように思う。語り手側にも，相手の反応への不安，傷つくことへの怖れなどがあっても不思議ではない。3節でみたように，そんな両者が手探りで歩み寄るように，この場でのやり取りのリズムやパターンを共同生成したプロセスがあった。両者が意図すれば，やり取りの土台をつくりだせることの一例となればと思う。

やり取りのリズムやパターンが共有され，語り手と聴き手の対話的関係が活性化されていくと，筆者が拾い上げた意味づけをミズエさんが自らのナラティヴに取り入れ，行為主体的な側面へとナラティヴを進めるやり取りも起こっていった（3-3の抜粋10，4-1の抜粋12）。筆者には，否定から肯定へ促そうと働きかけようという意図があったわけではない。聴き手が変容を急かしてもよい結果にはならないことが多い。先に見た筆者の応答にある意味づけは，筆者が持ち込んだものではないのだろう。ミズエさんの発話の中にすでに芽生えていた小さな変容のきざしを筆者が指し示したようなやり取りだったように思う。

聴き手という外的他者との対話が活性化することで，小さな変容の芽が生まれたのは，ミズエさんの中で，息子という内的他者との対話が活性化したからだと思われる。自死遺族のナラティヴが変容するには，故人との内的な対話的関係の動きが必要になる。そしてこの内的な対話的関係の動きは，外的な対話

的関係の活性化によって促進される。今回の分析では，その様相の一端を語りデータとして示せたのではないかと思う。

　今回は一度のみのインタビューであり，継続的にやり取りを重ねていけば異なる展開があると同時に別のむずかしさも生じるだろう。また，調査インタビューという非日常な枠組みの中で行われたもので，日常的なやり取りとは異なる面も大きく，一般的なやり取りにそのまま重ねることが適切だとは思わない。普段の人間関係の中ではまず話題として切り出すこと自体が難しいという遺族の声をよく聞く。まして，多様な役割や間柄を維持している日常の生活世界の中に，自死遺族としての自己ナラティヴを組み込むことは，複雑なプロセスを生じさせることでもある。そこに足を踏み入れるかどうかは，遺族一人ひとりがその都度選択できればいいのだと基本的には思う。しかしこの状況を社会的に考える上で，遺族の選択問題にのみ落とし込むことは，不適切なのではないだろうか。

　現在の社会状況においては，遺族側の潜在的な語りへの希求は高まっているように思われる。遺族自身が，あるいはその周囲にいる人が，身近な自死を巡るやり取りに足を踏み入れたい気持ちがありながらも，なんとなく踏み込めない状況にあるならば，遺族は聴き手となってくれる他者を待っているのかもしれない。筆者においてそうであったように，不安や怖れは行動する前が一番膨らみやすい性質がある。タブー性のある話題についての対話的関係を生み出す力を育むには，少しずつ，失敗を怖れすぎず，ズレを小さく修正しながら，お互いが行動していくという，とても小さなことが重要なのかもしれないと思う。

引用文献

川野健治　2007　自死遺族当事者の悲嘆およびケアへのニーズに関する調査研究　厚生労働科学研究費補助金（こころの健康科学研究事業）研究報告書

川島大輔　2014　自死で大切な人を失ったあなたへのナラティヴ・ワークブック　新曜社

森岡正芳　2007　発題Ⅱ病いが語る生の姿　宮本久雄・金泰昌（編）　シリーズ物語論　他者との出会い　東京大学出版会　pp. 33-60.

Neimeyer, R. A. 2001 The language of loss: Grief therapy as a process of meaning reconstruction. In R. A. Neimeyer (Ed.), *Meaning reconstruction and the experience of loss.* Washington, DC: American Psychological Association. pp. 261-292.(ニーマイアー, R. A. 富田拓郎・菊池安希子(監訳) 2007 喪失と悲嘆の心理療法 金剛出版)

坂口幸弘 2010 悲嘆学入門——死別の悲しみを学ぶ 昭和堂

第7章

原爆体験者の対照的な語り
——生存者ディスコースと被害者ディスコース——

松 尾 純 子

　原爆体験者にとってその体験は個人的なものである。だが，その個人的体験を社会に向けて語り始めるには，社会に通用する言葉を身に付けなければならない。その社会に通用する言葉が言説であり，体験者は言説をまといながら社会に向けて体験を語る。本章では，原爆の語り手が個人的体験を社会に説明するために言説をどのように用い，オリジナルな原爆の語りを構築しているのかを探る。

1　"原爆の語り"というディスコース

1-1　"原爆の語り"というディスコースの変化

　"原爆の語り"のディスコース(1)は，時代の流れに応じて変化してきた。

　原爆体験者のうち被害が大きかった人ほど，早い時期にその体験を社会的に語り始めた傾向がある。それ以前の健康な身体や生活を失い，アイデンティティの混乱状態にあった体験者が，自分の体験を社会への訴えにするには支えが必要であった。そのため1950年代には原水爆禁止運動等の場で，反戦・反核のイデオロギーを用いて被害を訴えた。このように原爆の語りは，その個人的な体験に応じて語り始められた年代が異なり，その時代の言説に応じた語りをしているとも言える。だが，その被害を訴える被爆者像が社会に広がると，それ

（1）本章では，個人が語る以前から社会の中で多くの人に共有されているその事象に関する枠組みを「言説」としている。また，語り手が自分の体験を語るとき，社会からとり入れその枠組みとして用いるものを「ディスコース」としている。

は社会的差別にもつながった。そこで次第に体験者たちは、生活の場に適応するためのディスコースを身に付け始める。そして1980年代ごろからは、修学旅行生への語り部等の活動に教育的意味が付与され、原爆による喪失に立ち向かい生活を再建していく体験者の物語に平和の象徴という言説が定着する。1990年代ごろからは、体験者が減るに従い、原爆に歴史的意味が付与されるようになる。こうして歴史的遺産の保存という言説の下で継承の営みが現在も続いている。そして、体験者たちは原爆を語る行為を続ける中で、自身のアイデンティティを新しいものへと変容させていったのである（松尾, 2010）。

1-2 被害者と生存者という視点

これまで"原爆の語り"は、戦争被害者意識あるいは平和の象徴として日本人のナショナリズムに回収された（藤原, 2001）と言われてきた。しかし米山（Yoneyama, 1999/2005）はデリダ（Derrida, J.）の痕跡という概念を用いて、初期の語りは政治的ディスコースに回収されたものの、1980年代以降に出現した死者の声を伝える語りは痕跡に相当するもので、言説に取り込まれることはないと説明した。だが、言説に取り込まれない語りはあるのだろうか。むしろ語り手は様々な言説を取り込んでオリジナルな物語を構築しているのではないか、と筆者は考えている。

外傷性体験からの回復は、それを語れる共同体の構築により可能になると説くハーマン（Herman, 1992/1996）は、外傷を受けた者には被害者と生存者があり、その違いは、被害者が特別感を持ち、その特別感を強調することで孤立しているのに対し、生存者は自分の限界を自覚し、他者との関係で必要なバランス感覚を持っていることだと言う。そこで本章では、体験者の語り方に注目し、被害者と生存者という視点から言説の用い方を捉えることを試みる。

1-3 分析プロセス

分析方法は、ディスコース分析とポジショニング理論を用い、リサーチクエスチョンを「語り手は、どのようなディスコースを使って自身をどのようにポ

ジショニングして体験を語るのか」とした。ハレとモハダムによれば、ポジショニングとは、やり取りにおいて相手や自身を何者かに位置づけることであり、これによって、語り手と聴き手の間に権利や義務を生じさせる。語り手のポジショニングはローカルな場にモラルオーダーを生む（Harré & Moghaddam, 2003）。モラルオーダーとは、相互行為の場で変化する倫理規範であり、その場で生じた行為や言葉の意味を判断する基準である。それは、語り手と聴き手との間で認識を共有する可能性でもあると筆者は考えた。

1-4　協力者の紹介

協力者は、2005年に筆者が半構造化したライフストーリー・インタビューを行った原爆体験者27名の中のSさんとFさんとした。両者とも1950年代に体験を語り始めている。

Sさん　Sさんは、広島で被爆した男性である。当時、中学2年生（16歳）であり、学徒動員で爆心地となる付近の建物疎開を手伝っていた。級長をしていたSさんは、副級長とじゃんけんをして作業日を決めたところ、8月6日、Sさんのグループは自宅待機日になった。そしてSさんは父親と外出していた先で被爆した。頭皮が垂れ下がるほどの火傷を負ったSさんは、父親に助けられ自宅に逃げ帰った。Sさんは、約1年の治療の間、急性放射線障害を発症、また父親を急性放射線障害で亡くしている。さらに、あの日建物疎開に行った副級長のグループが全滅したとの知らせが届き、Sさんは罪悪感に苦しみ続ける。その後学校に復帰、公務員として就職するが、約10年間倦怠感が続き、ケロイドもあったため周囲のまなざしから逃れ続けたと言う。1950年ごろ、Sさんは労働組合を弱者の味方と考え加入し、そこで原爆体験を語り始めている。1958年ごろに、知人の紹介で結婚し2子をもうけるが、定年ごろに離婚し、一人暮らしを続けている。退職後も10年間働き、1995年ごろから被爆者相談所での活動を始め、語り部活動にも従事している。

Fさん　Fさんは、長崎で被爆した男性である。当時16歳で、就職して2年目のときだった。勤務中に被爆し、背中に火傷を負う。救護所を経て、海軍病

院に入院したとき，軍の機密薬が処方される。それで火傷が回復に向かうが，Ｆさんの入院生活は他の人よりも長引き３年半にも及んだ。その後，職場に復帰するも入退院を繰り返す。そんな中，1956年ごろ，親戚の紹介で結婚し，２子をもうける。結婚以後，妻はＦさんの背中のケアを欠かしたことはない。原爆被災者協議会から手伝いを請われたこともあり定年の１年前（1985年ごろ）に退職し，その後は，事務所に通いながら，国内外で語り部をしている。

　Ｆさんがその体験を語り始めたのは，1955年結成の青年乙女の会である。しかし治療のため，積極的な活動はできなかった。その一方で，被爆直後にアメリカ軍が撮影したＦさんの写真が社会に出ており，Ｆさんはその写真を1970年代に，原爆資料館や新聞社から入手している。また，1955年ごろから業務災害認定の手続きをするため，カルテ等の関係書類，それに付随しＦさんだけに効果があったという軍の機密薬に関する膨大な資料を集めている。

2　Ｓさん──聴き手に向かい合う語り方

　Ｓさんの物語は，学友の死に対する罪悪感と生き残った者の苦悩を伝えるもので，ある程度定型化している。だが，Ｓさんが聴き手に合わせた語り方を行う中で，ディスコースやポジショニングはかすかに揺らぐ。

2-1　社会的関係性に配慮した語り──他者の喪失から自己の喪失へ

　被爆時から時系列にそって整理された語りを聴くうちに，筆者（抜粋のＭ）は，健康な自己を喪失したＳさんのアイデンティティの変化に関心を寄せ始めた。以下は，治療中のＳさんの感情について，筆者が自己の喪失に関して尋ねている箇所である。Ｓさんは，聴き手の意図が自分のとは微妙に違うことを苦笑いで表しながら，死者への哀悼というモラルオーダーを提示した。

第7章　原爆体験者の対照的な語り

〈抜粋1〉聴き手に合わせる，自責

> 163M：それで，悔しいという思いはなかったんですか。なんでこんなめにお
> 　　　うたん。
> 163S ：(3.5) あの当時なかった。(2.0) <u>ひどいことになったなぁ</u>，という。
> 　　　《苦笑》(1.0) むしろ自分を責めるようなね。
> 164M：なんでワシはあ［んなとこに行ったんじゃろう，て↑
> 164S ：　　　　　　　［そうなんです，そして《苦笑》(1.0) そうじゃと思
> 　　　う。=

　筆者は163Mで，当時のSさんには原爆に遭い「悔しいという思いはなかったんですか」と尋ねている。筆者の問いを受けたSさんは，ポーズを置き，163Sで「あの当時」に思いを巡らそうとしている。また164Sでも，再度自己の喪失に結びつけた筆者の質問に対しSさんは「そうなんです」と応えている。この聴き手に合わせた語り方により，面接時の筆者は，Sさんに肯定的に受け入れられていると感じている。

　だが，Sさんが聴き手に合わせるのはターンの初めだけであり，言いたいことは次にある。Sさんは，163Sでは「ひどいことになった」と苦笑いでかわした後，「むしろ自分を責める」と自責を示し，164Sでは苦笑いしながら「そうじゃと思う」と曖昧な返事をする。そのため，筆者はSさんの語りたい物語は，自己の喪失ではなく自責であることに気づき始める。

〈抜粋2〉死者への哀悼，自責

> 165M：=え，でも，同級生，
> 165S ：ふん
> 166M：なんだっけ，副
> 166S ：ふん
> 167M：副級長↑
> 167S ：ふん
> 168M：のところは全滅。その情報をお聞［きになったのはいつなんですか。
> 168S ：　　　　　　　　　　　　　　　［聞いたよ。
> 《中略》

121

> 170M：でも，意識が戻った後も体がきついですよね，Sさん自身。＝
> 170S ：＝ふん，ふんそう。
> 171M：はあ。
> 171S ：(2.0) それが，後々までの，この，苦しめるわけよね。

　続けて筆者は，自責に関連するSさんのエピソードから同級生の死を挙げ，168Mで「その情報をお聞きになったのはいつなんですか。」と尋ねている。その間，Sさんの相槌は増え始め，筆者の言葉が終わらないうちに「聞いたよ」と応えている。

　だが，Sさんが語りたいのは，同級生の死の知らせを聞いた時期ではなく，死者への哀悼なのである。そのため，それに気づいていない筆者が170Mで，その時期のSさんの状態を「体がきついですよね」と案じたのに対し，Sさんは170Sで「ふんそう」と曖昧にする。そこで筆者は171Mで「はあ」と小さくため息をついた。すると，質問‐回答のパターンが崩れる。Sさんは一呼吸置いた後，165Mから168Mの筆者の発言内容（同級生が全滅したこと）を半ば強引に指し171Sで「それが，後々までの，この，苦しめるわけよね」と語気を強め，自責を示した。

〈抜粋3〉死者への哀悼，加害者ポジション

> 172M：はあ，だから自分の体が回復してくればくるほど，（ふん）その思い（ふん）が（ふん）きつい。
> 172S ：きつい。なんで，あんな，ふざけちゃおらんのじゃけど，何の気なしにじゃんけんした，いうことで，学友23名を殺したと。
> 173M：はあ，殺した，と思っちゃうんだ。ふん。
> 173S ：殺したと思った。それがズーと続くわけよ。苦しみが。
> 174M：ふ：ん。
> 174S ：《お茶をすする》
> 175M：は：，じゃあ
> 175S ：それから，学校に復学するんじゃけど，学校でもダメ，全然頭が回らんし，ガタンと下がってね。

　これから先はSさんの語りの内容を中心に分析するので，簡略化したトラ

ンスクリプトを用いる。

171Sを受け，筆者が172Mで「その思いがきつい」と同調すると，Sさんは相槌を入れながら「きつい」と筆者の言葉を用いて即座に返した。そして，Sさんは172Sで，「学友23名を殺した」と加害者としてポジショニングした。筆者には「殺した」という言葉が突き刺さり，一瞬困惑した。この加害者ポジションは，聴き手に罪の告白を聴く義務を課したのである。

なぜSさんはそう表現するのか，その言葉の意味を探るように筆者は173Mで「殺した，と思っちゃうんだ」と返している。すると，Sさんは173Sで「殺したと思った」と筆者の言葉を反復した。そして，「殺した」という思いが「苦しみ」として「ズーと続く」と，加害者意識に苦しんでいることを明かした。

その後一息入れたSさんは，筆者の言葉を遮り175Sからは自分が失ったものについて語り始めた。聴き手に死者への哀悼を伝えたSさんは，自己の喪失を語る権利を得たのである。

2-2　喪失の語り――物語の揺れ

Sさんは自己の喪失に関して，放射線障害に含まれる「原爆ぶらぶら病」に苦しみ，結婚や職場での社会的差別を受けたことを語った。紙幅の制約からデータは省略するが，175Sの後Sさんは自己と他者の喪失（以下，喪失とする）によるアイデンティティの混乱状態を語り，筆者の感情が動き涙した。抜粋4はその直後の箇所である。Sさんは，自分の物語を喪失から労働組合ディスコースへつなぎ，反戦・反核のモラルオーダーの提示という順序で構成しようとする。だが，この定型化した物語が，筆者とのやり取りの中で微かに揺らぐ。

〈抜粋4〉生きていたい，定型の物語の揺れ

> 193S：いうのを，何べんも思いましたよ。死んだ方がえかったと。
> 194M：それはお勤めになってからもずっと思われたんですか。
> 194S：そうそうですよ。キリスト教とか仏教とかね，なんかあの生きる手がかりはないだろうか，やっぱり考えようたわけ《苦笑》，死ぬることも

第Ⅱ部　実　践　編

> 考えようたけど。ま，こういう体だけど，生きていたいというのが多
> 少あったわけよ。

　筆者が感情を鎮めながら，194Mで自殺企図があった時期を尋ねている。すると S さんは，「そうそうですよ」と筆者の言葉を受け容れながら，194S では「生きる手がかり」を模索していたことを苦笑交じりに応えた。この感情表出は，S さんの定型化した物語が揺らいでいることを示す。そして「こういう体だけど，生きていたいというのが多少あったわけよ」と，生きていたい自己を語る。これまで生き残った苦悩を全面に打ち出していた S さんが，「ま，（略）多少あった」と控えめだが率直に生の欲求を表したのは，聴き手の感情表出に応えようとする語り手の義務が表れていると思われる。

2-3　労働組合ディスコース――死者の反戦の願いを未来につなぐ物語

　ところが続く 194S で S さんは，一息入れると，アイデンティティの混乱から「生きる手がかり」を与えてくれたのは労働組合であるという定型の筋立てに「それで，」と戻していく。

〈抜粋 5〉労働組合ディスコース

> 194S 続き：《お茶をすする》それで，だんだんわかってきたことは，あの戦争
> 　　　　　はいかにひどい侵略戦争であったかということ。

　あの戦争を「侵略戦争」と位置づける労働組合ディスコースから原爆を意味づけ，反戦・反核というモラルオーダーを提示している。だがこの S さんの発言は直前の素直な S さんの発言とは異なるため，筆者は違和感を覚えながら聴いている。

　すると，その後筆者が「体験を語る意味」を質問したとき，S さんはその意味と学友の死とを結びつけ「私が生き残ったんだから」と自らを生存者としてポジショニングし，次のように語った。

〈抜粋6〉喪失，労働組合ディスコース，生存者ディスコース

> 251S：意味を感じとる。《中略》亡くなった23名の人のことを思えばね，犬死じゃないですか，犬死させたくないと思うんですよ。あの人たちが願ったのは，もう戦争は止めなさいという，原子爆弾やああいうなのは使わせんようにしてくださいという，心の叫びがあると思うんですよ。ね。だったら私が生き残ったんだから，あの人たちの願いを，《中略》一人ひとりの人間の命と平和と，戦争を失くすということの，そういう人たちも許してくれるだろうと。

　原爆体験を語る意味についてSさんは，学友の死を「犬死」にしたくないという決意として，学友の願いを「戦争は止めなさい」と労働組合ディスコースで意味づけて応えた。そして，反戦・反核のモラルオーダーを訴えることが，死者から「許し」を請うべき生存者の役割であると生存者ディスコースにより説明した。

　だが，これがSさんの原爆物語を定型化させる要因でもある。なぜならば，反戦・反核のモラルオーダーという大きな物語の中で，喪失を生存者ディスコースにつなぐ意味は固定化されるからだ。

2-4　生存者ディスコース——関係性の中で意味を構築する語り方

　Sさんの喪失物語には，聴き手との間で，喪失を生存者ディスコースにつなぐ意味を探るという側面がある。喪失の語りは，死者に向けられがちである。ところがSさんは加害者ポジションをとることにより，聴き手を自分の物語に引き込もうとする。聴き手が自分の物語世界に入ってくると，Sさんは，アイデンティティの混乱を語る。それに対して聴き手が感情を表したことで，Sさんに生きていたいという素直な感情が現れる。感情には文化における道徳的価値や判断が含まれるため，その表出はポジショニングによる権利や義務の共有を表すとパロットは言う（Parrott, 2003）。筆者とSさんの感情のやり取りは，Sさんが喪失物語を語る——喪失体験を生きる——権利を得たこと，そして筆者がその権利を認める義務を負ったことを示している。

Sさんは，新たな人との関係性を築く語り方をしている。生存者とは，自分の平凡さ，弱さ，限界を知っていて，さらには他者との絆や恩に気づいた人だとハーマン（Herman, 1992/1996）は言う。生存者ディスコースとは，体験者が他者と関係をとりながら他者との間で体験の意味を探ろうとする営みだと言えるだろう。

3　Fさん——聴き手に背を向ける語り方

Fさんの物語は，身体に被った被害についてのものである。それをFさんは，言葉ではなく身体を用いた独自の語り方で語る。その語り方は身体をケアする日常場面において構築されているため，日常を知らない聴き手にはFさんが物語る世界を共有することは難しい。そのため聴き手は，Fさんの状態を推測しなくてはならない。

3-1　今もなお続く被害——特別な自分というポジション

Fさんは，筆者が面接前に共通認識であると思っていた前提をことごとく覆した。筆者は，原爆は過去のこととして回復の物語を用いて語られることを想定し面接に臨んだ。そしてその回復の物語は，医療のディスコースを用いて説明されると思っていた。ところがFさんは，原爆による火傷の治療が今もなお続いていると言い，特別な自分を語っていく。以下は，背中の「感じ」について尋ねている箇所である。

〈抜粋7〉特別な自分

> 210M：あ，ずうっと。どんな感じになるんですか？
> 210F：ほんとに背中がね，圧迫されたようなね，状態ですね。
> 211M：皮膚，皮膚って，なんか再生したら，汗をかく，出ないんですか？
> 211F：皮膚はない，皮膚はないですから皮膚は再生できないですから。汗もかかないから，だから，あのう汗も出ないしね。早く言うと，分かりやすく言うと，汗が出ないと，汗がどっかにたまっていくね，沸騰す

> るようなね，それが結局，何ていうか，普通の人が考えられんね，こう後ろグゥッと押さえられてね，の痛みですね．

　Ｆさんは，210Ｆで「圧迫されたよう」な状態であると説明する．Ｆさんの皮膚は再生しているのだろうという筆者の211Ｍでの前提を，Ｆさんは211Ｆで「皮膚はない」と，筆者が発言する矢先から否定した．続くＦさんの「汗も出ない」「沸騰するような」という背中の状態は，被害が続いていることを示している．だがその説明に，Ｆさんは211Ｆで「普通の人が考えられん（略）痛み」と，特別な痛みを経験している自己を語り，聴き手との共通理解を拒んでいる．

3-2　私的な関係性で構成された語り——特別な身体

　Ｆさんは，医療のディスコースで説明可能な「普通の人」と対比的に自分を置き，特別な身体を用いて自分を説明する．以下は，痛む身体で働くのは「辛かったんじゃないですか」という筆者に対し，Ｆさんが背中の状態を説明している箇所である．

〈抜粋8〉医療のディスコースを凌ぐ身体

> 216Ｆ：《前略》もともと暑がりじゃないし，寒くはないし，細胞は全部侵されてしまっているから，だから，普通の人は，医学的に，医学的に考えると全くそんなのはできない．普通悪いとこをとるとね，普通の人なら普通肉があがってきます．だから，今でもお医者さんは上がってくると思ってるんです．しかし私はあがってくる肉はありませんから，だから治療したとこね，もう今でも，どういうんか，うちん《家内》と言ったら「2ミリ近くあるんじゃないかな」，と言っとったけど，だからそこを治療してとってね，だけどそこの傷はふさがらないね．

　Ｆさんは，原爆以前の「もともと」の正常な身体から，原爆以後は「医学的に考えると全くそんなのはできない」「今でもお医者さんは上がってくると思ってる」，つまり，医療のディスコースでは説明できない身体に変化したと言う．それは，通常の，医療のディスコースを凌ぐ立場にＦさんがあることを

第Ⅱ部　実践編

示している。そしてFさんは，自己を「私はあがってくる肉はありません」と特別な身体の持ち主としてポジショニングし，自分が医療のディスコースを凌いでいることを正当化する。

この特別な身体の説明は，「うちん《家内》と言ったら」と妻の言葉が引用されているように，毎日欠かさずFさんの火傷の手当をしている妻との会話において用いられ，Fさんの日常世界で構築され再生産されている。

3-3　身体を用いた語り——共有不可能な物語

Fさんは，その特別な身体を言葉ではなく，見せる，触らせるという行為を用いて語る。以下に挙げるのは，Fさんが，それで自分だけ命が救われたと思っている機密薬について詳細に説明した後の語りである。筆者が，機密薬を調べる理由について尋ねたところ，Fさんは「多くの被爆者が救われるんではないか」と応えた。そこで筆者は，機密薬の効果について，医療のディスコースを用いた説明を求めている。

〈抜粋9〉医療のディスコースの否定

> 265M：ふ：ん，人によってはケロイドが盛る人もいらっしゃいますよね。
> 265F：そうですね。だからその，私の場合，その，血液そのものがこの薬によって正常にもどったんだろうと思うんです。
> 266M：ううん，だから皮膚自体は再生できないけれど，中のこの機能というのが維持されたという。
> 266F：そうです。結局，白血球，赤血球ね，維持されたということね。
> 267M：ふ：：：ん。

筆者は265Mで，筆者が知り得る医療のディスコースを用いて，原爆乙女に代表されるケロイドを挙げている。それに対しFさんは，「私の場合」と言って薬は血液に効果があったのだと応えた。Fさんも医療のディスコースを用いているが，「思うんです」と，「血液そのものがこの薬によって正常にもどった」は医学的に証明されたものではなく，自己判断であることを示している。さらに筆者は，皮膚に関して265Fではなぜ血液のことが出てきたのか不思議

128

第 7 章　原爆体験者の対照的な語り

に思いながら，皮膚と血液との関係を聞くために266Mで問い返した。するとFさんは，266Fで266Mの「維持された」を用い筆者が求める医療のディスコースに合わせるものの，「結局，（略）ということね」と，それはFさんには重要でないかのように応えている。そこで筆者は267Mで，Fさんの説明を理解してはいないが，Fさんが負った苦しみは相当なものなのであろうと痛々しそうに「ふ：：：ん」と応えている。そして，次の267Fのターンから会話の主導権はFさんに移る。

〈抜粋10〉主導性の交代——傷を見る，触れる

> 267F：《シャツのボタンを外す》これが，こなして寝てた関係で，全部これが床ずれです。
> 268M：これが床ずれですか。ああ，こっちに。
> 268F：この下がね，空洞です。ちょっと触ってみて。《立ち上がる》
> 269M：いいですか。はあ，これが，このヘンですか。
> 269F：いやここ。
> 270M：あ，ここ。陥没してますね。これ床ずれなんですか。
> 270F：床ずれ，で，左の方はね。左のここ押さえてみて。じわっとね，骨と。
> 271M：ああ，ほんとだ，ほんとだ。

267Fでは，Fさんは「こなして寝てた関係で」とシャツのボタンを外し，「これが床ずれ」と胸部を見せ始めた。Fさんは，身体を筆者の目前に現し，言葉ではなく身体を用いて語り始めたのである。そのFさんの突然の行動に筆者は驚き，困惑した。なぜならば，その行為が日常的な言葉のやり取りから逸脱していたからだけではなく，目前に現れたFさんの胸の傷が筆者に衝撃を与えたからである。筆者はその傷から目を背けてはならないと自分に言い聞かせた。圧倒された状態で，268Fの「ちょっと触ってみて」270Fの「左のここ押さえてみて」ではFさんの指示通りに筆者は行動し，「ほんとだ」と271Mで言っているが，その意図はわかっていない。

第Ⅱ部　実践編

〈抜粋11〉理解不可能な説明

271F：心臓が動いてるのがわかるでしょ。ぽこぽこって。
272M：ほんとですね。
272F：この，この真下に心臓ですからね。
273M：は：。じゃあ，肋骨が，肋骨が浮かび上がってるって感じですよね。
273F：いや，肋骨は，陥没している。ただ肋骨の間の，やられたとこが，浮かび上がっている。これは骨の部分じゃないの。これが骨なんです。
274M：あ，そうなんですか。は：。これって，火傷じゃなくて床ずれになるんですか。へ：。は：あ：。

　身体に触れさせた後，Ｆさんは271Fで「心臓が動いてるのがわかるでしょ」，272Fでも「この真下に心臓ですからね」と言う。おそらくＦさんが筆者に体を触れさせた意図は，床ずれにより心臓を守るべき肋骨が変形したことを伝えることにあったのであろう。だが面接時の筆者にはそれがわからない。

　そのため，273Mでは「肋骨が浮かび上がってる」と視覚に入ったままを言葉にしている。するとＦさんは，273Fで「肋骨は，陥没」していて「肋骨の間の，やられたとこが，浮かび上がっている」と273Mを否定し，「これは骨の部分じゃないの。これが骨なんです」と訂正する。だが，筆者にはどれが「これ」なのかわからない。共通理解の前提であるはずの視覚情報を筆者はＦさんと共有することはできないのだ。そのため筆者には，何のためにＦさんは身体を用いるのだろうという疑問がよぎり，274Mでは265Mの時点に戻り，265Mまでは火傷がテーマであったはずなのに，床ずれに変わったことを確認している。

　Ｆさんの語り方は，おそらく妻との日常的な営みで行われているやり取りと似たもので，それをＦさんは聴き手との間で再現しているのであろう。Ｆさんが先に，身体を用いる意図を明示していたならば違った展開があったかもしれない。社会で語るには聴き手の理解を促すための語り方が求められる。

3-4 反戦・反核の語り

　Fさんは，筆者の「被爆体験を語り継ぐということは」という問いに対し，「再びこういうことは繰り返してはならないと」と即答し，反戦・反核のモラルオーダーを提示すると，次のように続けた。

〈抜粋12〉自分だけが知っている

> 376F：だからその中には，さきほどいうチェルノブイリの事故や，原発の事故のね，あのとき使った薬をね，あれがいいぐらいに思ってるわけですね。聞いたことがあるでしょヨード剤という。《中略》だからそれによって亡くなる人もいるわけだから。助かった人というのは，そのうちね，血液が侵されていくわけね，《中略》ヨード剤がどんなことと知らないからね，たぶんそれを放射能を浴びたらそれを使えばいいと思ってる。しかしあれはダメだと知ってますからね。

　Fさんが繰り返してはならない理由として挙げたのは，放射能事故には対応策がないということである。国内外の原発事故でヨード剤が使用されることについて，Fさんは「あれがいいぐらいに思ってる」「ヨード剤がどんなことと知らない」「放射能を浴びたらそれを使えばいいと思ってる」人たちを想定し，それらを批判的に扱う。そして，その人たちに対して，自己を「ダメだと知って」いる体験者としてポジショニングする。

　このときFさんは，原爆に対する機密薬の使用と放射能事故に対するヨード剤の使用とを混同しながら，「それによって亡くなる人もいる」「助かった人というのは，そのうちね，血液が侵されていく」と自分以外に被害を受けた他者を挙げている。この他者への言及は，Fさんが自己を，一般的な被害者の一人としてではなく，対応策の弊害を知っている特別な存在としてポジショニングしたことを示すと考えられる。なぜならば，Fさんにとっては，自分の体験をヨード剤使用者に援用できれば，Fさんの被害は今日的な意味をもつことになるからだ。

　このようにしてFさんは，自分の原爆物語を，反戦・反核のモラルオーダーという大きな物語には不可欠なものとして位置づけている。

第Ⅱ部　実　践　編

3-5　被害者ディスコース――関係性が欠如した語り方

　Fさんの物語は，被爆時から現在に続く被害を訴えるという側面がある。Fさんは，被害を特別な身体を用いて語る。被害者ディスコースでは，関係性が欠如し個別性が先鋭化するため，必然的に，他者との共通理解を困難にする。こうしたFさんの物語は，反戦・反核のモラルオーダーが前提となる場で語られる。

　被爆者運動の精神的支柱であった石田（1986）は，罪悪感を道徳性の再生につなぐのは，死者の死の意味を確立する主体として自分を形成し得たときだと述べ，「戦争と原爆とに抵抗する」ことにより，「〈死者〉〔過去〕」「〈己れ〉〔現在〕」「〈後からくる者たち〉〔未来〕」はつながると説いた。この反戦・反核のモラルオーダーは，Fさんのような多様な被害の声を，社会保障制度の確立を目指す運動につなぐための言説の役割を担っていたと筆者は考えている。

　ところが，Fさんのように今なお被害に苦しむ人が他者の死の意味に向き合うことは難しい。Fさんは，反戦・反核のモラルオーダーの下で，現在の被害の意味を問うが，そこでFさんがとるのが特別な存在というポジションである。被害者の特別感についてハーマン（Herman, 1992/1996）は次のように述べている。その自分は他の人とは別物であるという意識は，自己嫌悪と無価値感とを埋め合わせるものであり，その脆さ故に，いつも完全であることを求める，と。被害者ディスコースとは，特別なポジションで，抵抗すべき対立者に反戦・反核を訴える営みと言えよう。だがこの語りは，聴き手を語りの外に置く。

4　原爆の語りとディスコース

　ハーマン（Herman, 1992/1996）の考える回復プロセスは，被害者から患者を経て生存者に至る段階的なものである。被害を受けた体験者は，喪の作業の中で治療者によりエンパワーされながら安全性への欲求と主導性を育て，社会への信頼を再び取り戻すという。また彼女は治療関係について，被害者は被害

の責任はないが自分の回復には責任があるとし，治療者は被害者が語る物語の誠実な証人であるが特別な恩恵を与える人ではないと述べている。これに似た関係性は被害者支援にもあり，コミュニティ心理学の立場から高畠 (2011) は，支援者が被害者と信頼関係を築く前に援助法を提示すると，被害者を依存させてしまうことを指摘している。本章で挙げたSさんとFさんは，支援者が与えた反戦・反核のイデオロギーに頼りながらオリジナルな語りを作り上げていた。だが言説への頼り方は異なる。体験の固有性は，他者との間に距離をつくるのが一般的だが，Sさんは，その距離を埋めるための社会的正義としてイデオロギーを用いる。それに対し，Fさんは，その距離を先鋭にするための根拠としてイデオロギーを用いている。

　それまでの生活が一転するような苛酷な体験をした人は，その個人的な体験を社会に語るとき，社会的言説に結びつけながら語る。言説の用い方は体験者によって異なり，言説をどのように用いているのかが，被害者と生存者とを分け隔てている。その用い方はハーマンの言うように段階的に移行するものではなく，また，苛酷な体験があるから違ってくるものでもない。むしろ，人々が体験をどう意味づけるかの有り様が違いをつくっているように思われた。

　謝辞：本研究にご協力いただきましたSさんFさんはじめ関係者の方々に，心より感謝申し上げます。誠にありがとうございました。

引用文献

藤原帰一　2001　戦争を記憶する——広島・ホロコーストと現在　講談社

Harré, R., & Moghaddam, F. M. 2003 Introduction: The self and others in traditional psychology and in positioning theory. In R. Harré & F. M. Moghaddam (Eds.), *The self and others: Positioning individuals and groups in personal, political, and cultural contexts.* Westport, Conn: Praeger. pp. 1-11.

Herman, J. L. 1992 *Trauma and recovery.* New York, N. Y.: Basic Books.
　　(ハーマン，J. L.　中井久夫 (訳)　1996　心的外傷と回復　みすず書房)

石田忠　1986　原爆体験の思想化 (反原爆論集Ⅰ)　未来社

松尾純子　2010　体験を語り始める　質的心理学研究, **9**, 6-24.

Parrott, G. W. 2003 Positioning and the emotions. In R. Harré & F. Moghaddam (Eds.), *The self and others: Positioning individuals and groups in personal, political, and cultural contexts*. Westport, Conn: Praeger. pp. 29-43.

高畠克子　2011　臨床心理学を学ぶ5　コミュニティ・アプローチ　東京大学出版会

Yoneyama, L. 1999 *Hiroshima traces: Time, space, and the dialectics of memory*. Los Angeles: University of California Press.（米山リサ　小沢弘明・小澤祥子・小田島勝浩（訳）　2005　広島記憶のポリティクス　岩波書店）

第8章
対話プロセスとしての自己の語り直し

能智正博・沖潮（原田）満里子

　私たちは日々の経験の中でたえず自分について問い直し，自分を語り直している（河合・鷲田，2010）。この語り直しは自分の中の内側のみで可能になるわけではない。私たちは自分や自分の経験について日常生活の中で誰かに語るが，語り直しはそのただなかで生じる。というのも，誰かに自分を語ることそれ自体が「日々の経験」の一部にほかならないからである。しかし，たんに自分や自分の体験を報告しているようにも見える場面で，語り直しはどのように進行するのであろうか。本章では，自分と身近な他者の関係とそれに伴う自己像がインタビュー的状況の中で語り直された事例をとりあげる。そして，その背景に聞き手と話し手の間で生じるやり取りの，どのような力動が隠されているのかをディスコース分析的な手法で検討する。

1　自己と語り直し

　「自己」とは何かという問いは，人類が近代以降繰り返し問い続けてきたものだが，近年では，それを固定的な意味をもつ単一の実体とみなす従来の見方が様々な面で転倒されつつある。それはまず，言葉によって編み上げられた物語であり意味，すなわち自己ナラティヴであるとされる。対象の意味が見る側の視点や状況に応じて多様な形をとりうるのと同様，「自己」もまた視点や状況に応じて異なる現れ方をするなど，何らかの複数性を持っている。たとえば，ある個人は「日本人である」という形で自己を定義するかもしれないが，その定義がいつも同じようにリアルに意識されるわけではない。日本人同士で話しているときと外国人と話しているときではその強度が違ってくるし，国内にい

第Ⅱ部　実践編

外部
外的ポジションの領域
内的ポジションの領域
娘
母親としての私

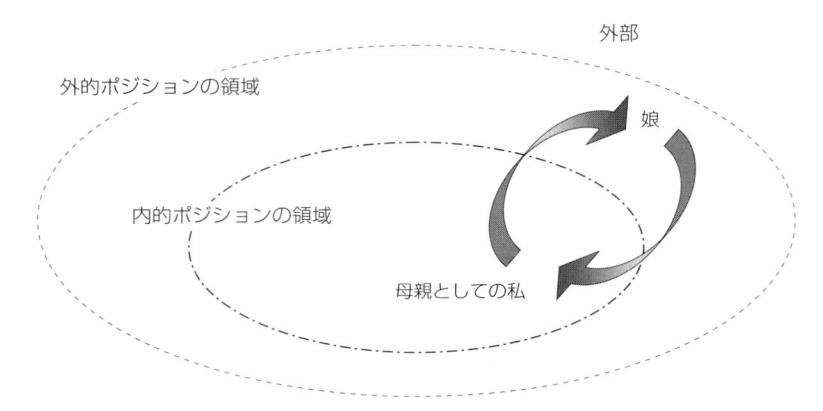

図8-1　ハーマンスの対話的自己の構造仮説：Hermans（2001）を参考に作成

るときと海外にいるときでもずいぶん違いが出てくるだろう。同じ「自己」でも状況や文脈によってそのポジション（立ち位置）は揺れ動くのである。

1-1　対話的自己とその外部

　こうした自己に関する見方の変化を反映しているのが，ハーマンスの提唱する対話的自己論である（Hermans & Hermans-Konopka, 2012）。それによれば，自己は単一の本質を持つ実体ではなく，複数の「私-ポジション（I-position）」，つまり，その時々の私の立ち位置の集まりからなっており，その間のメッセージ（声）のやり取り，すなわち対話を通して組織されたものだという。ハーマンスがそこに想定する構造を図に示したのが図8-1である（Hermans, 2001）。

　この対話的自己の内部には，内的ポジションの領域，外的ポジションの領域といった複数の領域があって，その間において声が交換されている。たとえば，「子ども」という外的ポジションに立つ場合，その声によって「母親」という内的ポジションが与えられるであろう。また，「母親」というポジションで話をする場合には，そこには「子ども」というポジションが含意されることになる。ここで重要なのは，外的ポジションの領域に現れている他者も私-ポジションの一部であり，現実の他者そのものではないという点である。自己とは，

第8章 対話プロセスとしての自己の語り直し

内部にとりこまれた他者とその相手として現れてくる自己のポジションが響き合いつつ揺れ動く，力動的な関係性であるとも言える。

複数のポジション間の関係によって紡ぎ出される自己の感覚は，人生の中で少しずつ変容することが知られており，その変容に伴って語り直しの作業が行われる。とりわけ，何らかの困難に直面したときに，その問題とそれにかかわる自分について語り直しを行うことは，困難に対処する際に必要な手段の一つである（Freedman & Coombs, 1996）。対話的自己の観点から言えば語り直しは，自己を構成する複数の私-ポジションの一部が入れ替わったり，私-ポジション間で相対的な価値や力関係が変化したりすることとかかわっている。語り直しはいわば，対話的自己内の構造的な変化と表裏一体なのである。

もっとも，そうした語り直しのプロセスは，個人内だけで完結しているわけではない。個人のナラティヴの変容をセラピー過程の中心に位置づけたナラティヴ・セラピーにおいて，その変容は聞き手の存在と切り離せないという（Freedman & Coombs, 1996）。実際，対話的自己論においても，内的ポジションの領域と外的ポジションの領域を囲むように"外部"が置かれ，私-ポジション間の対話の文脈を構成している。"外部"には，たとえば，幼児期であれば両親，青少年期であれば，先生や信頼できる友人，成人期であれば親密な他者や同僚・上司などが実体として存在し，彼らをめぐってディスコース（談話・言説）がとびかっている。さらにその向こう側には，文化・社会的な条件も想定することができるかもしれない。

そうした対話的自己は，外部にいる他者とのやり取りの中でどのように変容し，そこでどのような語り直しが生じるのだろうか。近年では，個人間の対話的なやり取りは一方向的な情報伝達ではなく，共有の意味をともに構築する過程とみなされることが多い。調査インタビューにおいてすら，その共同構築的側面が重視されている（能智，2011）。しかし，インタビューの結果が共同構築だと述べただけでは今や何も言ったことにならない。今後はもう一歩進んで，「いかに構築されるか」を問うていくべきだろう。以下では，具体的な語り直しの事例を一つとりあげ，語り直しに至るやり取りに対して，ディスコース分

析の視点を活用しつつマイクロな分析を行ってみる。目指すところは，そこで語り直しに至るどのような動きが認められ，聞き手ないし対話者は語り直しにどのような影響を与えているのか検討することである。

1-2　自己の語り直しの事例

　本章で検討対象とするのは，第2著者である沖潮（原田）（"H"と略記）が自己エスノグラフィのプロジェクトを行う過程で認められた語り直しである。エスノグラフィとは，参与観察とインタビューを中心的な方法として対象の特徴や成り立ちを調査すること，あるいはその調査結果を意味している。その調査対象を自分自身に向け変えたのが自己エスノグラフィであり，単純に言えば，自己経験の記述を通じて個人と文化の間の関係を明らかにすることが目指される（沖潮，2013）。ただ，経験的な研究として見た場合，自己エスノグラフィは主観的であり反証の可能性が低いものになりやすいという批判もある。そこで筆者らは，自己エスノグラフィ研究の過程に対話者を導入するという工夫を加え，これを「対話的な自己エスノグラフィ」と呼んだ（沖潮，2013）。

　エスノグラフィの対象であるHは当時20代後半の女性であり，家族に知的および身体障害をもつ3歳離れた脳性麻痺の妹がいる。一般に障害者のきょうだいの体験は困難や苦労とともに語られることが多いと言われるが，そうした実感がないというHは当初，その違いの理由を探求したいというモチーフでプロジェクトを開始した。いわば，障害者きょうだいに関する一般的なディスコースへの違和感がその根底にあったと言える。

　そこで2008年2月より約1年間，第1著者能智（N）に対するHの語りのセッションが9回行われた。そこでは，現在までの妹とHのかかわり，およびそれを可能にした外的条件との関係について幅広く話をする時間が設けられた。その間NはHの語りを傾聴し，その内容を確認し，感想を伝えるという役を演じた。セッションの多くは録音され，その後文字に起こされて，「妹」「私」「家族」「他者」等のカテゴリーをめぐって分析が行われた（沖潮，2013）。

　プロジェクトの中で，Hは妹との関係に関するナラティヴが変化するのを

体験した。たとえば、その体験は、セッションの後で書かれた次のようなHの覚え書きにまとめられている。

〈抜粋1〉

> このゆっくりではあるが確実に発達している《妹の》姿を私はある程度描きたいのかもしれない。正直にいうと、私の中では、妹はいつまでも子どものように感じたりしていて、発達をすごく期待していたわけではないと思う。その妹との関係をこう話していくうちに実は妹ってゆっくりと時間をかけて、時には急激に、成長しているんだな、ということがわかったことはやはり私にとっては発見なのだ、と改めて思えた。

このときHが注目し始めたのは、妹についての次のような記憶であった。

- かつてはレストランに来ると興奮していたのに、次第に騒がなくなっていったこと。
- 嫌なことがあったとき、自分の方が妹を盾にして隠れていたこと。逆に言えば、妹が自分の盾となって守ってくれていたこと。
- Hが高校時代に1年間留学したとき、1～2週間で「姉ちゃん」とは言わなくなり、ふつうに暮らし始めたこと。
- 作業所に通うようになってから語彙力が上がって、作業所スタッフともよく話すようになったこと。

かくして、妹はいつまでも変わらない子どものような存在から、発達・成長してきた大人として見直されるようになり、その変化をHは、「障害をもつ妹の〈主体性〉の発見」とまとめて学会発表した（原田・能智，2008）。こうした妹像の変化は同時に、妹に向き合う自己像の変化でもあった。先に述べたハーマンスの対話的自己論を援用すれば、自己とは他者から見た自分に関するイメージに関わっており、日常の対人関係場面では具体的な他者の視点を無視できない。Hは実際、この学会発表のあと、その振り返りの場で次のように述べている。

〈抜粋2〉

> 主体的な妹を発見したことで，妹と私の切り離しができたのかな，というふうに思って《中略》，私自身も妹離れをしていくというか，私自身も，もうちょっと主体的に，生きていけるんじゃないかと思っていたんですね。《中略》脱一体化じゃないですけど，そんな感じっちゃあ感じです。私が，感じるその妹との一体化からの，うん。まあそれによって私の主体性っていうのもまた見えてくるのかなって。（2008/10/29）

図8-1にあるような対話的自己の構造にならえば，当初は外的なポジションとして〈世話のかかる子ども〉のような，しかし〈かわいい妹〉がおり，それに対応する内的なポジションとして，妹の世話をしつつかわいがる〈母親的な私〉がいたことになる。それが，自己エスノグラフィのプロジェクトの過程で，妹の属性の認識が変化し，妹はより自立的で大人の人格をもった存在に近づいた。それに対応する内的なポジションとして，妹から独立した自分の人生を歩むポジションが生じてきたと考えられる。

2　外部からの働きかけによるポジションの広がり

こうした語り直しはHの閉ざされた主観において自然に起こったものではなく，Hが自己エスノグラフィのプロジェクトをまとめていく中で生じたものである。そこに聞き手であるNや学会等のオーディエンスといった「外部」がどう関与しているのか，という点が次の問いになるだろう。手元にはHがNに対して自分を語ったときの逐語記録が残されている。今回はとくに，Hが自分と妹との関係をほぼ時系列に沿って語った，最初の2回のセッションを対象にして分析を行った。そこで注目されたのは，Hの語りの変化だけを拾っていくと見落とされてしまうかもしれない，Nとのやり取りの詳細であった。本節では，Nの聴き役としての何気ない働きかけが，Hの語り直しのための素材を豊かにする契機となっていたところを中心に紹介する。

第8章　対話プロセスとしての自己の語り直し

2-1　語りの外の探索を通じて

　語られた内容を理解するためには，語りの中で省略されたり背景に隠れたりしているところも確認せざるをえない。そこでNは，Hの語った内容に関連させながら，まだ語られていないところを探索する働きかけを行う。それによって，Hの語りの全体に関心をもつ聴き役を演じていたとも言える。たとえば，NがHとその妹の関係を別の視点から捉え直すように促す箇所がある。Hはまず自分と妹との一対一関係に注目してそれを語り始めたが，Nは家族について問うことで，結果的にその語り方に揺さぶりをかける。

〈抜粋3〉

23N	あのHさん自身は妹ができてすごく嬉しいというふうなお気持ちがあったということですが，ご家族の方の，その妹さんに対する対応などで，え::，思い出とか，記憶に残ることなどありますか？
24H	そうですねぇ（0.5）うーん（1.0）幼稚園に入る前は（0.5）そうですねぇ，あんまり，大きな記憶っていうのはないんですよね。ただ，うん（0.5），いつでしたっけ::，んと，去年か今年か忘れたんですけど，あの::，私にはない記憶で，母から，あの::，「なんで妹ばっかり，なんか，手をかけてるの？」っていうことを母親に言ったらしいんです。それが何歳のときだったかっていうのはちょっと聞き忘れたんですけど，で，私はそんなことを言った記憶ちっともなかったんでびっくりしました。

　ここでのNの問いかけは，一対一関係における〈かわいい妹〉—〈かわいがる私〉というポジションに対して，親と自分と妹という三角関係の中での妹の意味づけの探索へとHを促すものとなっているように見える。それに対してHは，「なんで妹ばっかり」と直接話法を用いてナラティヴを広げ，〈ライバルとしての妹〉—〈ライバルとしての私〉という別の意味の可能性を示唆する。ただ，すぐに「記憶ちっともなかった」，「びっくり」という言い方で，かつての自分の言動を現在の自分から切り離し，その意味の可能性を低く位置づけている。

また，Nはそのしばらく後でも，妹との関係の外におけるHの様子を質問しており，それが別のポジションを生みだすという結果をもたらしている。次の抜粋は，Hが幼稚園のころの妹との関係を語った際に妹が生まれてうれしかった自分が強調されたのを受けて，妹以外との関係をNが確認しておこうとした場面である。

〈抜粋4〉

81N	幼稚園の頃に，妹さんとは別に，他のね，お友達と何かして遊んだであるとか，親戚とかでもいいんですけど，そういう思い出みたいのはありますか？
82H	そうですね，幼稚園生の頃は，結構なんかやんちゃ，わんぱくで，よく，ズボンの，よく転んだりして，ズボンによく穴をあけちゃったりとかしてたなぁっていう感じですかね。《中略》とにかく，うん，わんぱくに，結構男の子と遊ぶことがあったはず，ですかね。

　このやり取りで，Hは「あったはず」などの推測も交えつつ，自分の日常が妹との関係の中でのみ成り立っていたわけではないこと，むしろ家庭の外での対人関係も大事にしていたことに言及している。同様の語りは，Hが自分の小学校時代にふれたときにも認められた。語り直し後にはっきり意識される〈妹とは独立の私〉というポジションは，Nの問いかけのもとですでに複数回にわたって示唆されていたと言える。

　また，妹を概して肯定的に語るHの傾向に対して，Nはその逆を質問することも試みている。障害児きょうだいのディスコース──先に述べたようにHが違和感をもっていたものである──と響き合うような体験を，Hが本当にしていなかったのかどうか確認しておきたいという思いもあったのだろう。

〈抜粋5〉

191N	逆に妹さんとのつきあいのなかで，いやだったことっていうのは記憶がありますか？　誰かに見られるっていうのはさっきもありましたけどね。
192H	そうですね，やっぱり，こう，ほんと金魚のフンのようについてくる

第8章　対話プロセスとしての自己の語り直し

のでそれで私のしていることを真似したいとか, そういうのがあるので, なんか私が読もうとしているものを「それほしい」って言ってきたりとか, そういうのですかね。
193N　うっとうしい, っていう感じですか？
194H　うん,「も::」とは思いましたね。

ここでは,「いやだったこと」というNの言葉に触発されて,「金魚のフン」という言い回しが用いられている。実はHは, この前のセッションにおけるやり取りでも,「金魚のフン」という表現を使ったが, そのときは,「妹はいつも私の後をついて来ていてかわいい」という主張の一部としてであった。それに対して抜粋5では, H本人にも「金魚のフン」の否定的なニュアンスは自覚されている。そこで立ち現れているのは,「かわいい」という言葉には包摂できない〈困った妹〉の側面と,〈妹とは別の世界を持つ私〉というポジションである。ただし,「『も::』とは思いました」という言い方は,「うっとうしい」というNの表現に全面的に同意するものではないし, 感情や認知を明確な言葉にしていない点でも, 新たなポジションからの距離を置こうとするHの態度が感じられる。

2-2　語りをそのまま受け止める所作を通じて

語られた内容の外部を探索する以外にも, ふつうに内容を受け止めてそれをいくらか明確化しようとする働きかけが, 結果的に妹に対するHの意味づけを拡張するのに役立っている箇所もある。たとえば, やや抽象的な語りがなされた場合にそれを具体化させる働きかけは, インタビューの技法として一般的に認められるが, それはしばしば具体化にとどまらない効果をもつかもしれない。次の例は, 昔からの妹のかわいらしさに繰り返し言及するHに対して, Nがその感情に関する出来事を尋ねた場面である。

〈抜粋6〉

185N　妹さん, 基本的にはつきあいやすい, かわいい妹だったわけですよね（そうですね, うん）小・中学校を通じて, 妹さんとのつきあいを通

第Ⅱ部　実践編

> して嬉しかったこととか，楽しかったこととかありますか？
> 186H　あ::，嬉しかったこと (0.5) 大きくいっちゃうと，日に日にしゃべる言葉が増えていったりとか，え，そんなこともできるんだ，っていうのをできたりとか，するのを感じるときは結構嬉しいですね。ほんと子ども育てている感覚に近いのかなって思ったりもするんですけど，う::ん，大きくいうとそういう感じですね。エピソードとかではないんですけど。

　ここでは，〈かわいい妹〉—〈かわいがる私〉という繰り返し語られるポジションについてNは具体例をリクエストしている。そこで，より一般的な「嬉しい」「楽しい」という言葉を使ったことがHの探索の幅を広げたように見える。つまりそこでHは，「かわいがる」から一歩踏み出して，働きかけの射程も時間的特性も「かわいがる」とは異なる，〈育てる（育ちを見守る）私〉というポジションを積極的に語り始めている。これは，妹を子どもとみなすポジションと共通するが，同時に，育って大人になることを認めるポジションとも相通じている。

　またNはとりあえず姉としてのHのポジションを認めつつ，それをやや極端化して呈示するようなコメントを返すこともあり，そのコメントはHにポジションの限界を考えさせる機会を提供している。次の例は，Hが自宅で学校の課題を行っているときに，妹がちょっかいをかけてくるときの対応について語った部分である。

〈抜粋7〉

> 196H　だからそういうのは，「も::」って思いながら，仕方なく貸して，ま，読めるわけではないので，ちょっとしたらすぐボン，ってどっかやっちゃったりするので，まあそれを，「そのときまで待つか」っていう感じで，うん。まあおねえちゃんですし，私なんかは結構いうこときいてあげちゃったりしてましたね。
> 197N　ほんとに，特に，え::，やりかたがあるわけじゃなくて，ほんとに言われたとおりやってあげて-。
> 198H　あ::，でも時には「ダメ」っていうときはあったかな，「これ今ねえ

第8章 対話プロセスとしての自己の語り直し

> ちゃんが使うんだから」っていって，渡さないときも::，結構あったかもしれないですね．あとは，「これでいいんじゃない？」っていろいろ他のものを渡したりだとか．

　直前のやり取り（抜粋5参照）では，〈妹とは別の世界を持つ私〉というポジションをほのめかしたHだが，ここではまず，寛大な姉としてのポジションに戻って，〈かわいい妹〉の意志を尊重するような対応を語る．直後の197NでNは，「ほんとに言われたとおり」とそうした対応を徹底する形で表現し直しているが，これに対する応答の中でHは，妹の行き過ぎた行動を制限する〈コントロールする姉・しつける姉〉というポジションを前面に出し，〈困った妹〉という意味づけもまた暗示している．抜粋5と合わせて流れを読むと，Hのポジションがこの短いやり取りの中でも何度も揺れ動いているのがわかる．それはある意味では，障害者きょうだいをもつことに関する一般的なディスコースに対して，Hが近づいたり離れたりする葛藤のプロセスとも言えるだろう．

3　外部からの枠づけとそれに対する反応

　ここまでは，Nの働きかけがその場におけるHの語り直しの可能性を効果的に広げているように見える場面を見てきたが，けっしてそんな場面ばかりではない．NがHの語りの流れを限定したり，ある意味ねじ曲げたりしているように見える箇所も観察される．伝統的な見地からすれば，それはインタビュアーの誘導であり，望ましくないインタビューと評価されるだろう．ただ，クヴァルとブリンクマン（Kvale & Brinkmann, 2009）の指摘するように，誘導的に見える質問も意識的に用いることで，やり取りの活性化に寄与することができる．同様に，一見否定的な働きかけも，やり取りの流れの中で私-ポジションの探索を促す刺激にもなるかもしれない．

第Ⅱ部　実践編

3-1　記憶の語りと不確かさのマーカー

　このプロジェクトにおけるHの語りは,「これまでの妹との関係」というテーマのもと,幼少期まで遡った想起を必要とする。しかし幼少期の記憶は曖昧であり,すべてを確実に想起することは誰にとってもほとんど不可能である。そこでHは,必要に応じて「不確かさのマーカー」(Edwards, 1995) とでも呼ぶべき表現を組み込みながら語りを展開している。たとえば「小学校の低学年頃の妹さんとの関係はどうでしたか?」というNの質問に対して,Hは次のように語った。

〈抜粋8〉

114H	私が小学生のときは,ピアノに通って,でそろばん塾に通っていたんですね,低学年の頃は。でそういうのに行ったりして,そのほかのときは友達と遊びにいっちゃったりとか,が多かったと思うんですよね。小学校低学年くらいのときですかね,なんかやっぱり,友達に妹について言われたり,とかはありましたよね。うん,そうですね,うん,で,それで私と妹の関係がどうなったか,とまでは,うん。
115N	言われたというのは,どんな風に言われたんですか?
116H	と,なんか,その歩けないとか,あと,ええと,そうそう,あれですね,「しんしょう」って言われましたね。

　このように,Hは過去の出来事に言及する場合,ある種の区別をつけながら語る。114Hで言えば,友達の発言が妹との関係に与えた影響については,「どうなったか,とまでは(わからない/思い出せない)」と直接的に述べている。また,「思う」,「〜ですかね」という表現も,語っていることが現在の時点における推測であることを示唆するものである。引用していない他の箇所では,「ぼんやりとしか思い出せないが」,「記憶にはないが」,「たぶん」,「〜だったかもしれない」,「〜でしたかねえ」といった言葉も使われている。これらの不確かさのマーカーは,それが付加されていない過去の記述—たとえば,116Hには,「言われました」という明確な過去形の断定的な文末表現や,「そうそう」というその場での想起を予想させる表現がある—とは明確に区別される。

第8章 対話プロセスとしての自己の語り直し

　以上のようなマーカーは，2人のやり取りに無視できない帰結をもたらしているように思われる。会話分析の研究者であるエドワーズによれば，「わからない（I don't know）」などの表現は，答えとなる言葉が見つからないという認知状態を示すだけではなく，たとえば対話状況に対する話し手の無関心や距離感を表現する行為であるという（Edwards, 1995）。Hによる不確かさのマーカーの使用にも似たところがある。すなわちこれを使うことで，たんに記憶が曖昧であるという認知状態を示すのみならず，それが共有できる事実ではないことが主張され，聞き手もそのようなものとして応答するのである。実際，115Nで追加質問をする場合，Nはマーカーがついていないところを選び，それを事実として受け止めつつさらに詳しく聞こうとしている。

3-2　不確かさのマーカーの脱落とその帰結

　ただちに想像できるように，そうした不確かさのマーカーを伴う語りは，とくに幼少期に関する語りにおいて多くなる。ところが，このマーカーの使用は必ずしも一貫しておらず，やり取りの中でそうしたマーカーが脱落し，そのままやり取りが進むことがある。この場合，語り手と聞き手の間では，マーカーがつけられていた内容が共有の事実と同じような扱いになってくる。たとえば次のやり取りは，抜粋8の116Hの直後，「そういうときどんな感じがしました？」というNの質問に続くものである。

〈抜粋9〉

124H	そうですね，なんか，うん，そうですね，「このやろー」とかたぶん思ったし，あとは，うん「やめて欲しい」って思ったかな，う::ん，そうですね，うん，そうですね，あとは，うん，なん，これは，思ったかな。それは，なんかそれを言われたから，かどうかはわかんないんですけど，「なんで妹はこうなんだろう」とか，うん，「なんで私の妹はこうなんだろう」，とか。
125N	小学校のときには，そういうちょっと疑問がでてきたというか-
126H	そうですね，そういう風に思ったと思いますね，「なんで，なんで私だけ？」とは思ったかどうか，っていうのはわからないけど，「なんで，

> でなんでこういうことが私に起こるんだろう」，みたいなことも思ったんじゃないかな。
> 《中略》
> 133N　先ほどの言葉で，「なんで自分だけこうなんだろう」とか，そういう言葉の背景にあるのは，やっぱり，こう，なんかいやなことであるとか，大変なことみたいなものが体験としてあって，それが，「なんで私だけこんなことになってるんだろう」っていうふうなそういう思いがでてくることがあると思うんですよね。その大変なことっていうのは何なのかな：。
> 134H　う：：ん，何なんでしょうね：，やっぱり，周りの目なんですかね。周りの目もあるし，うん，とりあえず見られますからね。とりあえず見られる。
> 135N　あ：：，外に一緒に出たときなんかに，周りの視線が-
> 136H　とりあえず見られるから，私が見ている人を見返したりとか。「何見てんのよ」とか思いながら見返したりとか。

　これはHが小学校時代における周りからのまなざしについて語った箇所であり，124Hや126Hでは「たぶん」，「思った」などの不確かさのマーカーを重ねながら，まなざしに対する自分の反応が慎重に語られている。ところが数分後の136Hの語りにおいては，マーカーが脱落しているのがわかる。その背景に記憶の新たな想起があるかどうかは何とも言えないが，これ以後その行動や思いが共有の事実のように扱われ始めている。

　さらに抜粋9における対話は，別の推測を事実の地位に押し上げるかのようなきっかけもまた作っている。まず124Hと126HでHは，不確かさのマーカーを重ねながら，小学校時代にどんな疑問をもったかについて述べる。そのマーカーには重みづけがあり，「なんで私だけ？」という周りと自分を比較するような疑問よりも，「なんで私にこれが起こるの？」という経験への疑問がより確からしいことが示唆される。ところがNが133Nで行う質問は，その重みづけを無視したものであった。すなわち，ありそうにないとされた「なんで私だけ？」という疑問が事実問われたことを前提にしたものになっていた。H

第8章　対話プロセスとしての自己の語り直し

による重みづけを N が十分受け取れなかったのか忘れたのか，あるいは，周囲の目を意識するという障害者家族にありがちな体験——これもまた一般的なディスコースかもしれないのだが——に N が引きずられたのか，ここからは判断しづらい。いずれにしてもここには，「誘導」ともとられかねない聞き手からの働きかけが認められる。

　N が勝手に置いたこの前提は，直後の H からは否定も肯定もされずにやり取りが続くのだが，しばらくして再び，同じ「なんで私だけ？」の疑問が N によって持ち出される箇所がある。そのときの H の反応が興味深い。

〈抜粋10〉

157N	小学校の頃に感じた，「私だけがなんでこんな-」みたいな気持ちは《中学時代には》あまり出なくなったという感じですか？
158H	そうですね，うん，それは逆に，また別の「私だけ？」っていうので現れてきたかなっていう感じがして。そう中学生のときも思ったかな，やっぱり，その，手助けがいりますよね，トイレいくとか。で，そういうのとかがあるので，んで∷，で，中学生の頃から，高校生かな，そういうのを，やっぱり母と父ばっかりにまかせちゃっているのは悪いな，っていうのがあって∷，ん∷，なんかやらなきゃな∷，っていうのはあったんですよね。それで，ん∷，それで，だからこう，あ，時には家にいる時間とか，家族で過ごす時間っていうのはちゃんととっておかないと悪いかな，っていう感覚はあったんですよね。そういうのに，「私だけ？」みたいのはありましたかね。

　不正確な前提に基づく N の質問に対して，H は158H で「そうですね」と応じ，その質問の正当性を認める格好となっている。さらに続けて「中学生のときも」と述べるとき，小学校時代に「なんで私だけ？」という思いがあったことが，推測ではなく事実であるかのような話の流れが生みだされるのである。

　ただ，こうした不正確な前提の共有が相互作用を破綻させるとは限らないし，語りの内容を全く無価値なものにしたりするわけでもないという点にも注意が必要であろう。中学校時代にも「なんで私だけ？」があったのではないかという N の問いは，「なんで私だけ？」という言葉を参照しながら，小学校時代と

149

は異なる経験の探索と報告にHを導いているようにも見える。「嘘から出た真」ではないが，そこで別の私-ポジション——〈家族をつねに意識する私〉——が発見される契機が提供されているとも言える。

4　メタ・ポジションとしての「外部」

　本章では，語り手と聞き手のやり取りがいかにその場での語りを作り出し，それがさらにどう持続的な語り直しに関与するかを，1事例のマイクロな分析を通じて検討した。知見の厳密な転用可能性については今後の課題ということになろうが，1事例だからこそ多様な要因や条件の関係に目を向けることができ，それを縦断的に検討できたのは，一つの収穫ではなかったかと思われる。本節では今回の結果から，語り直しの過程について考えられることを簡単にまとめておきたい。

4-1　「外部」が促すポジションの広がり

　聞き手の問いかけの仕方によってその場での語り直しが生じたり生じなかったりすることについては，やまだ(2006)がより詳細に記述し類型化している。今回の研究におけるNの働きかけにしても，多くはその類型に含まれるが，その範囲は「拡問（話題や話の内容を拡張し，本質を追究し，話題を発展させる）」ばかりではなく，「細問（明細化，具体化，例示，エピソード等を聞く）」，「認問（確認したり同意したりする）」にも及ぶ。さらには聞き手側の誤解を含む働きかけですら，外部から意味が押しつけられるリスクを伴いつつも，長期にわたるやり取りの中では，別の語り直しのきっかけにもなりうると考えられる。

　聞き手の働きかけはこのように，既存の意味ないしナラティヴを対象化して見直し，その境界に疑問を投げかけたりその外側に目を向けたりすることを促す機能を持ちうる。ヴァルシナー（Valsiner, 2007/2013）によれば，対象の意味Aにはつねに非-Aの認識が伴っており，その構造は揺れ動きうるものだと

いう。たとえば「愛」の意味（A）も，愛ならざるもの（非-A）が「憎しみ」から「無関心」に変わると微妙に変容するし，それが発展して別の意味（B）が定着する場合もある。対象に対する新たな意味Bは非Aから生まれるとも言える。浜田（1999）がいみじくも「話すことは聞くことである」と述べたように，話し手はつねに聞き手の立場を想定しながら話をする。聞き手が既存のナラティヴAを単純に受容するのではなく，それを精緻化したり相対化したりしようとする構えを持てば持つほどに，話し手の中で新たな非-Aが見出されると考えられる。

　実際，そうした過程を経てHは妹を別の視点からも語るようになり，同時に自分に関する別の面を語れるようになっているように見える。対話的自己の観点からすれば，自己を構成するポジションのレパートリーが増加し，その間の声がより多声的になったと言えるだろう。1節で述べた，Hの持続的な語り直しによる自己像の変化は，そうした背景の延長線上で生じたものと考えられる。

4-2　自己の語り直しとメタ・ポジション

　HとNの語り合いの中でポジションのレパートリーが増加したとしても，それがいかにして，「障害を持つ妹の〈主体性〉の発見」といったまとまりをもつ物語にまで結実したかは，また別の問題である。ポジションは増加したのであって，置き換わったわけではない。実際，2節や3節で紹介したように，語り合いの中で新たに現れてきたポジションは，必ずしも直接的に「〈主体性〉の発見」につながるものばかりではなかったのである。より多くのポジションはより多くの声を生み出し，混乱を引き起こす可能性もある。にもかかわらず，とりあえず一貫した形で新たな自己ナラティヴが構築されたとしたら，そこにある種の統合の力が働いていたと考えるほかはない。ハーマンスであれば，その力の行使と関連して「メタ・ポジション」，つまり様々なポジションを一段上から見てコントロールしうる立ち位置を仮定するだろう（Hermans & Hermans-Konopka, 2012）。

第Ⅱ部　実　践　編

　語り直しを成し遂げた H の「主体」を，そうしたメタ・ポジションに位置づけることは可能だろうが，ここでもやはり，聞き手という外部の関与は無視できないように思われる。直接の聞き手である N は大学院における H のスーパーバイザーでもある。N に対して一貫した理性的な自己を示さなければならないという思いが，H の中になかったとは言えない。こうした状況はたとえばカウンセリングのような場面でも起こりうるし，それがクライエントの気持ちを整理する力にもなる。加えて今回は，自己エスノグラフィというプロジェクトに伴って，より抽象的な聞き手も生みだされていたかもしれない。その聞き手は，研究としての新たな知見を期待していると信じられており，こちらも H が自己を一貫した形で語り直す動機を支えていたと思われる。メタ・ポジションに立つ H が語り直しを主導したとしても，それは外部の声を自分の中に取り込み，それを自分の声として「腹話」（Wertsch, 1991/2004）する H だったのではなかろうか。

　こうした自己ナラティヴの語り直しに影響する外部の力は，本人の気持ちを整理し落ち着かせることに貢献するかもしれないが，あまりに急な語り直しはかえって混乱を増加させることもある。H の場合も，妹の主体性の発見はとりあえず「発見」として肯定的に本人にも評価されたわけだが，実はそれで話は終わらなかった。H は対話の録音を起こしたり報告をまとめたりしながら，なぜかは言葉にはならなかったが，涙が止まらなかったという。この涙もまた，N との語り合いのテーマとなり，「主体的な妹」と「独立する自分」という物語に対する違和感が身体的な表現として表出されたのではないかと考えられた（Nochi, 2010）。このプロセスの詳細は別稿に譲るが，いずれにせよ語り直しが，外部としての他者ばかりではなく自分の身体も巻き込みながら，対話の中で何度も繰り返される終わりのない過程であることは，最後に付け加えておきたい。

引用文献

　Edwards, D. 1995 Two to tango: Script formation, dispositions and rhetorical symmetry in relationship troubles talk. *Research on Language and Social Interaction,* **28**(4), 319-350.

Freedman, J., & Coombs, G. 1996 *Narrative therapy: The social construction of preferred realities.* New York: Norton.

浜田寿美男　1999　「私」とは何か——言葉と身体の出会い　講談社

原田満里子・能智正博　2008　障害をもつ妹の主体性の発見——姉による自己エスノグラフィの試み　日本質的心理学会第5回大会発表論文集　p.100.

Hermans, H. 2001 The dialogical self: Toward a theory of personal and cultural positioning. *Culture & Psychology,* **7**, 243-281.

Hermans, H., & Hermans-Konopka, A. 2012 *Dialogical self theory: Positioning and counter-positioning in a globalizing society.* Cambridge: Cambridge University Press.

河合隼雄・鷲田清一　2010　臨床とことば　朝日新聞出版

Kvale, S., & Brinkmann, S. 2009 *InterViews: Learning the craft of qualitative research interviewing* (2nd ed.). Los Angeles: Sage.

Nochi, M. 2010 The meanings of constructing one's life-story: An attempt of collaboratively analyzing the process of an auto-ethnographic project. *The 11th International Interdisciplinary Conference: Advances in qualitative method. Abstracts,* pp. 28-29. Vancouver, Canada.

能智正博　2011　質的研究法　東京大学出版会

沖潮（原田）満里子　2013　対話的な自己エスノグラフィ——語り合いを通じた新たな質的研究の試み　質的心理学研究，**12**, 157-175.

Valsiner, J. 2007 *Culture in minds and societies: Foundations of cultural psychology.* Los Angeles: Sage.（ヴァルシナー，J.　サトウタツヤ（監訳）　2013　新しい文化心理学の構築——〈心と社会〉の中の文化　新曜社）

Wertsch, J. V. 1991 *Voices of the mind: A sociocultural approach to mediated action.* Cambridge, Mass: Harvard University Press.（ワーチ，J. V.　田島信元・佐藤公治・茂呂雄二・上村佳世子（訳）　2004　心の声——媒介された行為への社会文化的アプローチ　福村出版）

やまだようこ　2006　非構造化インタビューにおける問う技法——質問と語り直しプロセスのマイクロアナリシス　質的心理学研究，**5**, 194-216.

第9章

ポジショニング理論による
クライエントの語りの理解
―――「受け入れられる」ことは何を意味するのか―――

綾 城 初 穂

　ディスコース分析は日本のカウンセリング研究で用いられることはほとんどない。しかしながら筆者は，ディスコース分析が援助者に従来のカウンセリングの見方とは違った視座を提供してくれる非常に有意義な方法であると感じている。本章では，筆者がカウンセラーを担当したクライエントAさんの語りをディスコース分析の一つであるポジショニング理論によって検討し，カウンセリング研究におけるディスコース分析の可能性について論じていきたい。

1　ディスコース分析によってクライエントの語りをどう理解するか

1-1　Aさんの語りをめぐる2つの解釈
〈抜粋1〉今は受け入れられる（第41回）

> 　実はこの前 xx について勧められた時，嫌な感じがした。そういう風にラベル付けされることに，と言うか。ただ，今は受け入れられる。これまでは自分がそういうところに勤めた経験から内情を知っているというのもあって拒否感があり，外の場所は信じていなかった。本当にここだけしかなかったし，ここがダメならダメだと思っていた。ただ xx をネットで見て，自分が思っているのとは少し違うとも感じた。

※xx はひきこもり支援機関の名称である

（1）「ひきこもり」を受け入れられる

　抜粋1は，ひきこもりの息子にどう接したらいいかと悩み心理相談室に来室

したAさん(女性)の語りである。Aさんの息子は10年来自宅にひきこもり，仕事はおろか，ほとんど外出もしていなかった。Aさんはそんな息子の将来を不安に思い，どう対応したらいいかと悩んで，筆者が勤める相談室でのカウンセリングを希望した。カウンセリングの経過とともにAさんは息子への接し方に自信が持てるようになっていき，来室当初は悪化していた母子関係も改善していった。一方で，抜粋1にあるように，Aさんは自分の息子が"ひきこもり"や"ニート"といった言葉で表現されることには一貫して拒否的であり，カウンセリングが進んでもひきこもりやニートの支援機関を利用することは避け続けていた。

　だが息子本人が来室するわけではない以上，Aさんの相談を続けていてもひきこもり自体の解決はあまり見込めない。そのため，筆者は第40回の面接の折に，比較的利用しやすいと思われるひきこもり支援機関のリストをAさんに渡した。抜粋1の語りは，それを受けたものである。支援機関が利用できれば，即解決とはいかなくとも，少なくとも当人に直接アプローチできる援助のバリエーションは増える。そのため，ひきこもり自体の解決の可能性も現状よりは開かれるのではないか。これが筆者の考えであった。「嫌な感じがした」という表現からは，筆者の提案がAさんに必ずしも肯定的には捉えられなかったことがうかがえる。だが何はともあれ，Aさんは筆者の勧めを「受け入れられる」と述べ，紹介した支援機関についても調べてくれていた。この意味で，抜粋1の「受け入れられる」という語りは，援助上の重要な転機と言えるだろう。実際，この面接以降Aさんは息子を"ひきこもり"であると述べることが増え，筆者が紹介したひきこもり支援機関を含め，他機関の利用も前向きに検討するようになっていった。

(2)　2つの異なる見方

　ここで考えたいのは，おそらくこのAさんの語りの解釈が，従来のカウンセリングの見方とディスコース分析の見方とで異なるという点である。

　精神内界を重視する精神分析や，認知メカニズムを重視する認知療法など，カウンセリングにおいてしばしば参照されるアプローチからみると，「受け入

れられる」というAさんの語りはAさんの心理内部の反映として解釈されよう。たとえば，"否認してきた現実をクライエントが直視した"とか"息子がひきこもりであるという現状を受け入れた"といったように捉えられるのではないだろうか。つまり従来の見方からすれば，この語りに表れているのはAさんの心理内部の変化である。このようにカウンセリングで用いられるアプローチの多くは，クライエントの言葉を「個人的な精神の反映あるいは表現であるとする個人主義的伝統」（Gergen, Gergen, & Barrett, 2004/2012）に基づいて解釈するものと言えるだろう。

　ディスコース分析による見方は，こうした解釈とは対照的である。ロックとストロングは，ディスコース的心理療法（Discursive therapy）における言葉の見方として「われわれが言葉を話しているのではなく，言葉がわれわれを通して話し，その言葉の仕方で『われわれ』を構築している」（Lock & Strong, 2012, p.20）と説明している。ここで重要なのは，「言葉がわれわれを通して話」すと表現されている点である。これは言葉の出自が，私たちの内部ではなく，私たちの外にあるということを示している。私たちがある言葉を語って自分を表現することができるのは，その言葉が私たちの社会・文化・政治的文脈の中で共有されているからである。私たちは誰も知らない言葉を用いて自分を表すことはできない。それゆえ，ある言葉をまさにその言葉として理解させるのは私たちの内部ではなく，私たちの間で暗黙に共有されている一種の合意である。こうした言わば「われわれの発語が解釈される概念的背景」（Burr, 1995/1997）が，ディスコース（言説）である。つまり私たちがある言葉で自分を表現するということは，その言葉の意味を保証するディスコースによって私たちが形作られるということでもあり，私たちがまた別の言葉で自分を表現すれば，それは別のディスコースによって私たちが作り変えられるということでもある。それゆえAさんの「受け入れられる」という語りは，Aさんを形作る

（1）そのためロックとストロングの説明における「言葉」は，「ディスコース」と言い換えることもできる。なお，ディスコース的心理療法として日本でも有名なものにはナラティヴ・セラピーがある（Drewery & Winslade, 1997/2008; 国重，2013）。

第Ⅱ部 実 践 編

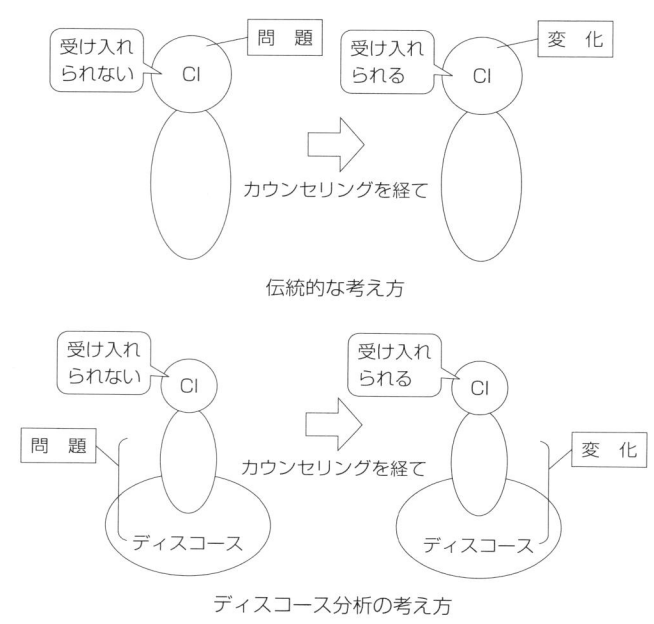

図9-1 カウンセリングにおける2つの捉え方の違い

　言葉が変化したということを,つまりは言葉の背景にあってAさんを形作るディスコースとAさんとの関係が変化したということを反映していると言えるのである。こうした見方は,個人の中の心理メカニズムに問題があると考える伝統的な心理療法とかなり異なっている(Avdi & Georgaca, 2007)。ディスコース分析からみれば,問題はクライエントの外にあるからである。この違いを簡単に図示すると,図9-1のようになるだろう。

　このように,心理内部に言葉を帰属する従来の考え方と,外部に帰属するディスコース分析の考え方では,「受け入れられる」というAさんの語りは違って見えてくる。伝統的な見方を取るならば,「受け入れられる」という語りは,ひきこもりの息子に対するAさん内部の心理が,発話となって表れた結果である。一方,ディスコース分析からみれば,「受け入れられる」という語りが表しているのは,ひきこもりに関するディスコースであり,それによって形作

第9章 ポジショニング理論によるクライエントの語りの理解

られているAさんである。

（3） Aさんの語りをディスコースから捉える

　クライエントの語りを内部にある心理の反映としてではなく，外部にあるディスコースとの関係として捉えると言われても，よくわからないかもしれない。しかしこれはそれほど突飛な考え方ではない。考えてみれば，Aさんが「嫌な感じがした」のは"ひきこもり"といった「ラベル付け」に対してである。これ自体，別段不思議なことではない。"ひきこもり"というラベルは疑いようもなく否定的なものだからである。それゆえ，自分の息子に対するそうした否定的なラベルを親が拒否することは，けっしておかしなことではない（だからこそ今振り返ればひきこもり支援機関を提案する際に，もう少しよいやり方もあったのではないかと思う）。もちろん仕事にも学校にも行かず10年来自宅にこもる息子は，社会的に見れば"ひきこもり"であり，そうした見方もまた一方では避けられないことである。だが，そうした否定的なラベルを拒絶することをAさん内部の心理的問題の反映として考えてしまうことは，筆者にはいささか厳し過ぎることであるようにも思う。Aさんが拒絶する否定的なラベルは，Aさん内部で作り上げられたものではなく，Aさんを取り巻く社会・文化・政治的文脈上のディスコースによって構築されたものだからである。

　それでは，ディスコース分析から見たとき，Aさんの「受け入れられる」という語りはどう見えてくるのであろうか。そしてそれはクライエント内部に語りを帰属させる従来の解釈と比べ，どのような意義を持つのだろうか。本章ではAさんの語りの分析を通し，このことについて議論していく。

1-2　クライエントの語りを見る視座としてのポジショニング理論

　具体的な検討に入る前に，本章の分析で用いるポジショニング理論について説明しておきたい。前項でも述べた通り，クライエントの語りを理解する上で大事なのは，クライエントとディスコースの関係である。この点で筆者はディスコース分析の中でもポジショニング理論（Harré & van Langenhove, 1999）が有効な分析枠組みになると感じている。

ポジショニング理論は，ディスコースと主体の関係に焦点を当てたディスコース分析の一つで，ウィトゲンシュタイン（Wittgenstein, L.）やオースティン（Austin, J. L.）の哲学，社会学者ゴフマン（Goffman, E.）の役割理論，心理学者ホールウェイ（Hollway, W.）のフェミニズム研究などを基礎として，心理学者のハレ（Harré, R.）らによって作られた理論的枠組みである。ポジショニング理論では，あるディスコースを参照した（あるいは，他者から参照された）人は，そのディスコースに伴う一連の権利や義務を引き受けることになると考える。たとえば，アカデミック・ディスコース（学問や研究に関するディスコース）から「研究者」としてポジショニングされた場合，その人は専門家として発言する権利を得ると同時に，学術的根拠に基づいた専門的な発言をしなければならないといった義務を課せられる。一方，同じアカデミック・ディスコースにおいて「学生」とポジショニングされると，その人は専門家として発言する権利は得られないが，根拠のない思い付きの発言をしても問題視されることは少ない。こうした権利や義務の効力は参照されるディスコースが変わると変化する。たとえば生活の中で研究を最優先させることは，アカデミック・ディスコースから解釈するとあまり問題ではない。しかし，同じ人が彼女から「恋人」としてポジショニングされている場合には，その人の発話はロマンティック・ディスコース（恋愛などに関するディスコース）から解釈されることになり，結果として，研究のためにデートを取りやめることを正当化するのは義務違反と見なされる。ポジショニング理論では，このようなある行為の権利や義務の一連のまとまりをポジションと呼ぶ。そして，それらの権利・義務を規定する一連のルールの中で人がどのようにふるまえるのかを検討する。バーはこのことをわかりやすく次のように説明している。「われわれが誰であり，したがって行なえることが何で，行なえないことが何か，行なうのが正しくてふさわしいことは何か，行なうのが間違っていてふさわしくないことは何か，これらのわれわれの感覚はすべて，言説内のわれわれの占める主体の立場から出てくる」（Burr, 1995/1997, 邦訳 p. 222）。このことからわかるように，ポジショニング理論においてディスコースとは，主体に一連の権利や義務を課する一

種の規範として考えられている。

　次節では，ポジショニング理論の視点から幾つかの語りを分析し，Aさんの「受け入れられる」という語りがどのように見えてくるかを示していきたい。なお，分析では音声記録だけでは足りないため筆者のケース記録も用いる(2)。そのため，データの質という点でやや違いがある。そこで，質の違いがわかるように音声記録に基づくデータのみトランスクリプトとして書き起こし，ケース記録に基づくデータは冒頭の抜粋1のような形式で提示する(3)。

2　ポジショニング理論によるクライエントの語りの検討

2-1　受け入れられないのは息子の現実かディスコースか

　Aさんの「受け入れられる」という語りがどのような意味を持つのかを検討するために，まずはAさんが自分の息子をひきこもりやニートではないと述べていた語り，すなわち"受け入れられない"という語りを分析していく。冒頭でも書いたように，しばしばAさんは「息子はひきこもりではない」と語っていた。従来カウンセリングで用いられてきた理論的視座から見れば，この語りは息子がひきこもりであるという現実を直視していない，ないし否認しているものとして捉えられるだろう。しかしポジショニング理論から見れば，それはまた違った見え方をしてくる。

（1）　ひきこもりではないというポジショニング

　次の抜粋2は，Aさんが「長男は自立に向けて自ら動いていくと思う」と

---

(2) 筆者はカウンセリング開始時から1年半ほどは，Aさんの了解を得た上で面接をICレコーダーに記録していた。これは筆者がまだ新米カウンセラーであり，筆記に追われずに話を聞き，後で話をまとめるためのものであった。そのため，音声記録なしでも面接内容をまとめることができるようになってからは音声記録は取っていない。本章で音声記録が一部使用できるのはこのためである。なお，ケース記録および音声記録の研究使用にあたっては，終結後にAさんに説明した上で承諾を得ている。また，本研究は当該施設の承諾と所属研究機関の倫理審査委員会の承認を受けている。
(3) 本章で示す面接概要およびデータについては，個人が特定されないよう一部に変更が加えられている。

述べた上で，その理由について語ったものである。

〈抜粋2〉 あれだったら出られない（第35回）

1	A：	なんかこう自分で：就職できそうなとか，ま例えば大学でもいいんで
2		すけど：.h 見つけたら：行く子じゃない［かな：
3	Co：	［ふ：
4	A：	という気が。い(や)でもそれは百分の，.h 今だったら二とhかhそれ
5		ぐらいですよ，それぐらいですけど：.h 言葉に出して言うのもあれか
6		な：と，思うぐらいですけど：.h
7	Co：	つまり軽いきっかけで出るだろうという
8	A：	軽い何かの変化で，ん：出るん(.)かな：と思ったり。(1.4)でもそれは
9		私::では，.h そうですね：分からないですけど，そんな気（が）
10		(6.4)
11	Co：	ま，ある種ですけど，
12	A：	私がそのひきこもりの偏見があるのかも分かりませ(ん)そう，こう何
13		もしないで食べて寝て，あの：もう本当に肥満になって：とかね。そ
14		ういうひきこもり，他のひきこもりの方を知らないんで：そう言って
15		るのかも分かりません。まああれだったら出られないな：と思うんで
16		すけど。

※Co はカウンセラーである筆者を指す

　長男が自立に向けて動く根拠として，A さんは「自分で：就職できそう」（1）「例えば大学でもいいんですけど：.h 見つけたら：行く子」（1-2）と語っている。これに対してカウンセラーが「ふ：」（3）と相槌めいた発話をすると，A さんは「百分の，.h 今だったら二とhかhそれぐらいですよ（略）言葉に出して言うのもあれかな：と，思うぐらい」（4-6）と息子が自立する確率は非常に低いとも述べる。この語りは，息子が自立へ向けて自発的に動く可能性はほとんどないと言おうとしているかのようにもみえる。しかしカウンセラーから軽いきっかけがあれば出られると思っているのかと尋ねられると（7），A さんは分からないと述べながらも（9），「出るん(.)かな：と思ったり」（8）「そんな気（が）」（9）と肯定している。この後6.4秒の沈黙があ

り，カウンセラーが何かを述べようとするが（10-11），Aさんはそれを遮るように「私がそのひきこもりの偏見があるのかも分かりませ（ん）」（12）と述べ，続けてAさんが思うひきこもり像を説明している。

「あれだったら出られない」（15）という表現からわかるように，Aさんは息子を"ひきこもり"とは違う存在として位置付けている。この一連の語りを心理の反映として考えれば，Aさんは息子をひきこもりではないと思っているということになる。しかしポジショニング理論からみると，また違った解釈が可能である。

抜粋2でAさんが「偏見」（12）と述べつつイメージするひきこもり像は，「食べて寝て（略）肥満になって」（13）「出られない」（15）存在である。ここから，Aさんにとってひきこもりが，ある種の怠惰さゆえに変化の可能性を持たない存在として捉えられていることがわかる。ポジショニング理論から表現し直せば，ひきこもりというポジションは，怠惰であるとか変化しないとかいったディスコースの上に成り立つものであると言える。つまりAさんにとって息子が"ひきこもり"とポジショニングされることは，たんにひきこもっている存在として記述されることではなく，怠惰で変化の可能性を持たない存在として構築されることなのである。そのため「自分で：就職できそうなとか，ま例えば大学でもいいんですけど：.h見つけたら：行く子じゃないかな：」（1-2）と変化の可能性を表現するためには，"ひきこもり"ではないと息子をポジショニングすることが必要なのであり，逆に言えば，息子が変化する可能性を持つためには"ひきこもり"とポジショニングされないことが重要なのである。なぜなら，息子を"ひきこもり"とポジショニングする（ないし，ポジショニングされる）ことは，息子がひきこもり続けるということを暗示するからである。

（2）ニートではないというポジショニング

ニートに関する語りの中でも，Aさんは同様のポジショニングを示している。これは，相談室に来室して以降も息子には変わりがないと述べた後の語りである。

〈抜粋3〉違うかなっていう感じ（第9回）

```
 1  A ：  前進が無いか(.)と言えば,そうじゃなくってまあ日々(.).h 社会と,
 2       まあネット上ですけど
 3  Co：  はいはい
 4  A ：  そういうのは(.)全然会話に違和感ないし,そういうのをまむしろ
 5       こちらが教えてもらうことも(.)あるのかなという,ところで。そ
 6       うですね。
 7  Co：  うん(.)うんうんうんなるほど
 8       (3.2)
 9  Co：  そうすると
10  A ：  だからあのテレビとか（で）よくね,ある：あの：ニート
11  Co：  はいはい
12  A ：  は：やっぱりちょっと(.)ん：(.)ま,ちょ-この間も何か番組があっ
13       たと思うんですけどやっ（ぱり）参考にはならない。あの：という
14  Co：  ええ,その＝
15  A ：  ＝就職とかね,何かあの：何とか塾とか何か
16       ［色々あるみたいですけど
17  Co：  ［はいはいはい,ありますね
18  A ：  それにはやっぱり心動かさ,全然,あ-違う,かな：っていう感じ：
19       ですね,やっぱり。
```

Aさんは，相談室に来室以降も息子に変化がみられないと語ったすぐ後の語りで「前進が無いか(.)と言えば,そうじゃなくって」（1）と述べている。この語りに続き，Aさんは息子の「ネット上」でのコミュニケーション能力の高さを説明する。そして，3.2秒の沈黙（8）の後で，カウンセラーの発話を遮るようにいわゆる「ニート」（10）に関する番組や支援を「参考にはならない」（13），「あ-違う,かな：っていう感じ：」（18）と述べている。

「全然会話に違和感ない」（4），「むしろこちらが教えてもらう」（4-5）といった表現からは，Aさんが息子を「ニート」（10）から差異化していることがうかがえる。さらに，ここからわかるのは，Aさんにとって息子がニートであるかどうかを決めるのは，ニートの定義(4)に則っているかどうかではなく，

（おそらくは）コミュニケーションの問題をもっているかどうかであるということである。また同様に，Aさんにとってニートは，テレビで取り上げられていたような支援が必要であり，それゆえ息子と違って「前進が無い」（1）存在と考えられていることもうかがえる。つまりAさんにとってニートというポジションは，コミュニケーションの問題などから自力での改善が見込めないため，何らかの支援を受ける義務が課せられるものなのである。そのため，ここでAさんが「前進が無いか（.）と言えば，そうじゃなくって」（1），「全然，あ-違う，かな：」（18）と述べて暗に否定しているのは，単に息子がニートであるということではなく，息子がコミュニケーションに問題があり，それゆえ自力での変化が期待されない存在であるということだと考えられる。

（3）「無能力な存在」へとポジショニングするディスコース

以上の分析から見えてくるのは，Aさんにとってひきこもりやニートという言葉が，息子を変化の可能性を持たない存在としてポジショニングするものだということである。"ひきこもり"や"ニート"は，たんなる言葉ではなく，怠惰でコミュニケーション能力が無く，支援がなければ変化できない，端的に言えば「無能力な存在」として主体を形作るディスコースを持つのである[5]。こう考えると，一見息子の現実を認めていないように見える語りは，Aさん内部の心理的問題の反映というより，息子を「無能力な存在」として構築しないように，そうしたディスコースに抵抗する発話行為（Austin, 1962/1978）として見えてくる。ポジショニング理論からみれば，Aさんが"受け入れられない"のは，息子の現実ではなく言葉に伴う否定的なディスコースなのである。

（4）厚生労働省によるニートの定義は「15～34歳で，非労働力人口のうち家事も通学もしていない方」となっている（厚生労働省，2014）。
（5）このように心理的に問題があるという観点から人の正常と異常を作り出すディスコースは欠損言説（Deficit discourse，精神疾患の言説と訳されることもある）と呼ばれることがある（Gergen, 1994/2004; Winslade ＆ Monk, 1999/2001）。

第Ⅱ部 実践編

2-2 「受け入れられる」ことの是非

前項ではAさんの"受け入れられない"という語りが，息子を「無能力な存在」にするような否定的なディスコースへの抵抗として捉えられるということをみてきた。それでは，Aさんの「受け入れられる」という語りは何を意味するのであろうか。

（1）ひきこもりへのポジショニング

これまでの議論から言えば，それは否定的なディスコースに息子をポジショニングするということを意味している。次のエピソードにはそのことがよく表れている。

〈抜粋4〉10年ひきこもって何のスキルもない（第62回）

> 『ひきこもり―その実態と支援』というテレビ番組を見た。息子は「自分には当てはまらない。コミュニケーションは取れているし，家族とも話している。自分が悪いとも家族に迷惑をかけているとも思っていない。参考になることがあればと思って見たが，ならなかった」と述べていた。それを聞いて私は10年ひきこもっても何のスキルもないことに気付いたのかもしれないと思った。目標も目的も持っていない。いつでも出て行くよとは口任せという事が分かった。信念もない。時間は容赦なく過ぎていくのに。

「10年ひきこもっても」という表現からわかるように，このエピソードを語る中でAさんは息子を"ひきこもり"としてポジショニングしている。ここで重要なのは，Aさんが息子のことを「何のスキルもない」「目標も目的も持っていない」「いつでも出ていくよとは口任せ」「信念もない」とも表現している点である。こうした表現は「見つけたら：行く子じゃないかな：」（2）という抜粋2の語りや，「全然会話に違和感ない」（4）という抜粋3の語りとは対照的である。抜粋2や抜粋3の語りは息子を変化の可能性を持つ者としてポジショニングしているが，抜粋4の語りは，息子を怠惰でスキルも目標もなく変化の可能性を持たない者として，すなわち「無能力な存在」としてポジショニングしているからである。このことからAさんにとって，息子をひきこもりであると"受け入れる"ことは，息子を「無能力な存在」として構築するこ

第9章 ポジショニング理論によるクライエントの語りの理解

とでもあったと考えられる。

　冒頭でも書いた通り,「受け入れられる」という語りがあった第41回以降,Aさんはひきこもりに関する支援機関の利用などを考えるようになった[(6)]。この点から,Aさんが息子をひきこもりであると受け入れたことが援助の可能性を増したという肯定的な見方もできる。しかし,同時にそれはAさんから息子への期待や将来への希望を奪うことにつながった可能性もある。こう考えると,Aさんは息子をひきこもりとしてポジショニングすることで,支援機関へアクセスする権利を手に入れたと同時に,息子の自発性に期待しないという義務も課せられたと言うことができるだろう。Aさんにとって,"ひきこもりの親"というポジションは,失望の上に成り立つものであったかもしれない。

（2）　カウンセリングの中断

　息子の変化に期待できた方が良かったのか,それとも支援機関の利用が促進された方が良かったのか,あるいは他の解決策があったのか,実のところ筆者にはよくわからない。ただし,10年来ひきこもっている息子を持つ親へのカウンセリングであることを踏まえるならば,親が持ち続けた息子への期待についてより深く考える必要があったと言える。なぜなら,筆者が支援機関の提案によって（暗に）息子をひきこもりとしてポジショニングしたことは,Aさんを疲弊させることへつながってしまった可能性があるからである。次の語りにはその可能性が示唆されている。これはAさんがニートの支援機関について息子に提案した際のエピソードである。

〈抜粋5〉受け入れられないことに疲れる（第64回）

> 　ニートに対して希望すれば同年代の人が家庭を訪問してくれることを息子に伝える。それに対して息子は「上から目線で来るのか,そんなやつは大嫌いだ。ちょっと話をして,歯が立たず尻尾を巻いて帰っていくのがオチだ」と述べた。リラックスした雰囲気だったので,チャンスと思って伝えたのだが。本心なのかは分からない。自己卑下なのか,自己愛が強いのか。ネットでは会話してい

---

(6) 支援機関の利用は,息子の承諾が得られず（少なくともカウンセリングの間は）実現には至らなかった。

> るのに。情けなく思うとともに《本人が支援を》受け入れられないことに疲れる。

　ニートの支援を提案したAさんに対して，息子は強い口調で拒絶している。それを受けてAさんは「本心なのかは分からない」と述べつつも，息子が支援を拒絶したことについて「情けなく思うとともに（略）疲れる」と無力感を表明している。実は，この面接の次の回以降Aさんの仕事の都合でカウンセリングは一旦中断されている。そしてその後再開されることなく，1年後にAさんの希望でそのまま終結となった。1年後に交わした終結時のやり取りでは，Aさんから息子の将来に対する強い不安や対応のわからなさといった訴えはなくなっており，来談当初の悩みは聞かれなかった。しかし，息子における大きな変化がみられることもなかった。

　それまで無断や直前のキャンセルが全くなかったAさんが中断のままカウンセリングを終結にしたことを考えると，"ひきこもり"というポジショニングがAさんを強く苦しめた可能性が十分にあるように筆者には感じられる。なぜならここまでみてきたように，"ひきこもり"とポジショニングされることは変化の可能性を持たない無能力な存在として息子が構築されることであり，それゆえに息子への期待や将来の希望よりも失望を感じさせるものだからである。抜粋5で表明されるような無力感やカウンセリングの中断は，ひきこもりを「受け入れられる」ことによってこそ生じたと言えるのかもしれない。

3　ポジショニング理論によるカウンセリング研究の意義

3-1　「受け入れられる」ことのポジショニング理論による解釈

　ここまで「受け入れられる」という語りをめぐってポジショニング理論から分析を行ってきた。それでは，ポジショニング理論ないしディスコース分析から見たとき，Aさんの「受け入れられる」という語りはどう見えてくるのであろうか。

1節でも述べた通り，ディスコース分析から見ると「受け入れられる」という語りはAさんを形作る言葉であり，その言葉の背後にあるディスコースとAさんとの関係性を反映している。そして本分析から示唆されたのは，ひきこもりやニートといった言葉の背後にあるディスコースが，怠惰であるとかコミュニケーションに問題があるとかいった否定的なイメージを含み，そこにポジショニングする人を変化の可能性を持たない無能力な存在として構築するものだということである。このことを踏まえると，Aさんの「受け入れられる」という語りは，息子を無能力な存在としてポジショニングしたことを意味している。それゆえそうしたポジショニングは，他の支援機関へと支援の可能性を広げたという意味があったと同時に，Aさんが息子に期待する権利を剥奪し，Aさんを疲弊させてしまった可能性もあったと考えられる。

こうした解釈は，「受け入れられる」という語りを"否認してきた現実をクライエントが直視した"とか"息子がひきこもりであるという現状を受け入れた"などと捉える従来の考え方と，似て非なるものである。伝統的な見方を取るならば，「受け入れられる」と述べたAさんの語りはAさんの心理内部の変化の反映である。さらに言えば，「受け入れられる」という語りはおそらく良いものである。しかしディスコース分析からみれば，Aさんの語りは，社会における否定的なディスコースの反映であり，それによってAさんや息子が否定的に形作られるものである。そして，だからこそ「受け入れられる」と語ることは，必ずしも良いことでないと言える。なぜならこの語りは，息子を，そしてAさんを否定的にポジショニングする可能性を持つからである。こう考えていくならば，カウンセリングで必要だったのは，"現実を受け入れる"ことではなく，Aさんが息子の変化に期待を持ち続けながら，ひきこもり支援ができるような道筋を探ることだったのかもしれない。ポジショニング理論から言い換えれば，Aさんが息子をひきこもりとしてポジショニングすることではなく，息子の自発性や変化に期待する権利を保ち続けながら，支援機関にアクセスする権利も同時に得られるようなAさん自身のポジショニングを探っていくべきだったと言えるだろう[7]。

第Ⅱ部　実　践　編

3-2　反省的実践を促進するものとしてのディスコース分析

　以上の考察からは，言葉を心理内部の反映としてではなくディスコースの反映としてみる解釈がカウンセリングにおいて持つ意義が浮かび上がってくる。一言で言えば，それは反省的な実践の促進である。

　本分析から明らかなように，必ずしも「受け入れられる」という言葉が援助に肯定的な影響をもたらすわけではない。しかし，筆者自身この言葉を長い間良いものとして解釈してきた。なぜなら「受け入れられる」という言葉が，それまで"受け入れられない"と述べて膠着してきたカウンセリング過程の変化を示しているかのように思えたからである。こう筆者が考えた背景にはAさんの心理内部の変化が事態の打開につながるという前提がある。そしてだからこそ筆者はAさんにひきこもりという現実を受け入れさせようとし，結果としてその否定的な影響に鈍感になっていたと言える。この意味で，ディスコース分析によってカウンセリングを検討することは，クライエントの言葉が持つ多様な，そしてしばしば見落としがちな可能性に気付くきっかけをもたらす。なぜなら，ディスコース分析はクライエントの言葉を心理内部の発露として解釈せず，クライエントを取り巻くより広い社会・文化・政治的文脈の発露として解釈するからである。

　これと関連するが，もう一つ強調しておきたいのは，カウンセラーの言葉の影響に気付く上でもディスコース分析が有用であるという点である。息子を"ひきこもり"としてポジショニングする発話行為は，カウンセリングという対人交流の場で行われている。このことは，"ひきこもり"というポジションが，カウンセリング外部の社会・文化・政治的文脈だけではなく，カウンセリング内部にいるカウンセラーによっても生産されているということを意味して

（7）たとえば，社会で共有されるひきこもりディスコースを括弧に入れて話し合うことを提案しても良かったかもしれない。このために，ナラティヴ・セラピーで用いられているような，問題を外在化するような会話をしていくことも意味があっただろう（Drewery & Winslade, 1997/2008）。ひきこもりという現象それ自体がAさんや息子にどのように影響しているかと問うことで，Aさんや息子と"ひきこもり"とを分けて考えることが可能になるからである。

第9章　ポジショニング理論によるクライエントの語りの理解

いる。今回の分析では紙幅の関係から扱えなかったが，こうした事態は面接の随所に見られる。たとえば，抜粋2でのAさんの「例えば大学でもいいんですけど：.h見つけたら：行く子」（1-2）という息子への期待の語りと，そのすぐ後に「言葉に出して言うのもあれかな：と，思うぐらい」（5-6）と一転して期待を否定する語りの間には，カウンセラーの「ふ：」（3）という発話が挟まっている。この明らかに同意とは言えない相槌めいた発話は，息子を無能力な存在としてポジショニングするひきこもりディスコースと共鳴し，Aさんの語りを揺らしているとも解釈できるだろう。つまり「ふ：」（3）というカウンセラーの短い発話は，息子を変化しない存在としてポジショニングし，Aさんが変化の可能性について語る機会を奪うものとも考えられるのである。このようにカウンセラーの言葉が持つ様々な可能性に気付くことができるという点もまた，ディスコース分析からカウンセリングを分析する意義であると言えるだろう。

　最後に，ディスコース分析をクライエントの語りに適用することは，場合によって倫理的な問題が生じる可能性があるということを指摘しておきたい。なぜなら，鈴木（2007）が述べるように，ディスコース分析では「参加者の言葉が文字通り受け入れられないおそれ」（p. 196）があるからである。そのため，クライエントが思っていることと，研究する側が思っていることの間にかい離が生じる可能性がある。研究を行い，それを発表するのがクライエントではなくカウンセラーであることを踏まえれば，クライエントの援助を考えた研究が，逆に，カウンセラーの都合によってクライエントの語りを曲げる営みとなる可能性も十分にある。もちろん，本研究でもその可能性は否定できない。それゆえ本研究の解釈はあくまで筆者の解釈であることを強く明記しておきたい。

　　追記：本研究はAさんとのカウンセリングなくしては行うことはできなかった。お世辞にもカウンセラーとは言えないような新米で世間知らずの筆者との面接を，根気強く丁寧に続けてくださっただけではなく，面接記録の研究使用に快諾してくださったAさんには感謝しきれない。Aさんと接したことで，

私自身本当に多くのことを学ばせていただいた。心よりお礼申し上げたい。

引用文献

Austin, J. L. 1962 *How to do things with words.* Oxford: Clarendon Press. (オースティン, J. L. 坂本百大 (訳) 1978 言語と行為 大修館書店)

Avdi, E., & Georgaca, E. 2007 Discourse analysis and psychotherapy: A critical review. *European Journal of Psychotherapy and Counselling,* 9(2), 157-176.

Burr, V. 1995 *An introduction to social constructionism.* London: Routledge. (バー, V. 田中一彦 (訳) 1997 社会的構築主義への招待――言説分析とは何か 川島書店)

Drewery, W., & Winslade, J. 1997 The theoretical story of narrative therapy. In G. Monk, J. Winslade, K. Crocket & D. Epston (Eds.), *Narrative therapy in practice: The archaeology of hope.* Chichester: John Wiley & Sons. (ドルーリィ, W.・ウィンズレイド, J. 2008 ナラティヴ・アプローチの理論的背景 G. モンク・J. ウィンズレイド・K. クロケット・D. エプストン (編) 国重浩一・バーナード紫 (訳) ナラティブ・アプローチの理論から実践まで――希望を掘り当てる考古学 北大路書房 pp. 27-46.)

Gergen, K. J. 1994 *Realities and relationships: Soundings in social construction.* Cambridge: Harvard University Press. (ガーゲン, K. J. 永田素彦・深尾誠 (訳) 2004 社会構成主義の理論と実践――関係性が現実を作る ナカニシヤ出版)

Gergen, K. J., Gergen, M. M., & Barrett, F. B. 2004 Dialogue: Life and death of the organization. In D. Grant, C. Hardy, C. Oswick & L. Putnam (Eds.), *The sage handbook of organizational discourse.* London: Sage. (ガーゲン, K. J.・ガーゲン M. M.・バレット F. B. 四本雅人 (訳) 2012 対話――組織の生と死 D. Grant, C. Hardy, C. Oswick & L. Putnam (編) 高橋正康・清宮徹 (監訳) ハンドブック組織ディスコース研究 同文舘出版 pp. 303-334.)

Harré, R., & van Langenhove, L. (Eds.) 1999 *Positioning theory: Moral contexts of intentional action.* Massachusetts: Blackwell.

厚生労働省 2014 よくあるご質問について

http://www.mhlw.go.jp/bunya/nouryoku/other/faq.html（2014年7月29日閲覧）

国重浩一　2013　ナラティヴ・セラピーの会話術——ディスコースとエージェンシーという視点　金子書房

Lock, A., & Strong, T. 2012 Discursive therapy: Why language, and how we use it in therapeutic dialogues, matters. In A. Lock & T. Strong (Eds.), *Discursive perspectives in therapeutic practice.* Oxford: Oxford University Press. pp. 1-22.

鈴木聡志　2007　会話分析・ディスコース分析——ことばの織りなす世界を読み解く　新曜社

Winslade, J., & Monk, G. 1999 *Narrative counseling in schools: Powerful & brief.* Thousand Oaks: Corwin Press.（ウィンスレイド, J.・モンク, G.　小森康永（訳）　2001　新しいスクール・カウンセリング——学校におけるナラティヴ・アプローチ　金剛出版）

第10章

認知症高齢者との会話における繰り返し
―― 「症状」を「会話上の実践」として捉え直す ――

田中元基

　認知症高齢者は，一度の会話の中で何度も同じことを尋ねたり，一旦終わった話を最初から再び語り出したりすることがある。このような同じ質問や話を繰り返す現象は，認知症によって引き起こされる症状として説明されてきた。本章では，認知症高齢者によって行われる質問や話の繰り返しを，認知症の症状としてではなく，認知症高齢者の行う会話上の実践として理解可能であることを述べていきたい。

1　症状への視点と実践への視点

　認知症は，「一度成熟した知的機能が，なんらかの脳の障害によって広汎に継続的に低下した状態」（池田，2010，p. 4）と言われている。認知症のタイプによって生起する症状は多様だが，中核症状と行動・心理症状に分けられることが多い（e.g. 日本認知症ケア学会，2013）。中核症状は，脳の障害によって生じる神経学的障害であり，認知症の本質的症状である。その症状には，記憶障害，見当識障害，遂行機能障害といったものが挙げられる。行動・心理症状は，徘徊や収集癖といった行動症状，もの盗られ妄想や不安の訴えといった心理症状が挙げられる。行動・心理症状は中核症状に環境や認知症高齢者の性格などの要因が加わり二次的に生起する症状と考えられている。本章では，中核症状とも行動・心理症状とも言われている質問や話の繰り返しに着目していく。

第Ⅱ部　実　践　編

1-1　同じ質問や話の繰り返しに対する従来の説明

　認知症高齢者の質問や話の繰り返しは，大きく2つの立場によって説明されてきた（e.g. 飯干，2011）。1つ目の立場は，繰り返しを中核症状として捉え，神経学的障害に基づいて説明するものである。この立場では，たとえば，認知症高齢者が記憶障害によって一度話したことを忘れてしまうために質問や話を繰り返すと説明される。2つ目の立場は，繰り返しを行動・心理症状として捉え，心理的要因に基づいて説明するものである。この立場では，神経学的障害によってもたらされた不安を解消するために質問を繰り返すと説明されたり，言語能力の低下により，他者へ伝えたいメッセージをうまく伝えられず繰り返すと説明される。いずれにせよ，質問や話の繰り返しは，認知症高齢者の脳や心などの個人内要因に基づいて説明され，理解されてきた。

　こうした理解は，認知症高齢者への対応にも影響している。たとえば，会話相手は認知症高齢者が同じ質問や話を繰り返していても，その事実を指摘しないなどといったやり方が一般的である（e.g. 川越，1995; 浦上，2010）。繰り返しの事実を指摘することは，繰り返していることを自覚していない認知症高齢者へ不安をもたらすなどの理由から回避すべきと考えられてきた。こうした対応の背景には，認知症高齢者自身は繰り返していることに気づかない，という考え方があると思われる。その一方，会話相手の影響は，繰り返しの生起した直後のかかわり方において言及されるものの，繰り返しの生起する直前のかかわり方について言及されることは少ない。繰り返し直前の会話相手の影響は，かかわり方そのものでなく，認知症高齢者との関係性に基づいて間接的に指摘されるに留まっていた。

　本章では，同じ質問や話の繰り返しは，会話というやり取りの中で行われている点に再度注目してみたい。繰り返しの生起は，やり取りそのものでなく個人内要因に基づいて説明されてきたわけだが，繰り返しの生起した直後のやり取りが認知症高齢者へ影響を与えるように，繰り返しの生起に，その直前のやり取りの影響もあると考えられる。繰り返しの生起する直前のやり取りに着目することによって，会話相手が繰り返しの生起にどのようにかかわっているか

明らかにすることができるだろう。このことは，認知症高齢者とかかわりながら生活している介護者等の人々に対し，かかわり方や症状の理解についての新たな認識をもたらすことが期待できるのではないかと思う。

1-2 やり取りからの理解

　個人内要因や関係性から理解されてきた現象を，やり取りから理解する立場にディスコース心理学がある。ディスコース心理学は脱個人主義的な社会心理学とも呼ばれ，アイデンティティ，態度，記憶といった心理現象を個人の内面から捉えるのではなく，他者とのやり取りの実践から理解しようとする（e.g. Edwards & Potter, 1992; 大橋，2011）。ディスコース心理学では，行為者の行った行為について，何らかの原因や意図を前提としないで考えようとする。行為の原因や意図は，やり取りの連鎖の中から現れるためである。行為の原因や意図を前提とした分析を可能な限り保留し，そこで行われたやり取りそのものから行為を理解していこうとするアプローチである。

　行為の原因や意図を保留し，やり取りから理解しようとすることは，認知症の理解において有効である。サバット（Sabat, 2001, 2006; Sabat & Harré, 1998）は，ディスコース心理学の立場から，介護者が相手を認知症と認識することで認知症症状でない行為を症状と解釈してしまう危険性や，かかわり方を変化させることによって新たに認知症症状を生み出してしまう危険性を指摘している。認知症高齢者が，施設の活動に参加せず廊下を歩いていた場合，本人に目的があったとしても，「目的のない，あるいは無関連な徘徊」と捉えられてしまう（Sabat & Harré, 1998）。認知症高齢者の周囲の人々が，認知症だからできない，やらせないといった態度やかかわりを行うことで，認知症高齢者の「自己の喪失」状態を作り出してしまう。そして，作り出されたその状態を認知症によってもたらされたと理解する（Sabat, 2001）。すなわち，認知症高齢者の個人内要因から行為の原因や意図を理解することは，行為について間違った推察をしてしまう危険性や，本人の意図を確認することの難しさをもっているのである。個人内要因だけでなく，やり取りからも症状の生起を理解する

第Ⅱ部 実践編

ことによって，認知症高齢者に対する理解を深めることが可能となるかもしれない。

　そのため以下では，ディスコース心理学で用いられる会話分析やディスコース分析を用いて質問や話の繰り返しを検討する。具体的には，フミさん（仮名）という特別養護老人ホームに入居している一人の認知症高齢者と筆者の会話において，同じ質問と話の繰り返された2つの事例を分析する[1]。フミさんは，アルツハイマー型認知症の女性である。認知症の重症度は中等度で，意味理解の困難な発言も多いものの，コミュニケーション可能であった。本研究は，認知症症状がコミュニケーションの中でどのように現れるか調査する目的でデータを収集したものの一部であり，筆者の所属機関の倫理審査委員会の承認を得た上で，フミさんとその後見人に対し研究の許可と同意を得て実施した。

2　質問はどのように繰り返されるのか

　まず，質問の繰り返しが観察されたフミさんとの37分の会話から分析してみたい。会話は，フミさんの居室（畳敷き）で，基本的に正座をした状態で行われたものである。このとき，フミさんは自分の入居している施設を"学校"と思い込み，子どもの世話をしたり，何かを教えたりするために学校へ勤めに来ていると間接的に述べていた。フミさんの語った内容は，語っていくうちに変容していった。たとえば，会話を始めた前半においてフミさんは自分のことを「小使いさん（学校用務員）」として学校に居ると述べていたが，後半になると「小使いさん」とは違う「先生」として学校に居ると述べていた。会話の中でフミさんは自分の居る場所について「ここはササメ？」や「トウミ？[2]」など

---

(1) 本研究は，研究のフィールドとして筆者を受け入れてくれた特別養護老人ホームの皆さん，そして，フミさんの協力があったからこそ行えたものでした。ここに，心より感謝申し上げます。
(2) フミさんの述べた地名の文字数のまま変更した仮の地名である。「ササメ」はフミさんの出身地，「トウミ」は施設の建っている場所の地名である。

第10章　認知症高齢者との会話における繰り返し

質問を8回繰り返した。

2-1　質問はどのように行われているか

　質問の繰り返しのしかたについて検討を進める前に，フミさんの1回1回の質問の特徴を見ておきたい。フミさんの話で奇妙なところは，フミさんは学校に勤めに来ているにもかかわらず，その学校の場所がわからないと言っている点である。

〈抜粋1〉　フミさんの行った質問

```
01  F :　そう°すんしないと°(.)ここは::
02  　　　(2.6)
03  F :　どこだっけなぁ
04  　　　(1.0)
05  F :　ササメってゆ::とこでない？
```

　抜粋1は，フミさんの行った質問部分を抜粋したものである。フミさんは03行目で「どこだっけなぁ」と自問した後に今いる場所を聞き手に対して質問している。他の箇所の質問でも同様に，「ここは（.）何だっけな」といった自分の居場所がわからないことを自問してから質問していた。フミさんは，質問する前に，自分は今いる場所がわからない状態にあるということを言葉にし，後続する発話において質問する可能性を示した後，会話相手に対して実際の質問をしていた。

　さらにフミさんは，会話相手である筆者から自分がどこにいるかを聞いた後，このような質問をすることを日常的な出来事として説明する（抜粋2）。

〈抜粋2〉　質問後の説明[3]

```
01  F :　そう°すんしないと°(.)ここは::
02  　　　(2.6)
03  F :　どこだっけなぁ
```

───────────

(3) トランスクリプトにおいて「F」はフミさんの発話，「T」は筆者の発話である。

```
04          (1.0)
05   F：  ササメってゆ::とこでない？
          《中略》
18   T：  ここ（.）しら（.）わかんないですか？
19   F：  あたしわかんね::だよ＝
20   T：  ＝う::ん（.）ここね：トウミってところ［なんです］
21   F：                                      ［トウ↑ミ］？
22   T：  うん
23   F：  あ::そうか：
24   T：  知ってます？トウミ＝
25   F：  ＝うん（.）そうだい（.）いなかの子だよね
26   T：  んん？
27   F：  いなかの子だかんね
28   T：  うん
29   F：  あ：そ::::
30          (1.4)
31   F：  せんせはすぐ（0.6）「ここんとこは何処だ::」って聞く::って言
          われんだよ＝
32   T：  ＝本当::
33   F：  うん
34          (1.4)
35   F：  そうして（0.6）お
```

　フミさんは，31行目ですぐに場所を聞くという他者の発言を引用しながら，自分のいる場所を質問することがはじめてのことではないと示している。そして，32行目で筆者は「本当::」と言いながら，フミさんの発言に同意を示し，このやり取りを終結させている。やり取りの終結は，フミさんが，33行目で「うん」と言った後何も言わず，その後話題が転換したことから判断できる。

　フミさんは，質問する可能性を示した後に質問を行い，質問後に質問したことを日常的な出来事として説明するという特徴を持っているといえる。

2-2 会話相手は質問の繰り返しへどのようにかかわっているのか

次に,筆者が質問へどのようにかかわっていたか検討する(抜粋3)。

〈抜粋3〉質問部分(3回目の質問)

```
01  F:  いつ入ったぁ::?
02  T:  んっとねぇ(.)今日(.)前から来てて::(.)今日は(.)さっき
        来ました
03  F:  あ:そう=
04  T:  =うん(.)勉強しに来てるんで［す　　よ］
05  F:                        ［う::ん］知らなかったね::
06  T:  へhへhへhっ本当
07      (2.2)
08  F:  ここは(.)何だっけな(.)トウミ?
09  T:  そうそう［トウミ］
10  F:        ［っ　て］ゆうだいねぇ=
11  T:  =はい
12  F:  だか私が(.)ずきねぇ
13  T:  うん
14  F:  ん:何だっけぇってゆうと「ほ:↑らまた忘れた:」って言われん
        だ(.)はhはh .hは
15  T:  はhはhはh
```

抜粋3の会話では,01から06行目まで,筆者が施設(学校)へ"いつ入ったか"という話題をめぐって話していた。フミさんは,01行目で質問を行い,02・04行目で筆者の応答を受けた。04行目の応答に対し,フミさんは05行目で「知らなかったね::」という評価を述べた。筆者はその評価に対して笑いながら「本当」と述べ(06行目),07行目の2.2秒の沈黙が生じた後にフミさんが今いる場所に関する質問を行った(08行目)。

抜粋3では,07行目の沈黙に注目する。01から04行目にかけて,質問とそれに対する応答が行われていた。04行目の応答を受けたフミさんの「知らなかったね::」という評価は,筆者が勉強しに来ていると知らなかったことを意味

していると捉えられる。それに対し，筆者は笑いながら「本当」と述べるだけであった。07行目の沈黙は，フミさんが自身の知らなかった事実について，筆者から詳しく述べてもらうことを期待し，筆者からの発話を待つ沈黙であったと捉えられる。

　期待される発話を筆者が行わず，フミさんが08行目で今いる場所について質問した理由の一つとして，本事例が，二者で行われた会話であった点を指摘できる。一般に，会話において一方が発話を行わない場合には，もう一方が発話することが期待される。両者が発話を行わなければ，そこで会話の継続が困難となる。認知症高齢者の会話にもこれはあてはまり，グウェンドゥージとミュラー（Guendouzi & Müller, 2006）は，認知症高齢者によって行われた質問の機能として，会話の中断や破綻に結び付く危険性を回避する機能を指摘している。抜粋3で行われた質問（08行目）は，07行目の沈黙によって起こり得る会話の破綻を回避するために導入された質問であったと考えられる。

　以上のことから，ここでフミさんの質問が行われたのは，会話相手である筆者が期待される発話を行わないことによって生じそうになった会話の破綻を回避するためと考えられる。質問は，会話相手に対し期待される発話を行わないことと，そこから生じた会話の破綻につながる危険性を認知症高齢者が回避しようとすることによって行われる相互行為的な現象であると考えられる。この特徴は，グウェンドゥージとミュラー（Guendouzi & Müller, 2006）の報告や，フミさんとの会話で頻繁に観察され，認知症高齢者が質問を開始する場合によくある特徴といえる。(4) 会話相手が期待される発話を行わないことは，認知症高齢者との会話において陥りやすい応答形式かもしれない。認知症高齢者との会話において，会話相手は聞き手としての役割を期待されがちである。そのため，

（4）認知症高齢者によって質問が繰り返されるすべての場面でこの特徴がみられるわけではない。たとえば，「家に帰らないといけないのに，居場所がわからない。どうしよう」と認知症高齢者が不安を訴えた会話では，会話相手の発話を遮って「ここは何てところ？」と質問する場合も多い。一方，本章で取り上げた事例やグウェンドゥージとミュラー（Guendouzi & Müller, 2006）の報告では，認知症高齢者は落ち着いた状態で会話をしていた。この特徴は，認知症高齢者の精神的状態などの影響を強くうけると考えられる。

第10章　認知症高齢者との会話における繰り返し

自分から積極的に何かを話すことよりも，認知症高齢者が話しだした内容を聞こうとしてしまう。その結果として，会話相手は発話を差し控え，認知症高齢者の期待する発話を行わない事態が生じてしまうのかもしれない。

次に，他の箇所からも同様のやり取りが見出せるか否か検討するため，2－1で見た抜粋1と2を，その前後も含めてあらためて見ておこう（抜粋4）。抜粋4の06行目が抜粋1と2の01行目にあたる。

〈抜粋4〉質問部分（5回目の質問）

```
01   F：   足のばしなさいよ::
02        (0.8)
03   T：   ぼくね［::］
04   F：       ［ごろ］ごろして痛いで《咳》
05        (1.2)
06   F：   そう°すんしないと°(.)ここは::
07        (2.6)
08   F：   どこだっけなぁ
09        (1.0)
10   F：   ササメってゆ::とこでない？
11   T：   ここ？
12   F：   うん
13        (0.6)
14   T：   ここね::ササメじゃあないんですよ::
```

このやり取りの01と04行目で，フミさんは正座をしていた筆者へ足をのばすことを勧めた。そして，05行目の沈黙の後，直前の話題と関連性の不明瞭な発話を行った（06行目）。06行目の発話では，「ここは::」と何らかの話題が後に続く可能性を示し，沈黙（07行目）を経た後「どこだっけなぁ」と話題が転換した（08行目）。そして，09行目の沈黙の後，今いる場所に関する質問が行われた（10行目）。筆者は，11行目で「ここ？」と確認してから，応答を行った（14行目）。

抜粋4では，05行目の沈黙に注目する。これは，04行目において足をのばす

ことをフミさんが筆者に勧めていたことから,筆者の反応を期待する沈黙であったと捉えられる。しかしながら,筆者の反応がなかったため,フミさんはその沈黙を埋めるために発話を行ったのではなかろうか(06行目)。次いで06行目の「そう°すんしないと°」という発話は,意味の不明瞭な発話であったが,形式的には,小声で述べられていた。突然小声になっての発話は,フミさんによって何らかの会話上のトラブルが認知され,それに対応したものであったと捉えられる。そして,そのトラブルとして,ここではフミさんの期待した発話が会話相手から戻ってこなかったという理由が考えられる。

　抜粋4では,06行目の「そう°すんしないと°」から08行目までの発話が質問の箇所である。先に見たように,筆者が発話の期待される05行目で発話を行わなかったため,フミさんは,そこで生じた沈黙を埋める形で"ここがわからない状態にある"と突発的に示し,その後居場所を質問していたと考えられるであろう。この点は,抜粋3での質問と同じパターンを示している。

　以上のことから,質問の繰り返しの生起には会話相手とのやり取りの影響,とくに会話相手が期待された発話を,認知症高齢者に対して行わないことによって生起する可能性を指摘できる。本事例は二者間の会話であったわけだが,会話相手が発話を期待される部分で発話を行わないことは,会話が中途半端な状態で終結してしまう危険性を持っている。認知症高齢者は,会話相手によって引き起こされた会話終結の危険性を回避するため,質問を行うことになるのではなかろうか。その際,一旦自分の居場所がわからないことを相手へ呈示し,居場所の質問を行うことが自然な状態にした上で質問を行っていたと考えられる。認知症高齢者が同じ質問を繰り返した理由として,次の2点が挙げられる。第1に,認知症高齢者が質問を行う理由として,質問が,会話相手から発話を引き出せる形式をもっていることを指摘できる。認知症高齢者が質問を行うことによって,会話相手は質問に応答する必要が生じる。そのため,質問を行うことが,会話の維持につながると考えられる。第2に,同じ内容の質問が繰り返される理由として,相互行為における会話資源の不足を指摘できる。会話は,新たな話題の導入をはじめとする会話内容や会話規則,会話相手の言いよどみ,

視線など様々な資源が利用されながら行われる（e.g. 西阪，1999）。しかし，認知症高齢者は神経学的障害によって会話資源を有効に用いることができない可能性がある。そして，会話相手は，認知症高齢者との会話において自分から積極的に何かを話すことよりも，認知症高齢者が話し出した内容を聞こうとしてしまい，新たな会話の資源を提供していない可能性がある。そのため，話題がほとんど変化せず，認知症高齢者は同様の質問を頻繁に行うことになってしまうのではないだろうか。

3　話はどのように繰り返されるか

　本節では，フミさんが語った物語形式の話の中から，一つの同じ物語をループして語っていた事例を分析する。この事例の分析は，筆者が認知症高齢者との会話において物語がどのように繰り返されたかを分析したものに基づいている（田中，2014）。ここで分析する物語は，施設のパブリックスペースで筆者がフミさんに挨拶した直後に語りだされたものであり，「死んだはずの姉が生き返って，自分の所へやって来た。その後，姉は病院へ送られ，何らかの処置を受けている」という物語を約30分間のうちに11回連続し語ったものである。物語の内容は，語られるうちに若干の変化が生じていた。また，物語は筆者が立ち去らなくてはならない時間まで語られたため，11周目に入ったところで物語を中断する形で終了した。

　この事例では，一旦終わった物語が再び物語の最初に戻るように感じられた。そこで物語の開始部分と終結部分を決め，フミさんが終結からどのようなやり取りを経て開始へ立ち戻るか検討した。物語は，出来事が生起したと思われる順番で語られ，"誰かに呼ばれる"部分が各回の最初に必ず語られていたため，この部分を開始部分とした。また，終結部分については，フミさんの所へやって来た姉がどうなったのかという物語の顛末が語られた部分をそれとみなした。そして，終結部分から開始部分までの間を接続部分とし，接続部分の特徴や，話し手と聞き手がどのようなやり取りを行うことで物語がループするのかとい

った点を検討した。

3-1　ループはどのように行われているか

まずは接続部分のうち，やり取りが最も短かった6周目の物語終了から7周目の物語開始の接続部分を検討する（抜粋5）。

〈抜粋5〉6周目終了から7周目開始の接続部分

```
01  F：  °うん°h嘘の話みたいでしょ？
02  T：  うん
03  F：  だか::今大学病院で研究してる：みたい＝
04  T：  ＝う::ん
05      (3.4)
06  F：  あ::ビックリしたね(.)腰が抜けたよ私＝
07  T：  ＝う::ん
08  F：  「フミ子::」って言うからね(0.4)あそこの戸ぉ開けたのよ＝
09  T：  ＝はいはい＝
10  F：  ＝そいたら(0.6)ス::ッと立ってんのよ(0.4)「うわ::」って
         やったよ私
```

ここでフミさんは，03行目で生き返った姉が現在どうなっているかという物語の終結について述べている。筆者が04行目で，終結に対して相槌をうった後，3.4秒の比較的長い沈黙が生じた。そして06行目でフミさんは，感動詞を用いた感想を述べ，その後，08行目で物語が開始部分へと戻っていった。開始部分へ戻った物語が再び語りだされることで，物語はループしたのである。

このうち，終結部分と開始部分にはさまれた06行目の「あ::ビックリしたね(.)腰が抜けたよ私」という発話に注目してみたい。この発話は，終結部分（03行目）の一部であり，死んだと思っていた姉が生き返って来たのでビックリしたという，終結した物語に対する感想とひとまずは捉えられる。しかし同時に，フミさんが"ビックリした，腰が抜けた，だって…"と，次にビックリした物語を開始するきっかけになっているとも捉えられる。

ジェファーソン（Jefferson, 1978）は，会話において物語の開始と終結を分

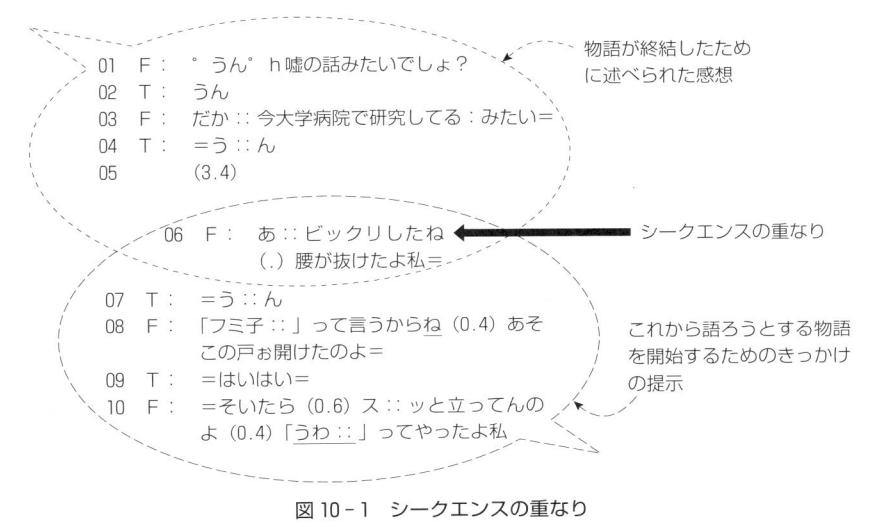

第10章　認知症高齢者との会話における繰り返し

```
01　F：　°うん°h嘘の話みたいでしょ？　　　　　　物語が終結したため
02　T：　うん　　　　　　　　　　　　　　　　　　に述べられた感想
03　F：　だか::今大学病院で研究してる:みたい=
04　T：　=う::ん
05　　　（3.4）

06　F：　あ::ビックリしたね　　　　　　　　　　　シークエンスの重なり
　　　　　(.)腰が抜けたよ私=

07　T：　=う::ん
08　F：　「フミ子::」って言うからね（0.4）あそ　　これから語ろうとする物語
　　　　　この戸ぉ開けたのよ=　　　　　　　　　　を開始するためのきっかけ
09　T：　=はいはい=　　　　　　　　　　　　　　　の提示
10　F：　=そいたら（0.6）ス::ッと立ってんの
　　　　　よ（0.4）「うわ::」ってやったよ私
```

図10-1　シークエンスの重なり

（出所）田中（2014）の図を若干修正したもの

析し，開始部分には，物語を語るきっかけを示す側面と，直前の会話との関係性や物語を語ることの適切性を示す側面があることを明らかにした。一方，終結部分には，物語を語った原因や後続の会話のきっかけを示す側面と，物語と後続の会話との関係性や適切性を示す側面があるという。このことから，ジェファーソンは，物語の終結と開始には類似した側面があると指摘した。このジェファーソンの指摘を抜粋5に当てはめれば，06行目の発話は，終結・開始どちらにもとれる，シークエンスの重なりと呼べる形式と捉えることができる（図10-1）。

06行目の発話は，終結と開始の両者の要素をもった発話であった。このことから，ループする物語は，終結に後続する発話と開始のきっかけとして語られる発話とが重複し，物語の終結が次の物語の開始へと転換することで生じる現象と考えられる。

3-2　会話相手はループへどのようにかかわっているのか

シークエンスの重なりは，会話参加者のやり取りの中に現れるため，話し手

と聞き手とのやり取りに焦点をあてた分析を行っていく。抜粋5では，物語の終結（03行目）が示された後，聞き手は相槌を行い（04行目），沈黙を挟んで（05行目），話し手がシークエンスの重なりとなる発話（06行目）を行っていた。

物語の終結を受けた聞き手は一般に，物語に対する同意・拒否などの評価や感想，コメント，物語に対する理解を示すといった，物語の終結に対する反応を示すことが期待される（e.g. Jefferson, 1978; 西阪，1995）。聞き手が，終結に対して期待される反応を示さない場合，話し手は「びっくりしない？」と問いかけるといった，聞き手から反応を引き出そうとする発話を行うことが多い（西阪，1995）。抜粋5では04行目で筆者が相槌をうった後に沈黙が生じていた（05行目）。この相槌が物語の終結に対して期待される聞き手の反応であったならば，3.4秒の沈黙を挟まずに順番取りが再開されてもおかしくないだろう。再開されないということは，フミさんが筆者に対し相槌以外の反応を期待していたことを示唆しており，04行目の相槌では評価や理解を示せていなかったと推測される。にもかかわらず，筆者は実際には相槌だけで発話を止めていた。

一般に話し手は物語を語る際，聞き手の承認を得て物語を開始しているため，聞き手からの評価を得られなければ，継続して物語を語る義務が生じることになる。すなわち，物語の終結に対し筆者が期待される反応を示さないことによって，フミさんはこれまで語った物語についてさらに語ることが要請される。このことは，03行目で一旦物語が終結したにもかかわらず，フミさんが05行目の沈黙の後，終結に補足するように「ビックリした」と語っていることからも判断できる。

以上のことから，ループする物語の背景には，認知症高齢者個人の障害に起因されるような側面だけでなく，会話相手を含んだ相互作用の秩序に内在する2つの特徴があることが明らかになった。第1の特徴は，一旦終結した物語に追加する形で述べられた発話が，次の物語開始のきっかけになる発話と同様の形式を持っていたために，再び開始へと戻ってしまうという，シークエンスの重なりである。第2の特徴は，シークエンスの重なりの背景には，聞き手が物語の終結に対して期待される反応を行わないことで，物語を追加して語ること

が話し手に要請されていたことである。これらの特徴の結果，ループする物語が生じていたことが明らかになった。

次に，他の接続部分においても，抜粋5と同様のやり取りが見出せるか否かについて検討する（抜粋6）。

〈抜粋6〉 5周目終了から6周目開始の接続部分

```
01  F：  何年か経って生き返ったってのは珍しい
02  T：  ん：：：＝
03  F：  ＝°ねぇ°
04  T：  へぇ［そういう話］
05  F：      ［大　学　病］院で研究してんじゃない＝
06  T：  ＝°ん：：°はじめて聞きましたそういう話は
07      (1.4)
08  F：  だってさぁ
09  T：  うん
10  F：  私だってビックリしたったよ＝
11  T：  ＝うん：：
12  F：  声が出ないの私
13  T：  ビックリしすぎちゃって？
14  F：  うん
15  T：  あぁ
16  F：  そこいねぇ (0.4) トントントンって叩くのよぉ (0.8) だから
        (1.0)「ハ：：イ」って言って
17  T：  うん
18  F：  あ戸ぉ開けたら姉でしょう
```

抜粋6においてフミさんは，05行目で現在の姉の状況を述べ，物語が終結可能であることを示した。それに対し，筆者は「はじめて聞きました」と述べ（06行目），その後比較的長い沈黙が生じた（07行目）。それに対し，フミさんは，08から12行目で自らの感想を述べ，「声が出ないの私」（12行目）という発話を受けた筆者は，13行目で声が出ない理由を確認した。フミさんはそれに応答し（14行目），そして16行目で物語が開始部分へと戻っていったのである。

ここでシークエンスの重なりにあたるのは，フミさんの08から12行目までの発話である。08行目で「だってさぁ」と終結した物語との連続性が示され，10行目と12行目で「ビックリした」，「声が出ない」という感想が述べられた。この発話は，これまで話し手が語ってきた物語に対する感想であり，死んだと思っていた姉が生き返ってやって来たので，声が出ないほどビックリしたとの内容である。終結した物語に追加する形で述べられたこれらの発話は，同時に"声が出ないほどビックリした，なぜなら…"という物語を再び開始するきっかけともなりうる。そのため物語は，シークエンスの重なりを経て，一続きの物語のように16行目の開始部分へ戻っていったと考えられる。

　筆者の反応についても検討しておくと，05行目で物語が終結可能であることが示された後，筆者は「はじめて聞きました」（06行目）と述べているが，ここに1.4秒の沈黙が生じている。この沈黙は，はじめて聞いたとしか述べない筆者に対し，さらなる評価やコメントを話し手が期待する沈黙であったのかもしれない。すなわち，はじめて聞いたから何なのかを述べることが筆者に対し期待されていたと考えられる。しかしながら，筆者ははじめて聞いたとしか述べず，物語の終結に期待される発話を行わないため，フミさんは物語を継続して語る義務が生じた。抜粋6は，抜粋5と同様に，筆者が物語の終結のために期待される発話を行わなかったため，フミさんが発話をそのまま継続して物語を語り始めたと考えられる。

　残りの接続部分を見ていっても，これまでと同様の構造を認めることができた。物語の終結後に筆者からの質問と筆者の物語に対する評価を述べてしまいフミさんが語る必要性のなくなったとき，フミさんへ何らかの話を継続して語るように促す発話が挿入されることもあったが，これまで見てきた2つの特徴と同様の構造をもっていた。以上のことから，ループする物語の特徴が明らかになった。まず，話し手がシークエンスの重なりと呼べる形式を持った発話を行っていた。そして，聞き手が物語の終結に対して期待される反応を行わないことで，話し手に物語を語り続けることを要請していたと考えられる。

4 「症状」を「会話上の実践」として捉えることの意義

本章では，認知症高齢者との会話において質問と話の繰り返されたやり取りを分析してきた。最後に，認知症の症状を会話上の実践として捉えることの意義について簡単にまとめておきたい。

4-1 認識の転換

従来，質問や話の繰り返しは，認知症の症状として繰り返されると説明されてきた。一方で，ディスコース心理学の立場から質問や話の繰り返されたやり取りの分析を行うことによって，繰り返しが会話上の実践としても説明可能であることが示された。この視点からみた場合，認知症高齢者は，会話相手の要請に対応したり，会話の中断などに結び付くような沈黙が生じたりしたときにその沈黙へ適切な対応をとったと考えられる。その対応として行われた発話が，従来は認知症症状として捉えられてきたと言えるのである。

もちろん，これまで述べてきた結果と考察は，質問や話の繰り返しという現象を説明する一つのヴァージョンであるといえる。質問や話の繰り返しには，これ以外の説明のヴァージョンも存在する。しかしながら，本章で示された説明のヴァージョンを用いることによって，認知症高齢者や症状に対する新たな認識をもたらすことが可能となるかもしれない。認知症の症状に対する認識の転換は，介護者をはじめとする認知症とかかわる人にとって，とくに意義を持つものであろう。介護者の認知症や症状に対する認識の転換が，認知症の理解，認知症ケアの発展に貢献できると考えられるためである。

4-2 認知症ケアへ

会話におけるやり取りの分析を通じて，認知症高齢者の質問や話を繰り返す現象は，症状でなく会話上の実践として理解可能になる。繰り返しだけでなく，他の認知症症状とされている言動も，その一部は周囲の人々との相互行為の現

れとして理解することができるかもしれない。こうした認識の転換は，次のような意義があると言える。

　第1に，介護者など認知症高齢者の周りの人々，さらには一般社会が持つ認知症症状に対する認識を変えられる。認知症の症状という"能力の欠損"としての認識から，"能力の発揮"として繰り返しを捉えることを可能とする。認知症高齢者は，会話の中で生じた沈黙に適切に対応し会話を維持したり，会話相手の要請に応じていた。認知症高齢者の会話は，認知症の進行に伴い，会話相手にとって意味的側面からは理解困難なものになってゆくが，形式的側面は認知症が進行しても維持されやすいと指摘されてきた（Ripich, Vertes, Whitehouse, Fulton, & Ekelman, 1991）。沈黙への適切な対応などの形式的側面は，認知症高齢者の維持された能力の発揮と捉えられるのではないだろうか。認知症症状を，周りとのやり取りという観点から分析することによって，認知症高齢者の能力を低く判断してしまう危険性の回避や，介護者に問題と認識されていた現象を問題でない現象へ変化させることも期待できる。

　第2に，認知症高齢者に対する介護者の無自覚のかかわりに自覚的になれる。介護者は，認知症高齢者に対し知らず知らずのうちに"認知症"ということを前提としてかかわってしまう。本章の説明から，介護者が，普通の会話であれば行わないやり取りを，認知症高齢者との会話で行っていた事実に自覚的になれるだろう。たとえば，普通の会話であれば，道に迷っていないのに自分の居場所を聞いたり，同じ話題が繰り返されたならば，その事実を指摘するのではないだろうか。しかし，認知症高齢者との会話では，その事実を指摘しないことが推奨され，本章の事例においても指摘されていない。認知症への配慮として行っていたやり取りが，認知症症状と呼ばれる行為を引き出してしまっている可能性もある。

　本章で述べたことは認知症という疾患の存在を否定したものではない。個人内要因から認知症症状を理解することを否定するものでもない。しかしながら，個人内要因のみならず，やり取りから繰り返しを理解することは，認知症高齢者とのかかわりに新たな気付きをもたらし，介護者のかかわり方や認知症高齢

者に対する理解の変化を期待できる。認知症ケアにおいて，介護者が認知症高齢者をどのように捉えるかが重要になってくる。認知症高齢者をはじめとする高齢者への肯定的な認識が，認知症高齢者に対する態度に影響することも示唆されてきた（金・黒田，2011）。認知症高齢者をより肯定的に捉えられる認識への転換は，認知症高齢者とのより良い関係を築いていくうえで重要であると考えられる。

引用文献

Edwards, D., & Potter, J. 1992 *Discoursive psychology*. London: Sage.

Guendouzi, J., & Müller, N. 2006 *Approaches to discourse in dementia*. Mahwah, NJ: Lawrence Erlbaum Associates.

飯干紀代子　2011　今日から実践　認知症の人とのコミュニケーション——感情と行動を理解するためのアプローチ　中央法規出版

池田学　2010　認知症——専門医が語る診断・治療・ケア　中央公論新社

Jefferson, G. 1978 Sequential aspect of story-telling in conversation. In J. N. Schenkein (Ed.), *Studies in the organization of conversational interaction*. New York: Academic Press. pp. 219-248.

川越知勝　1995　心の医師が語る　老いと痴ほうのQ&A　ミネルヴァ書房

金高閣・黒田研二　2011　認知症の人に対する態度に関連する要因——認知症に関する態度尺度と知識尺度の作成　社会医学研究，**28**，43-56.

日本認知症ケア学会（編）　2013　改訂3版・認知症ケアの基礎　ワールドプランニング

西阪仰　1995　物語を語ること　言語，**24**(8)，106-111.

西阪仰　1999　会話分析の練習——相互行為の資源としての言いよどみ　好井裕明・山田富秋・西阪仰（編）　会話分析への招待　世界思想社　pp. 71-100.

大橋靖史　2011　私たちにも過去の事実はわからないが，…——真偽不明な過去の想起への2つの研究アプローチ　淑徳大学研究紀要（総合福祉学部・コミュニティ政策学部），**45**，117-134.

Ripich, D. N., Vertes, K., Whitehouse, P., Fulton, S., & Ekelman, B. 1991 Turn-taking and speech act patterns in the discourse of senile dementia of Alzheimer's type patients. *Brain and Language*, **40**(3), 330

-343.

Sabat, S. R. 2001 *The experience of Alzheimer's disease: Life through a tangle veil.* Oxford: Blackwell.

Sabat, S. R. 2006 Mind, meaning, and personhood in dementia: The effects of positioning. In J. C. Hughes, S. J. Louw & S. R. Sabat (Eds.), *Dementia: Mind meaning and the person.* Oxford: Oxford University Press. pp. 287-302.

Sabat, S. R., & Harré, R. 1998 Positioning and the recovery of social identity. In R. Harré & L. van Langenhove (Eds.), *Positioning theory: Moral contexts of international action.* Oxford: Blackwell. pp. 87-101.

田中元基　2014　認知症高齢者はどのように同じ話を繰り返すのか――ループする物語の事例研究　質的心理学研究，**13**，84-98.

浦上克哉　2010　認知症よい対応・わるい対応――正しい理解と効果的な予防　日本評論社

第 11 章
子どもの「非行」と向き合う親たちの語りにおける笑いの機能

北 村 篤 司

本章では、子どもの「非行」と向き合う親たちのセルフヘルプ・グループの参加者の語りに現れる、笑いという現象に焦点を当てる。笑いを社会的なやり取りの中で生成されるものとして捉え、複数の観点から分析を行い、笑いが生じるプロセスや、笑いが果たしている機能を描き出すことが本章の目的である。

1 社会的な相互行為としての笑い

1-1 「非行」と向き合う親たちの会と笑い

本章で対象とするのは、「非行」[1]と向き合う親たちの会（以下、「親たちの会」と記す）という、わが子の非行・問題行動で悩んでいる親と子どもにかかわる人たちのセルフヘルプ・グループである。会の中心的な活動は参加者が自分の経験を語り合う「例会」だが、筆者は、この例会に学生の立場で4年以上にわたり、参加させてもらってきた。参加する中で驚いたことに、子どもの「非行」という深刻な問題に向き合っているにもかかわらず、会の雰囲気が明るいことがあった。例会では、深刻な内容の語りが多く、語り手が泣きながら話をし、聞き手も一緒に涙を流すことも多い。しかし他方で、参加者の間に笑いが生じ、場の空気が和らぐ瞬間もしばしばあった。

また、筆者は、親たちの語りや体験が会に参加する中で変化していくプロセ

---

[1] 会の名称では、法的な意味での非行に限らず、不良とみなされる行為や社会規範に反すると考えられる行為全般を指し、「いわゆる非行」という意味で、非行という言葉がかっこつきで用いられており、本章もそれに倣う。

スを明らかにするため，5名の参加者にインタビューを行ったが（北村・能智，2014），その際にも，笑いが生じる場面が多くあった。非行少年を抱える家族，とくに親は，少年の犯罪や問題行動に振り回される上，周囲からも非難を受けるなど疲弊，苦衷が甚だしい（生島，2002）。日常生活では笑う余裕がなく，また世間体や他者の視線を意識して笑うことが難しいことも多い。一方で，参加者が「外では笑えないが会では笑える」「笑うことで救われる」などと話すこともあり，例会で生じる笑いには，日常場面で生じる笑いとは異なり，重要な意味があるのではないかと思われた。親たちの語りの中で生じる笑いは，どのような意味や機能を持つのかという疑問が本章の出発点である。

1-2 笑いの捉え方

笑いという現象は身近なものであり，学問的にも様々なアプローチがある。グレンは，①笑いを言語的・視覚的なものとして捉える身体的アプローチ，②笑いを外的な刺激と心的なメカニズムによって生じるものとして捉え，両領域における変数を明らかにしようとする心理学的アプローチ，③笑いを対人間で生じるものと捉え，影響する要素を同定しようとする社会学的アプローチの3つに整理している。こうしたアプローチではいずれも，笑いを受動的に生成された従属的な変数として扱う傾向がある。これに対して，人々は，特定の目的を成し遂げるために，やり取りの中で，主体的に笑いを作り出すという見方も可能である（Glenn, 2003）。このアプローチでは，笑いは，コミュニケーションという社会的な相互行為として捉えられ，私たちはどのように笑いを作り出し，笑いは私たちに何をもたらすのかに関心が向けられる。

本章では，このアプローチを採用し，笑いを社会的な相互行為の実践として捉える。というのは，親たちの会における笑いは，語り手と聞き手の双方に見られ，やり取りの中で生成され，笑いが生じることによって，何らかの効果が達成されていると考えられるからである。

1-3 先行研究

　笑いを社会的相互行為として捉えるアプローチでは，会話分析の手法が用いられ，やり取りの中で笑いが生成されるプロセスが検討されてきた（Glenn, 2003; Jefferson, 1979; 桐田・遠藤, 2003など）。会話分析では，音声データを文字化したトランスクリプトが作成される。そこでは，笑いの有無だけでなく，笑いが生じた場所，長さ，音の特徴，他の発話との関連などを可視化できる。ただし，トランスクリプトを作るためには録音した音声データが必要で，使用範囲は限られる。また，会話分析を用いた研究では，おもに笑いが生じるプロセスや，やり取りのルールに関心があり，笑いが語りや語り手・聞き手にどのような影響を及ぼすかという点は検討されないことが多い。

　一方で，語りの内容や話者との関係で笑いの効果や機能を検討している研究として，心理面接における笑いの効果の検討を行ったものがある（吉良, 1994; 椎野, 2008など）。たとえば吉良（1994）は，3例の自責的なクライエントとの面接過程を示し，笑いが臨床的意義をもつことを論じている。こうした研究では，語りの内容と照らし合わせ，笑いの対象を明らかにして，笑いが個人に及ぼす効果を検討している。ただし，笑いがやり取りの中で生成される側面は検討されておらず，笑いの効果についても，臨床家や研究者から見た効果が論じられているが，クライエントの体験をデータから直接検討したものではない。

　また，笑いという相互行為は，多くのセルフヘルプ・グループで見られると考えられるが，セルフヘルプ・グループの研究で，笑いという行為自体に注目したものはほとんど見られない。その中で，伊藤（2010）は，パーキンソン病のセルフヘルプ・グループにおけるナラティヴの一つとして「病いを笑う語り」を提示している。この語りは，パーキンソン病の症状である手の振るえを題材に，否定的に捉えられがちな経験を滑稽に描くものであるが，同時に症状を否定的にしか捉えられない常識的な見方や世界観を相対化するものと捉えられている。ここでは，セルフヘルプ・グループにおける笑いが，社会で支配的な見方や言説を揺るがすものとして機能している可能性が示唆されている。

1-4 本研究の方法

本章では，子どもの「非行」と向き合う親たちの語りの場面で，笑いがどのように生じ，語りや会話の参加者に対してどのような機能をはたしているかを検討する。その際，先行研究を参考にして，やり取りの中で笑いが生じるプロセス，語りの内容と笑いとの関連，参加者にとっての笑いの体験，さらに社会的な言説との関係といった複数の側面から笑いの持つ機能を検討する。笑いという相互行為は，親たちの会における特徴的な実践として捉えられ，笑いの機能を検討することは，親たちの会というセルフヘルプ・グループが持つ特徴や機能を明らかにすることにもつながると考えられる。

本章のデータは，筆者が行っている，子どもの「非行」と向き合う親たちのセルフヘルプ・グループについての研究（北村・能智，2014）から引用した。フィールドワークによる観察データとインタビューデータについて，笑いが生じていた場面の語りを抽出し，「何についての語りで笑いが生じているのか」という観点から分類し，親たちの会に特徴的な笑いのパターンを同定した。インタビューで，笑いが生じていた場面の一部については，会話分析の手法でトランススクリプトを作成し，やり取りを分析した。また，インタビューで，参加者が笑いに関して言及している部分を抽出し，笑いが生じる際の参加者の体験についても検討した。[(2)]

2　笑いが生じる語りの文脈とプロセス

まず，笑いが生じる際の語りの文脈や，笑いが生成されるプロセスについて，例会場面（2-1），インタビュー場面（2-2）の順に整理する。

2-1　例会場面での笑い

例会では，ある程度会への参加期間が長い参加者が話をしているときに，現

（2）本章ではAさん，Bさん，Cさん，Dさんのインタビューの語りを引用する。インタビュー時点での会への参加年数は，それぞれ，10年半，1年半，3年，5年である。

第11章　子どもの「非行」と向き合う親たちの語りにおける笑いの機能

在や過去の子どもの様子や，自分の行動について，ややユーモラスな表現や語り方をして，笑いが生じるということがしばしば見られた。

〈抜粋１〉例会にて（フィールドノーツより）

> 友だちが学校で遊べないときは布団に入って寝ている。昼夜逆転。「ナマケモノ」という動物園の檻に入れておきたいくらい（「ナマケモノ」のところで笑いが起きる）。

〈抜粋２〉例会にて（フィールドノーツより）

> 息子は中学のときはタバコを一本くわえて，一本耳にさして，近所中に挨拶して学校へ行っていた（語り手も笑いながら話し，聞き手から笑いが起きる）。

〈抜粋３〉例会にて（フィールドノーツより）

> （料金の支払いをしておいてくれという子どもに）「計画的にって言ったよねー，自分でパチンコに使っちゃったんだよね」ということを荒れるだろうなと思いながら言ったら，やっぱり荒れた。それで，５分後に（笑いが起こり，語り手も笑う）親権者として聞いてみてあげると言って電話をしたら（…）

抜粋１では，現在の子どもの怠惰な様子が，「ナマケモノ」という動物のメタファーを使って語られ，笑いが生じていた。抜粋２は，過去の子どもの様子を語っている場面だが，タバコをくわえるという行動と，近所の人に挨拶するという行動のちぐはぐな感じが「近所中に」と強調して語られ，笑いが生じていた。抜粋３は，語り手が，自分自身の対応について，一貫せず，「５分後に」対応を変えてしまったことを語ったときに笑いが起きていた。こうした場面では，語り手も笑いながら話をしており，ある程度笑いが生じる可能性を予期したり，自覚したりしながら語っていると思われる。一方，語り手が笑いの発生を予期していないのに，笑いが生じたと考えられた場面もあった。

〈抜粋４〉例会にて（フィールドノーツより）

> 初参加者の発言。「外出する気が出なくて，今日もやっと出てきた。来る途中の電車の中で，母親同士が子どものことで悩んでいるような話をしていた。

> 『受験がどうだこうだ』という話で，『なんでそんなことで悩んでいるのよ。こっちがどこに行くのか知ってるの』（ここでどっと笑いが起き，語り手もつられて笑う）と思いながら来ました」。話の最後に語り手が「笑うつもりじゃなかったんですけど（笑）」と言い，聞き手から，「わかる」「同じよ」「私たちも今笑っているけどぼろぼろになってきていたから」といった声かけがなされた。

　例会にはじめて参加する人や，参加回数が少ない人は，つらさを吐き出すような語りが多く，笑うことも比較的少ないが，この抜粋は，笑いが生じたやや珍しい場面である。抜粋4の語り手は，自分が笑うつもりも，また聞き手を笑わせる意図もなかったと思われるが，聞き手がどっと笑ったところで，つられて笑ってしまったようである。この場面のように，例会では，聞き手が笑うことで語り手もつられて笑い，結果として笑いが生じることもある。

　また，語り手と聞き手という立場が明確ではないが，他の人の話で笑いが起きる中でつられて笑い，自分も笑いながら話すようになるといった相互作用の中で笑いが生じる場合もあった。次の抜粋は，例会で，参加者全員の話が一通り終わり，話したい人が適宜発言する形で語り合いが行われていた場面である。

〈抜粋5〉例会にて（フィールドノーツより）

> E　「うちの息子も，安く車を買ったらバックができなくて，廃車にするのが大変だったみたい」（バックができないというところで，他の参加者が「えー」「危ない」などと言ってどっと笑う。その後Fさんが発言）
> F　「うちでは深刻な話もここだと笑い話になる（笑いながら）」
> E　「過去の話だとね。振り返ってみると笑える（笑いながら）」

　Fさんは，会に来始めて年月が経っていない参加者で，自分の番で話をしたときは，子どもがバイクの売買でトラブルになりそうだということを心配そうに語っていたが，抜粋5でEさんの話で参加者たちが笑った後に，自分も笑いながら「うちでは深刻な話もここだと笑い話になる」と話していた。

2-2　インタビュー場面における笑い

　語り手が子どもの様子や自分の対応を語っているときにユーモラスな表現や語り方をして，笑いが生じることは，インタビューの中でも頻繁に見られた。

〈抜粋6〉Aさんインタビュー

1	A：	そこに辿り着くまでに
2	IR：	はい
3	A：	あのやっぱり息子のあの万引きだとか,
4	IR：	はい
5	A：	あの（1.7）友達とけんかをする［とか］物を壊す［とか］,学校を
6	IR：	［はい］　　　　　［はい］
7	A：	＝抜け出すだとか（.）朝（.）学校は絶対行くんです
8		＝［け ど（.）休 ま（h）な（h）い
9	IR：	［ああはい（.）行くんで（h）す（h）ね
10	A：	皆勤賞もので［(.)フフフ学校は行くんだけれども
11	IR：	［は（h）いフフフ

※IR はインタビュアーの発話

〈抜粋7〉Bさんインタビュー

1	B：	夜中とかも私息子を＞探し回って街中走り回って（.）たむろしてる
2		＝公園に［行って＜ヘヘ［こうやって（h）もうすっごい［大勢
3	IR：	［フフ　　　　［フフ　　　　　　　　　　　　［フ
4	B：	＝たむろしている中に行って息子に（.）＞いい加減にしなさいよ＜
5		＝とか言って今考えると怖ろしいこと
6		＝して［たんですけどハハハハハ
7	IR：	［フフフフフフフ
8	B：	(.)こともあった［し：
9	IR：	［はい
10	B：	＝路上であの宴会やっているところとにかくね
11		執念で探しちゃうんですよ［私（.）夜中じゅう（h）
12	IR：	［はいフフ
13	B：	＝は［(h)し(h)り(h)まわってフフフ（.）相当うざかったと（h）

```
14  IR：       ［すごいハハ
15  B ：   ＝おもいますけど
```

　抜粋 6 では過去の子どもの様子が，抜粋 7 では子どもへの自分の対応が語られている場面で笑いが生じているが，語りの中で笑いが生じる箇所は，例会の場面と似ている。抜粋 6 では，10行目の「皆勤賞もので」という発言後に笑いが生じているが，7～8行目の「学校は絶対行くんですけど休まない」という発話の中に，呼気音が含まれ，語り手は笑い始めている。インタビュアーは 9 行目で「ああはい行くんですね」とAさんの発言を確認するが，その発話にも呼気音が含まれ，聞き手も笑い始めている。その後に「皆勤賞もので」という，「非行」とは一見合わないようなユニークな表現があり，両者が声をあげて笑う。

　抜粋 7 では，6 行目や13行目のBさんの発言の箇所で笑いが生じている。ここでは，2 行目のBさんの発言の途中でインタビュアーが先に「フフ」と笑い，Bさんも「へへ」と笑っている。これは，「探し回って街中走り回ってたむろしてる公園に行って」という発話が，スピード感があり，笑いを誘うような語り方だったことが影響していると思われる。どちらの抜粋でも，一連の流れの中で，聞き手も相槌をうったり，語り手の笑いに応じて一緒に笑ったりと笑いの生成に関与している。

　ジェファーソン（Jefferson, 1979）は，笑いが共有される場合の多くは，会話者の一人が，笑いの誘いを行い，他の会話者が受け入れることで生じると言う。抜粋 6 や抜粋 7 では，語り手のユーモラスな表現や語り方，そして語り手自身の笑いが「笑いの誘い」となり，聞き手のインタビュアーがそれを受け入れて笑いが生じていると見られ，ジェファーソンの特徴づけたパターンに沿って笑いが共有されていると考えられる。このパターンは，例会での抜粋 1，抜粋 2，抜粋 3 における笑いにも共通すると思われる。

　ただし，インタビュー場面では，「笑いの誘い」となるような手がかりがない場合に，聞き手が先に笑い，つられて語り手が笑うような場面は見られなか

第11章　子どもの「非行」と向き合う親たちの語りにおける笑いの機能

った。また，インタビューは1対1で行われたため，抜粋5のように参加者間のやり取りで笑いが生じる場面も見られなかった。こうした違いは，例会とインタビューにおける聞き手の立場や会話の構造の違いに由来すると思われる。

3　笑いが生じることによる語りや参加者への影響

本節では笑いが生じることによって，語りや，語り手および参加者へどのような影響があるか検討する。

3-1　語りへの影響

子どもの様子や自分の対応を語る中で笑いが生じた場合と笑いが生じない場合では，語りの流れや雰囲気が変わってくる。Bさんに対する同じインタビューの中で，抜粋7と似た内容だが，笑いが生じなかった場面を提示し，両者を比較しながら違いを検討する。

〈抜粋8〉Bさんインタビュー

1	B：	コンビニにタバコ吸いにいってるんだっていうのがわかって
2		コンビニに夜中ふらっていくときについてって
3		そこで現場を取り押さえて阻止したこともあるし
4	IR：	はい
5	B：	(1.0) そう (.) でもなんか何をどうやっても
6	IR：	はい
7	B：	とにかく (.) ず：っと四六時中見張っているわけには
8	：	いかない ［ので (1.0) どうにも (.) ごめんなさい《涙を拭く》
9	IR：	［はい
10	B：	どうにもならないし：そこですごい険悪になって
11	IR：	はい
12	B：	もう<u>うざい</u> (.) 死ねがどんどんふくらんでくるばっかりなわけです

抜粋8でも，抜粋7と同様に息子を追いかけていた自分の行動が語られているが，語りのトーンがかなり異なっている。抜粋7では，間が少なくテンポ良

く語りが続いたのに対し，抜粋8では，語りの途中に短い間が入り，「四六時中見張っているわけにはいかないので」というところで，Bさんは，声を詰まらせ涙を拭かれている。ここでは，語り手のつらさや苦しさが語り口から直接伝わってくる。インタビュアーも，抜粋6や抜粋7は時々内容を確認する言葉を挟むことがあったが，抜粋8では「はい」という相槌のみで語りを聞いている。例会でも，抜粋8のような語り口は多く見られ，語り手が自分のつらさを吐き出すことができるという意味で非常に重要だと思われる。ただ，こうした語りでは，状況が深刻に語られたり，子どもや自分を責めるような方向へ語りが進んだりと，語りの流れが悲観的な方向へ進む場合も多い。他方で抜粋7では，同じような内容が語られているが，笑いが入り，語りが悲観的な方向へは進んでいっていない。

　ただし，笑いと語りの関係は，笑いが語りの方向性に影響を与えるという一方向的なものではない。逆に語りの流れや文脈が，笑いの生成に影響する面もあると思われる。抜粋7と抜粋8の前後の話題を見てみると，抜粋7は，自分が息子を更生させようと頑張るパワフルな親だったことを話している中で語られ，抜粋8は，タバコの話をしていたときに関連して語られていた。抜粋7では，「パワフルな親」だったことを提示するという文脈があったから，自分の行為を強調するような語り方になり，結果として笑いが生じたと解釈することも可能である。このように笑いは，実際には語りの文脈と相互作用しながら，語りの方向性に影響すると考えられる。

　こうした語りへの影響は，他の笑いが生じる場面にも共通すると思われる。もう一つ，参加者間でのやり取りの中で笑いが生じた場面の例として，例会後に，希望者が食事をしながら会話をしていたときのエピソードを挙げる。

〈抜粋9〉例会後の食事会（フィールドノーツより）

　　Gさんが，娘の小学校時代のエピソードを話し，「目立ちたい子だったのね。そのときに気づいていればね」と言うと，HさんやIさんが，「でもGさんがそのとき気づいていてもどうしようもないよ」と笑いながら指摘し，「そうなのよね」とGさんも笑いながら答えた。その後Hさんが，「あのときああして

> いればと思うことはたくさんあるけれど，二番目の選択肢を選んだことはない。そのとき一番だと思ったことをやってきた」ということを言われた。

　ここで，Gさんの「そのときに気づいていればね」という発言は，小さいときに子どもの性格に気づいていれば，「非行」を止められたかもしれないという意味と思われ，たとえば「もっと早く気づいていれば良かった…」と，後悔や自分を責める方向へ語りが進む可能性も含んでいる。しかし，ここで聞き手だったHさんやIさんの「気づいていてもどうしようもないよ」という笑いを伴った発言が入る。これは，Gさんがたとえ子どもの性格に早めに気づき，「非行」に走らないように頑張ったとしても，止められないときは止められないよという趣旨ではないかと思われる。Gさんも笑って同意し，語りの流れも，「～していれば」という後悔や自責の方向へは進まなくなる。さらにその後，Hさんの，「そのとき一番だと思ったことをやってきた」という発言で，逆に自分の過去の行動を認める方向へ語りが展開している。Gさんの発言や，Hさんの「ああしていればと思うことはたくさんある」という発言からわかるように，参加者の多くは，子どもとのかかわりを振り返り，自分を責めることも何度も体験していると思われる。しかし，ここでは，聞き手の発言と笑いが入る中で，語りが，これまでの対応を認める方向へ進んでいる。ここでも，笑いは，語りが自責的・悲観的な方向へ進むことを緩和する方向で影響を与えていると考えられる。

3-2　参加者にとっての笑い

　次に，参加者の笑いに関する体験について整理し，参加者が笑いの生成にどのように関与し，どのような影響を受けているかを検討する。

（1）　笑いへの習熟

　笑いが生じるプロセスでは，聞き手も笑いの生成に関与するが，つねに聞き手の全員が笑いに加わるわけではない。では聞き手はどのようなときに笑うのだろうか。参加者が，笑いが生じるときに重要だと認識しているのは，共感や

「わかる」という感覚である。

〈抜粋10〉Bさんインタビュー

> B： でも，共感できているときですよね。笑える，笑うときって。「えーありえない」とか，例えばですけど，そんな風に思ったことないですけど，共感してないときは笑いませんよね。「え，わかる，わかる」って，「それってわかる」って思ったときに，笑いますよね，自分もそうだけど。だから自分の話を人が笑ってくれるときってけっこう，共感してくれてるからかなって思えるのかな。笑われて嫌な気持ちになったことないですよね。

ここでBさんは，語り手の話が「わかる」とき，「共感できている」ときに笑うと言っており，他のインタビュイーにもこうした感覚は共通していた。つまり，聞き手が笑うのは，子どもや親の行動が単純に面白いからではなく，行動や気持ちが理解できる感覚があるからだと考えられる。この感覚は，子どもの「非行」で悩んでいる親同士という立場の共通性ゆえに生じるという面もあるが，それだけではなく参加者たちは，会に参加する中で，「わかる」という感覚を理解し，笑うこと自体に習熟していくのではないかと思われる。たとえばCさんは，最初に例会に参加したときは，「笑っていること自体がおかしいよ」と笑いに違和感をもったが，次第に共感する部分やわかる部分が増え，笑うことが増えてきたと言う。笑いに対する認識も次のように変わったと言う。

〈抜粋11〉Cさんインタビュー

> C： 「わかるよね，それ同じだよねー」っていう感じ。そこで救われたと思うんですよね，自分だけじゃないんだなって。そんな感じです。
> IR： 初めの頃はちょっとまあ変な感じだったのが，そうやって，わかって，同じだからわかって笑えるっていうような。
> C： あと人に対する思いやりで笑っているのかなって。結局，「そうよ深刻よ」ってやられちゃったらその人そこに来てもっと深刻になって帰るでしょ。《中略》だから不真面目の笑いじゃないと思います，あの会は。思いやりの笑いかな。

Cさんだけでなく，会に来はじめたころの参加者の多くは笑うことが少なく，

第11章　子どもの「非行」と向き合う親たちの語りにおける笑いの機能

参加を重ねる中で徐々に笑う回数も増える傾向が見られる。会に参加して5年になるDさんも、「最初に来た頃と比べれば、気持ちもずいぶんほぐれて」笑う頻度が増えたと話していた。

また、「わかる」「共感できる」という感覚は、似た体験をしている当事者間で強く感じられるものだが、立場が異なる人もある程度共有し、笑いに加わることが可能である。例会には、元教師や元家裁調査官など親以外の立場の人も参加する場合があるが、そういった人も笑いに加わっている。筆者自身も、はじめは例会で笑うことは非常に少なかったが、参加を重ねるにつれて笑う機会が増えたと感じている。このように、会の参加者は、親以外の立場の参加者も含めて会への参加を重ねる中で、会における笑いに習熟していくと考えられる。レイヴとウェンガー（Lave & Wenger, 1991/1993）は、その場の状況と結びついた学習を、実践共同体における参加のプロセスとして定式化しているが、参加者の笑いに対する習熟も、グループへ参加するプロセスと密接に結びついていると思われる。

(2) 笑いが参加者にもたらすもの

次に、笑いが参加者に何をもたらすのかを検討する。笑いが生じるときには、「わかる」「共感できる」という感覚がベースにあり、逆に笑いが生じることで共感が伝わるという側面もある。抜粋10でBさんが言うように、自分の話に聞き手が笑うことは「共感してくれてる」印として受けとめられる。また、抜粋11でCさんが「そこで救われた」と言うように、参加者は、笑いが起きたことで、自分の体験が理解され、似た体験をしている人がいることを実感でき、気持ちが楽になると思われる。

また、笑いは、参加者の状況や自分の行動の捉え方とも関連していると思われる。Dさんは笑うときの気持ちについて次のように話している。

〈抜粋12〉Dさんインタビュー

> D：自分がすごくこだわっていたこととか、気にしてることがすごくちっちゃなことに思えて、滑稽に思うことありますよね。人の話を聞いてて。そういうときに笑い飛ばしてやれとか、そういう気持ちがあるんじゃないでし

> ょうかね。

　Dさんが「笑い飛ばしてやれ」と言うように，笑いは，自分の行動や考え方を捉え直し，笑いの対象としてしまう。ここには，状況や自分自身に対する見方の転換が含まれている。こうした見方の転換には，時間の経過という要素が関連する場合もある。会に参加して10年半になるAさんは，「今思うと笑っちゃうよねっていうのもある」と話しており，当時は笑える状況になかったことも，時間が経った今の自分の視点から振り返ると，滑稽に思えて笑うことができる場合もある。見方が変わることで笑えるようになるという側面がある一方，笑いが生じることによって，状況や自分自身への捉え方が変化していくという側面もあり，ここでの笑いと見方の変化との関係も循環的であると考えられる。

（3）　笑顔を取り戻す

　笑うという行為は，子どもの「非行」の渦中で深刻に悩んでいる親にとっては，非日常的な行為である。日常生活では，子どもの「非行」に振り回されて余裕がなく，また，周りの視線や世間体から，「笑っていてはいけない」と感じている場合もある。Aさんは次のように話している。

〈抜粋13〉Aさんインタビュー

> A：だから，状況はつらいけれども，ここに来ると笑える。うちだと笑えない。それに，あんなことをしている子の親が笑っているよって，思われるかなっていう。やっぱりまだ，うちにいると世間体がいっぱいで。

　会に来ている間だけでも笑うことは，親たちにとって苦しい現実をやり過ごす重要なツールとなっている。Bさんは，次のように言う。

〈抜粋14〉Bさんインタビュー

> B：なんでだろう，なんかけっこう笑えるんですよね。《中略》すごく，人になんか言いたくないような嫌なことで，恥ずかしくて，こんな風に育てちゃった自分が悪いって責めて苦しくって，ようなことなんだけど，なんかこう面白い。「それって息子面白いよね」とか，「えーそんなところまで追

> いかけてったの。Bさん面白い」とか言って,「えーそれはうざいよね」
> みたいな。《中略》お互いに面白がって,救われるっていうか。そういう
> ときってすごくありましたね。ありますね,今も。けっこう笑い,笑いに
> しちゃうしかないみたいな《笑》。

　Bさんは,子どもの「非行」の話は,人に言いたくない,自分を責めて苦しくなることだが,笑いにしてしまうことで救われると言う。これは前述した笑いが自責的・悲観的な方向を緩和することとも関連していると思われる。「笑いにしちゃうしかない」という言い方には,そうせざるを得ないというニュアンスが含まれ,「笑い」は苦しい生活をやり過ごすサポートとなっていることが窺われる。また,社会で常識的な見方との関係で笑いを捉えると（たとえば,伊藤,2010）,笑うという行為自体が,「非行の子どもを持つ親は笑っていてはいけない」という社会的な見方を相対化する実践になっているとも考えられる。〈抜粋13〉の「ここに来ると笑える」という発言にも見られるように,親たちの会は,普段制約されている笑いを許容し,それを取り戻す場となっている。

4　笑いの生成プロセスと機能

　本節では,これまでの議論を踏まえ,親たちの語りにおける笑いの生成プロセスの特徴およびその機能について整理する。

4-1　笑いの生成プロセスの特徴

　親たちの語りにおける笑いは,語り手と聞き手とのやり取りによって生成されており,前述したようにジェファーソン（Jefferson, 1979）の特徴づけたパターンにほぼ沿ったものと考えられる。ただし,その生成プロセスにはなお特殊性があると思われる。
　グレン（Glenn, 2003）は,語り手がトラブルについて話しているような状況では,語り手が笑っても,聞き手は一緒に笑わず真剣に話を聞くと言う。笑いには,語り手とともに笑う友好的な笑い（laughing with）と,語り手を対象に

して笑う非友好的な笑い（laughing at）があり，こうした状況で聞き手が笑うことは，トラブルを真剣に扱うことを拒否し，語り手を対象にして笑う非友好的な笑いにつながる可能性があるためである。

親たちの語りの内容は，子どもの「非行」の問題であり，トラブルについての語りである。しかし，ここでは語り手とともに聞き手も笑いに加わる。それは，聞き手が語り手の気持ちや体験に共感しており，トラブルについての語りであっても，語り手とともに笑う（laughing with）ことができるからであると考えられる。

とくに当事者の親同士の場合，聞き手は，語り手の話に自分の体験を重ね合わせ，同時に自分自身をも笑っているという見方も可能である。笑いが生成されるとき第一にイニシアチブを持つのは語り手であるが，例会場面で見られたように，同じ立場である聞き手がイニシアチブを持つ場合もあり，それはこの笑いの二重性と関連していると思われる。逆に筆者のような当事者でない参加者は，笑いに加わることは可能だが，イニシアチブをとることは難しい。

4-2　笑いの意義と機能

では，語りの中で生成される笑いは，どのような意義や機能を持っているだろうか。吉良（1994）は，自責的なクライエントとの面接過程を分析し，笑いの意義として，①常同的な体験様式をゆるめ，②自責的な体験から心理的距離が生じ，自発的・能動的に動き出す活力がもたらされる，③自責感なく破壊的な感情を表出する機会を提供する，④うちとけた関係性を作る，という4つを挙げている。また，椎野（2008）は，カウンセリングで問題を外在化する際に生じる笑いが，「自我と問題との距離」「客観化」「認知の転換」といった効果を促進する可能性があると言う。こうした笑いの意義は，親たちの会の参加者にも当てはまる。日常生活で笑う機会が少ない親たちにとって，会で笑うことは，日常の常同的な体験様式から離れる貴重な機会となっている。親たちの多くは，子どもの「非行」を止められないことに責任を感じ，子育てに自責の念を抱いている。3-1で述べたように，笑いは語りの流れに影響を及ぼす。笑

第11章　子どもの「非行」と向き合う親たちの語りにおける笑いの機能

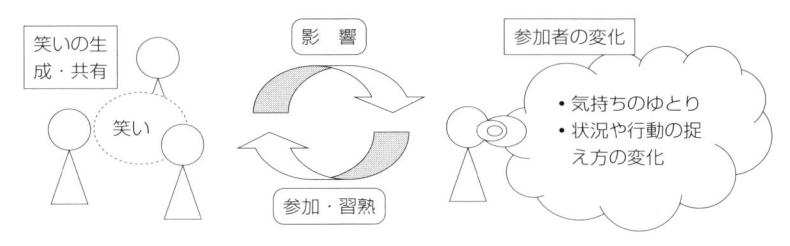

図11-1　笑いの生成と参加者の変化

いが入ることで，親たちは，自責的な体験から距離をとり，気持ちが楽になったり，状況や自分の行動の捉え方を変化させていったりすることが可能になると考えられる。しかし，ここで強調しておきたいことは，このような参加者の変化は，笑いへの習熟や，笑いの生成に参加するプロセスの中で，循環的に生じてくるという点である（図11-1）。その意味で，参加者にとって笑いが持つ効果や機能も，参加者が笑いの生成に参加する過程と切り離して考えることはできない。

　また，親たちの会における笑いは，グループにとっても重要な意義を持っている。本章は笑いという現象に注目したが，親たちの会は，基本的にはつらい感情を吐き出す語りを受けとめる場として機能している（北村・能智，2014）。しかし，親たちの会は，つらさの吐き出しを受けとめるだけでなく，それを情緒的，認知的に転換していく作用も持っており，そこで笑いは重要な役割を果たしている。伊藤（2010）は，パーキンソン病患者の「病いを笑う語り」を常識的な見方や世界観を相対化するものと捉えているが，親たちの会における笑いも，似た機能を持つと考えられる。常識的な見方からすれば，「なぜ子の非行がおかしいのか」「親に笑っている余裕などがあるのか」となるかもしれず，親自身もそのように考えている場合も多い。しかし，実はそのような見方や言説こそが，親を追い詰めて，状況を硬直化させてしまう可能性がある。その意味では，親たちの会における笑いは，笑うという行為自体が，「非行の子をもつ親は笑っていてはいけない」という支配的な言説（ディスコース）に対抗する実践であるとも捉えられる。しかし，これは一人でできる実践ではなく，参

加者間で笑いを共有することではじめて成り立つものである。

5　本研究の意義と課題

　本章では，「非行」と向き合う親たちのセルフヘルプ・グループにおける笑いを社会的な相互行為の実践と捉えて検討してきた。笑いを相互行為の実践として捉えると，笑いの生成が，語りの文脈や参加者と密接に関連し，相互に影響を及ぼし合っていることが見えてくる。今回検討した親たちの語りにおける笑いの生成プロセスや機能も，グループの文脈との関係で理解する必要があり，他のセルフヘルプ・グループへの適用を考える際には，グループごとの検討が必要である。今後の課題として，親たちの会における笑いの特徴や機能をより明確化するためには，笑いの内容や対象についての詳細な分析，日常場面や他のセルフヘルプ・グループにおける笑いとの比較，親たちの会における他の相互行為との関連性の検討などを行っていくことなどが必要と思われる。

　　本研究は，筆者を温かく受け入れてくださる「非行」と向き合う親たちの会のみなさまのご協力があったからこそ行えたものでした。会のみなさまから笑いに着目するという発想のヒントもいただきました。心より感謝申し上げます。

引用文献

Glenn, P. J. 2003 *Laughter in interaction.* Cambridge: Cambridge University Press.

伊藤智樹　2010　英雄になりきれぬままに——パーキンソン病を生きる物語といまだそこにある苦しみについて　社会学評論, **61**(1), 52-68.

Jefferson, G. 1979 A technique for inviting laughter and its subsequent acceptance declination. In G. Psathas (Ed.), *Everyday language: Studies in ethnomethodology.* New York: Irvington. pp. 79-96.

吉良安之　1994　自責的なクライエントに笑いを生み出すことの意義——クリアリング・ア・スペースの観点から　心理臨床学研究, **11**(3), 201-211.

桐田隆博・遠藤光男　2003　面接場面の笑い——笑いながら話す現象（laughspeak）とその機能　電子情報通信学会技術研究報告HCS，ヒューマンコミュニケーション基礎，**102**(734)，13-18．

北村篤司・能智正博　2014　子どもの「非行」と向き合う親たちの語りの拡がり──セルフヘルプ・グループにおけるオルタナティヴ・ストーリーの生成に注目して　質的心理学研究，**13**，116-133．

Lave, J., & Wenger, E. 1991 *Situated learning: Legitimate peripheral participation*. Cambridge [England]; New York: Cambridge University Press.（レイヴ，J.・ウェンガー，E.　佐伯胖（訳）　1993　状況に埋め込まれた学習──正統的周辺参加　産業図書）

椎野睦　2008　ナラティヴ・アプローチにおけるユーモアによる笑いの効果　カウンセリング研究，**41**(4)，1-7．

生島浩　2002　非行臨床の基本問題──処遇上の課題と対応策　犯罪と非行，**129**，58-78．

第 12 章

想起行為の軌跡を分析する
――超常体験報告のディスコース――

大 橋 靖 史

　会話分析や社会構成主義の影響を受けたディスコース分析では，ディスコースが社会的な暗黙のルールによっていかに構成されるかに，中心的関心がある。しかしながら，心理学の視点からディスコースの問題を考えるとき，ディスコースの生成やその特徴を社会的な規範やルールによってのみ解明することには限界があることもまた事実である。人間の行為は個別的であり，一人ひとり異なる特徴を持っており，社会的規範やルールのみによって説明しきれるものではない。ただ，だからと言って，ポストモダンなディスコース心理学が批判してきた従来のモダンな心理学に戻り，相互作用的なディスコースにかかわる行為の原因を個体内部にのみ求め，脳内の情報処理システムといった機械論的・因果的な心理学に基づき研究することにも問題がある。したがって，社会のみにも脳内のみにも還元していかない，他者との関係の中から立ち現れる，人間のこころの問題を捉えるディスコース分析を考えていく必要がある。

　本章では，そうした他者との関係の中から立ち現れるディスコースを分析することを通し，ディスコースを心的現象として描写することを試みたい。分析対象のディスコースは，自身が体験した超常的な出来事を想起し，他者に語る際のやり取りである。超常体験報告を分析対象とすることは一見すると奇抜であるが，ディスコース心理学の主要なテーマの一つである「想起（remembering）」（Middleton & Edwards, 1990）にかかわる現象として捉えることができる。超常体験は，想起するという行為の資源（リソース）となるが，報告者の体験そのもの，および，体験の記銘のプロセスに，研究者もアクセスすることが困難な現象であることが多く，記銘―保持―再生（再認）というオーソドッ

クスな機械論的・因果的な記憶研究パラダイムを用いた研究を行うことが難しいという特徴を持つ。そのため，かえって従来の記憶研究パラダイムに縛られることなく，想起という行為に純粋に焦点を合わせた分析が可能となる。

1 超常体験の心理学

本節では，これまで超常体験という現象に対し心理学がとってきた伝統的なアプローチについて，体験に関する説明の特徴と体験者の特性を中心に，きわめて手短に紹介する。超常現象の体験報告は古くから数多くなされてきたが，超常現象そのものの実在性を裏づける客観的証拠については，いまだその真偽が定かでないものが多い。超心理学の分野において，超常体験について様々な説明がなされてきたが（Henry, 2005; Irwin & Watt, 2007; Holt, Simmonds-Moore, Luke, & French, 2012 等），それらは，①認知的な説明，②人格や個人差による説明，および③迷信的な信念や行動による説明に大別される（Holt, Simmonds-Moore, Luke, & French, 2012）。以下，これら3種類の説明について紹介するが，説明の多くは超常体験の実在性に対し懐疑的な立場に立っている。

1-1 認知的な説明

懐疑論者は，知覚，認知や記憶の歪みによる錯覚や錯誤の結果，超常体験が生じるとする認知障害仮説（the cognitive deficits hypothesis）を提唱している（Wiseman, 2011/2012）。すなわち，体外離脱や幽霊，予知夢といったこれまで超常現象とみなされてきたことの多くは，実際には脳による誤った認識により，実際には存在しない現象があたかも起こっているかのように見えるために生じるとする考え方である。また，体外離脱を体験したと報告する人たちは，自分が身体から抜け出したときの光景を想像しやすかったり，自分の体験にのめり込みやすく，現実と空想との区別をつけにくい傾向にあった。そして，こうした自分の体験から想像を膨らませやすかったり，現実と空想の区別がつき

にくい人が，変化のない限られた情報しか受け取れない状況に置かれると，自分は自分の身体の中にいないと思い込みはじめると考えられている。

1-2　人格や個人差による説明

　興味が外に向く外向性タイプの人や刺激を求める傾向が強い人，体験にオープンである人，夢見がちな人，新奇で型にはまらない思考や体験を求める傾向が強い人といったタイプの人は，他のタイプの人に比べ，超常現象を体験したと報告する傾向が強いとされる（Holt, Simmonds-Moore, Luke, & French, 2012）。また，神経症や分裂気質，創造性などといったことが関係するとした研究もある。これらの説明に共通していることは，超常現象を体験したとする人の人格や個人差に説明の根拠を見出そうとしている点にあり，概して，人格のネガティヴな側面や病的な側面に注目した説明が多い。また，暗示にかかりやすい人は，自分が幽霊屋敷にいると思うだけで，幽霊体験をしてしまうことがある。幽霊を信じている人の方が，信じていない人よりも，奇妙な体験をする割合が高く，意味のないものにまで，人間的な行動を見ようとする傾向がある。

1-3　迷信的な信念や行動による説明

　雨乞いをしたところたまたま雨が降るといった体験をしたとき，雨乞いをしても雨が降らない，もしくは，雨乞いをしなくても雨が降るといった体験を無視して，雨乞いと雨が降るといった現象の間に因果関係を見出すといったことにより，迷信行動が成り立つことがある。また，予知夢といった現象は，夢の中に現れた断片的な情報を，災害や不幸な出来事が実際に生じた後に，事後的に貼り合わせ，不幸な出来事を事前に夢の中で見たと思い込んでしまう。このように本来無関係の事象間に関連性を見出すといったことにより，超常体験報告がなされることがある。

1-4　これらの説明に共通する視点

　これまでの科学的とされる超常体験研究による現象説明の共通点は，超常体

験の多くが，超常体験を報告した人の頭の中で生じた認知過程によると理解されている点にある。そして，そうした認知過程の特徴はしばしば，報告者の人格の偏りや精神的な問題あるいは認知の歪みといった，ネガティヴな心理的問題と結びつけられ説明がなされてきた。こうした見方の多くは，過去の体験は脳内に表象として記憶され，その表象が脳内において情報処理され，報告されるとする，表象主義的な考え方に基づいている。

　しかしながら，こうした脳内の情報処理モデルは，会話分析やディスコース分析といった分析手法を用いるディスコース心理学が批判してきた立場でもある。そこで，次節では，脳内表象を前提とした説明ではなく，人が他者に対し超常体験を報告するという言語行為や報告する状況における社会的相互作用に注目した研究について検討する。

2　超常体験報告のディスコース

　超常体験を報告する者は，自身の体験を報告することにより，他者からネガティヴな人物として評価されやすいことが考えられる。前節において紹介した超常現象に関する説明においても，超常体験をしたとされる人に対し，総じてネガティヴな評価がなされていた。社会心理学者のウーフィット（Wooffitt, 1992/1998）は，こうした超常体験を報告する際に報告者が否定的な評価を受けやすいという現象に着目し，そうした報告場面において，報告者がどのように自身の体験を報告するか，すなわち，報告者が語るディスコースを会話分析やディスコース分析の手法を用い分析してきた（Wooffitt, 2005, 2006）。

　筆者は，2009年から2010年にかけ，ヨーク大学においてウーフィットらと日本人による超常体験報告の語りと，イギリス人による語りの共通点と相違点についてディスコース分析の手法を用い研究した（Ohashi, Wooffitt, Jackson, & Nixon, 2013）。ここでは，日本人とイギリス人の超常体験語りを比較検討するために，当時語学研修でヨーク大学を訪れていた一人の日本人の女子大学生に対して筆者が実施したインタビュー・データをもとに，超常体験報告のディス

第12章　想起行為の軌跡を分析する

コースの特徴について検討する。

2-1　事実構築としての超常体験報告[(1)]

次に挙げるトランスクリプトは，彼女が筆者に語ってくれた超常体験報告の一部である。なお，行番号は，インタビュー全体の通し番号を示している。まず，子どものころに，彼女が自宅に帰ってきたときに幽霊と遭遇した体験についての報告を挙げる。

〈抜粋1〉幽霊との遭遇（M：報告者，O：聞き手である筆者）

```
15   M：   で，玄関とこに
16         あの保育所用のカバンを置いてあって
17         それを（.）取りにいったときに
18         それも夜で　こ::::自分の部屋も玄関も電気消してあって
19         で，その暗い中取りにいったときに
20         こう，なんかhh（0.2）なんとなく自分の部屋を
21         こうぱって覗いたら
22         なんかh（0.2）五人-（.）五人くらいの人が（.）いて
23         でも人っていうか-白い点線で，こう
24         人間の形を描いた（.）のが
25         円になってぐるぐる回ってて
26         でなんか，あのちっちゃいときに↑か:::ごめ↓か:::ごめって
27         ［あつまっ
28   O：   ［ふんふんふんふん
29   M：   =それみたいな感じで，こう真ん中に一人座ってて
30         で五人くらいがこう円になってぐるぐるぐるぐる回っているのを
```

ここでは，22行目から30行目にかけて，報告者が遭遇した奇妙な人物（幽霊？）について報告がなされているが，先ほど述べたように，こうした不思議な体験を語る際には，聞き手によって，体験者の正常性が疑われる可能性があ

（1）ディスコース分析では，事実がどのように構築され，そして出来事をどのように陳述することが説得的でもっともらしいかを明らかにすることが主たる関心の一つである。

る。たしかに22行目から30行目にかけての報告を読む限り、にわかに信じがたい怪しい感じがするのも事実である。

　しかしながら、この22行目から始まる超常体験の描写の前には、それとは異なる様相を示す描写がなされていた。すなわち、15行目から21行目にかけては、不思議な体験に先立つそのときの状況について説明がなされており、そこで描写された暗い中で自分のカバンを取りにいくといった行為は、私たちも日頃行う通常の行為であり、そこにはとくに奇妙なところは感じられない。

　ウーフィット（Wooffitt, 1992/1998）は、超常体験の報告がなされるとき、報告者はしばしば「ちょうどXしていると、そのときY」という語りの定式化をとることを見出した。そして、この定式化においては、Xの箇所で超常的な現象に遭遇する前の話し手の行為が描写され、Yの箇所ではその現象に話し手がはじめて気づいたときの出来事が報告されていた。さらに、Xの箇所において描写される話し手の行為は日常の平凡な行為であることが多く、そのときの話し手の正常性が強調され、一方、Yの箇所における描写ではその出来事の超常性が強調されることが、この定式化の特徴として明らかとなった。この特徴に加え、Xにおいて描写される行為は、話し手がYにおいて描写される出来事と無理なく自然に遭遇するような、話の展開を生みだしていた。

　この「ちょうどXしていると、そのときY」という語りの定式化は、抜粋1にも当てはまることを見て取ることができる。先ほど挙げた15行目から21行目はXの部分に相当し、そこでは、話し手が日常の平凡な行為を行う正常な人物であることが強調されると同時に、幽霊と遭遇することにつながる、暗い部屋を覗き込むという行為の必然性が示されている。一方、22行目から30行目にかけてがYの部分に相当し、そこでは、話し手が遭遇した現象が奇妙な出来事であることが「ぐるぐる」「ぐるぐるぐるぐる」回るといったオノマトペ（擬音語）を用いたりすることで表現されている[2]。

（2）本章では日本人であるMの報告に「XそのときY」の定式化を見出したが、オオハシら（Ohashi et al, 2013）は、イギリス人による報告と比べ日本人による報告では、必ずしもこのパターンに当てはまらない場合もあることを指摘している。

2-2 空中浮遊体験報告にみる「XそのときY」という定式化

同様の定式化は，同じ報告者によって語られた空中浮遊体験についての語りにおいても見られた。

〈抜粋2〉空中浮遊体験

```
56   M：  で，別にそ，高さはそんなに言うほど高くないけど
57        一回それで，目が覚めて（0.2）hhhh
58        で，あっいま自分，身体浮いたわって言って
59        その一回目んとき目が覚めて
60        で，二回目んときはそのhh
61        部屋の戸をあけぱっなしにして（.）
62        あの自分の部屋の廊下で寝ててhh
63        で，そんときにもまた同じことが起こって
64        こうバンバンって［なって
65   O：                  ［うん　うん
66   M：  で，パッと目覚めたときに
67        あたし弟いるんですけど
68        弟がちょうど自分の部屋に行くhh（.）ときに
69        私がそれんなって
70        で，弟がパってかたまって，それを見てて
71   O：  うううん
72   M：  で，あんしも（.）寝起きやけど
73        その，あ：：：今また身体浮いたわってなって
74        で弟に，え：：：：今見たって言ったらhhh
75        ↓へ：：（.）↓うんっ。て言って
76        そこではなし終わったけど。
77        その2回目んときは，弟に
78        その身体が［浮いてボンと落ちたのを［見られて
79   O：          ［うん            ［ううん
80   M：  え：：弟もhhめちゃびっくりしてた顔が
81        でも，それ自分が寝てたから
82   O：  うん
83   M：  どれだけ浮いたの-浮いてたのかわかんないけどhh
```

```
84        なんか弟が（.）うんびっくりするぐらい，なんかそんな
85   O：  うんうん
86   M：  う::ん（.）なんか，寝ててびっくりして
87        ほっとなるんじゃなくて
88        も＞ボン°ボン°＜みたいな°
89   O：  ほ::普通に（寝）てたわけじゃなく［て
90   M：                                    ［て
91        ＞↑ボン（.3）↓ボン＜みたいな
92        で，それ同じのが二回起こって
93        二回目んときに弟にhhたま-
94        弟が，たまたまそれを見て
95        へって（.）なったくらい
```

　報告者Mは，2回の空中浮遊体験について語っていたが，抜粋2では，1回目の体験について語り終わるところから，2回目の体験について語り終わるところまでが記されている。このうち，2回目の体験について語り始める61行目から62行目にかけてが，先ほどの「XそのときY」という定式化のXの部分に当たる。この体験は，話し手が，ある夏の暑いころに遭遇したものであり，部屋の戸をあけっぱなしにし，部屋の廊下で寝ていたという，その当時の日常の状態について語っていたが，それは63行目以降の超常的な出来事と密接にかかわっている。すなわち，弟が自分の部屋に「ちょうど」行くときに（68行目），彼が報告者の超常的な体験を目撃したことを語っていたが（69～91行目），「弟が，たまたまそれを見」（94行目）たことが不自然ではないことは，Xの部分の描写によって担保されている。

　また，弟による目撃に関する描写には，次に挙げる点において，「XそのときY」という定式化のYに当たる部分の特徴がみられる。まず，1回目の空中浮遊体験は報告者であるM自身のみがその場におり，他に目撃者はいなかったため，報告者の体験の信憑性が十分担保されない描写であったが，この2回目の体験の描写においては，他者である弟による客観的な目撃は重要な意味を持っていた。さらに，報告者が弟に「え::::今見たって言った」（74行目）

第12章　想起行為の軌跡を分析する

ところ，「↓へ∷(.)↓うんっ。」(75行目)と弟が答えたと語っていた。この描写では，直接話法を用い，弟のヴォイス（声）を引用しながら，弟がそれほど興奮した様子ではなく冷静でいたことを表しているが，それとは一見矛盾するかのように，80行目では「え∷弟も hh めちゃびっくりしてた顔が」と，弟が見た出来事が超常的な出来事であったことを強調していた。こうした描写は，弟が冷静で客観的な目撃者であると同時に，弟が見た光景が驚くべき光景であったことを両立し得るものとして示している。

2-3　事実構築の組織化

ここまで報告者 M が筆者に対し語ってくれた超常体験語りの定式化の特徴について検討してきた。そこから明らかになったことは，報告者のネガティブな特性と結びつけて理解されやすい超常体験の語りにおいては，自身が体験した体験内容の異常性や超常性について語りながら，同時に，報告者自身の正常性を担保するような語りを行っていくことが暗黙のうちに語り手に要請され，その要請に応えるような語りの定式化がなされていることであった。

ディスコース心理学では，こうしたディスコースに内在する暗黙の秩序が記憶や帰属，感情等をめぐる他者とのやり取りの中でいかに達成されていくか，すなわち，他者とのやり取りにおいて人々が用いる暗黙の方法（エスノメソッド）が明らかにされてきた（Edwards & Potter, 1992）。超常体験といった「事実」は，暗黙のうちに人々の間に共有された方法を用い社会的に構築されていく。「事実」は構築されていくのであり，その構築のされ方を解き明かしていくことがディスコースの分析ということになる。

3　体験報告の不安定性への注目

前節では，超常体験報告語りにおけるやり取りの流れとしてのシークエンスにみられる暗黙の秩序としての語りの定式化について検討してきた。このように，一見すると見落としがちな，語りの場において達成されていく会話やディ

スコースの秩序を，シークエンス分析を通じて明らかにしていくことは，脳内の情報処理メカニズムの解明に焦点をあてた認知心理学や脳内での情報処理を前提とした社会心理学に対するアンチテーゼとしても意味ある研究として捉えることができる。

　しかしながら，シークエンスの分析から明らかになることは，こうした暗黙の秩序やルールのみではない。

　エスノメソドロジーや会話分析について説明する際にしばしば，サッカーにおけるルールやフォーメーション，あるいは，ジャズ・セッションがそのメタファーとして挙げられる。サッカーのメタファーにおいては，ルールやフォーメーションといったものはルール・ブックや戦術ノートに書かれたものが試合において二次的に示されるのではなく，ルールやフォーメーションは実際に行われているゲーム展開の中で達成されるものであり，ゲームの外に存在するものではないことが強調される。ゲームの中で選手たちによって遂行されるルールやフォーメーションといった行為の秩序に関心が向けられる。また，ジャズのセッションの場合は，一見すると出鱈目な演奏者たちの即興的なやり取りの中に，ある種の秩序を見出すことが，分析のメタファーとして挙げられる。

　こうしたルールや秩序を明らかにすることはたしかに意味あることではあるが，その一方で，私たちがサッカーやジャズに魅力を感じる理由は，そうしたルールや秩序のみにあるのではない。むしろ，私たちは，サッカーのゲームを見たり，ジャズのセッションを聴きながら，その展開の意外性や即興性，あるいは，参加者同士のかかわり合いの中に見出すことができる個々の選手や演奏者の独特なふるまいに魅力を感じることがある。魅力のある独特なふるまいや個性は，選手や演奏者の個体内にあるのではなく，その人が他者や世界と接触する際のそのふるまい方の中に現れる。同じような魅力は，前節において検討した超常体験報告においても見出すことができるかもしれない。

　そこで，先ほど分析した２つの抜粋を再び取り上げ，上に述べた観点から新たな分析を試みる。

第12章　想起行為の軌跡を分析する

3-1　幽霊との遭遇体験報告に見られる語りの不安定性

　ここでは，抜粋1のうち，「XそのときY」のYの部分に当たる箇所について検討する。

〈抜粋3〉幽霊との遭遇（M：報告者，O：聞き手である筆者）

22	M：	なんかh (0.2) 五人-(.) 五人くらいの人が(.) いて
23		でも人っていうか-白い点線で，こう
24		人間の形を描いた(.) のが
25		円になってぐるぐる回ってて
26		でなんか，あのちっちゃいときに↑か::: ごめ↓か::: ごめって
27		［あつまっ
28	O：	［ふんふんふんふん
29	M：	＝それみたいな感じで，こう真ん中に一人座ってて
30		で五人くらいがこう円になってぐるぐるぐるぐる回っているのを

　報告者は，遭遇した人について，「五人」と言った後，「五人くらいの人」と言い直していたが（22行目），続く23行目から24行目では，「人」という言い方をやめ，「人っていうか」「白い点線で」「人間の形を描いたのが」とさらに語り直していた。そして，29行目から30行目では，「真ん中に一人座ってて」「五人くらいが」と，再び「人」という言い方に戻っていた。

　また，幽霊らしき者の行動についても，25行目で「円になってぐるぐる回ってて」と言った後，26行目から29行目にかけては，子ども遊びの一つである「かごめかごめ」を比喩として，その行動について描写し直していた。そして，30行目において「円になってぐるぐるぐるぐる回っている」と，25行目よりオノマトペ（擬態語）を強調して語っていた。

　私たちは，過去に遭遇した出来事について，その体験を共有していない他者に対し語る際に，しばしばこうした語り方をすることがある。私たちは目の前にありそれが自分にとっても相手にとっても何なのかが明白なものについて語る際にはこのような語り方は基本的に行わない。すでに今はない過去の体験について想起するとき，人はその過去の出来事を探索するような定まらない想起

を行っていく。目の前にあり知覚によって認識が可能なものごととは異なる，過去の超常体験といった接近することが困難な出来事に対して何とかアクセスしようとして，抜粋のような語りがなされていたと考えられる。

3-2　空中浮遊体験報告に見られる語りの不安定性

同様の語りの特徴は，抜粋2の空中浮遊体験についての報告にも見られた。抜粋1と同じように，「XそのときY」のYの部分に当たる箇所を次に挙げる。

〈抜粋4〉空中浮遊体験

```
64  M： こうバンバンって［なって
65  O：              ［うん　うん
66  M： で，パッと目覚めたときに
67     あたし弟いるんですけど
68     弟がちょうど自分の部屋に行くhh（.）ときに
69     私がそれんなって
70     で，弟がパってかたまって，それを見てて
71  O： うううん
72  M： で，あんしも（.）寝起きやけど
73     その，あ:::今また身体浮いたわってなって
74     で弟に，え::::今見たって言ったらhhh
75     ↓へ::（.）↓うんっ。て言って
76     そこではなし終わったけど。
77     その2回目んときは，弟に
78     その身体が［浮いてボンと落ちたのを［見られて
79  O：         ［うん              ［ううん
80  M： え::弟もhhめちゃびっくりしてた顔が
81     でも，それ自分が寝てたから
82  O： うん
83  M： どれだけ浮いたの-浮いてたのかわかんないけどhh
84     なんか弟が（.）うんびっくりするぐらい，なんかそんな
85  O： うんうん
86  M： う::ん（.）なんか，寝ててびっくりして
```

87		ぽっとなるんじゃなくて
88		も＞ボン。ボン。＜° みたいな°
89	O:	ほ::普通に（寝）てたわけじゃなく［て
90	M:	［て
91		＞↑ボン（.3）↓ボン＜みたいな
92		で，それ同じのが二回起こって
93		二回目んときに弟に hh たま-
94		弟が，たまたまそれを見て
95		へって（.）なったくらい

　報告者が空中に浮遊した状態に関する描写は次のように変遷していた。まず，64行目では「こうバンバンってなって」と浮遊した身体が床にたたきつけられるような描写がなされていたが，78行目では「その身体が浮いてボンと落ちた」と変化していた。さらに，87行目から88行目では，「ぽっとなるんじゃなくて」「＞ボン。ボン。＜° みたいな° 」という描写へと語り直され，89行目における筆者の言葉を受け，91行目では「＞↑ボン（.3）↓ボン＜みたいな」と，いずれも若干異なるオノマトペ（擬態語）を用いて描写されていた。

　また，先ほども挙げた弟による目撃に関する描写についても変遷がみられた。最初，74行目から75行目では，「弟に，え::::今見たって言ったら hhh」「↓へ::（.）↓うんっ。て言って」とやや気の抜けた感じで驚く弟の様子が描写されていたが，80行目では，「え::弟も hh めちゃびっくりしてた顔が」という描写に変わっていた。さらに，84行目において，身体が浮いたその程度を表現する際には，「なんか弟が（.）うんびっくりするぐらい」という描写が用いられていた。そして，空中浮遊体験について報告する最後の場面の94行目から95行目では，「弟が，たまたまそれを見てへって（.）なったくらい」という弟の驚きの描写へと変化していた。

　たしかに，後者の弟の表情や感情に関する表現は，前節において検討した正常性と超常性とを両立させた超常体験描写の定式化として説明することも可能かもしれないが，全体として，ここでも過去に体験した出来事を探索し続ける

第Ⅱ部　実践編

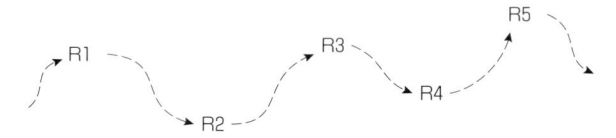

```
     → R1        → R3         → R5
   ´              ´        ↗
  ´        ↘    ´      → R4  ´
          → R2 ´
```

想起する対象が不確かな超常体験であったとしても，私たちは
想起行為（R: Remembering）の軌跡を観察することができる

図12-1　想起行為の軌跡

定まらない想起がなされていた。

3-3　過去を探索する行為の軌跡

　抜粋3および抜粋4における自身の超常体験を思い出し他者に語るという行為の流れを図に示すならば，図12-1のようになるだろう。実際にどのような出来事を報告者が体験したかについては，研究者にもわからないため，図に示したように，原事象については定かではない。しかしながら，研究者は，インタビュー場面を録音・録画しトランスクリプトに書き起こすことで，繰り返される探索的な想起行為の軌跡を描き出すことができる。

　想起行為の軌跡を描き出す作業とは，数学において数列から規則性を見出していく作業に似ているかもしれない。繰り返される想起の軌跡を明らかにすることで，描き出された想起の以前の状態やこれからの状態について推測することが可能となる。たとえば，尋問場面において，尋問者の問い方によって犯行体験に関する供述が二転三転してしまったり，尋問者に問われた際の問いの中に含まれている情報がその後の取調べで供述者の応答の中に含まれてしまうような場合には，想起は想起者自身の体験へと接近してはいないことが推測される。大橋らは，取調室や法廷内での尋問の場において，尋問者との間で繰り返し犯行体験や目撃体験について語られる供述の軌跡を追うことで，供述者の想起の特徴を明らかにするとともに，想起が供述者自身の体験に基づくか否かを解明しようとしている（大橋・森・高木・松島，2002）。

4　想起の軌跡を明らかにするディスコース研究の可能性

　本章では，超常体験報告のディスコース分析を試みた。分析から明らかになったことは2点あった。まず，超常体験報告では，「XそのときY」といったような話し手の正常性と出来事の超常性を同時に担保するような語りの定式化が行われていることが明らかとなった。これは超常体験について他者に語るという行為が社会的な営みであり，そこには，人々が暗黙のうちに共有する社会的ルール，すなわちエスノメソッドが存在することを示している。もう1点は，話し手が自身の体験について語る際に，語りに揺らぎが生じており，その揺らぎは体験した出来事を探索する想起行為として理解できることが明らかとなった。これは超常体験について他者に語るという行為が，過去に生じた自身の体験を志向する探索的な行為であることを示している。さらに，分析方法としては，想起がどのような行為であるかを明らかにするには，他者とのやり取りの中で，想起者の想起の軌跡を分析することが有効であることが示唆された。

　ディスコース研究として見た場合，前者の分析が人々の持つエスノメソッドを明らかにする方法であるのに対し，後者の分析はその人が持つ想起行為の特徴を描き出す方法である。そうした意味では，後者の分析は，その人が想起の際に用いるパーソナルメソッドを明らかにする方法であると言うことができる。その人にとって過去がどのようなものとしてあるかを明らかにするには，過去の原体験の真偽を問うよりも，今ここにおいて他者との関係の中で，その人が自身の体験についていかに語るかに注目することが大切である。この観点に立ったシークエンスの分析は，想起行為の軌跡を追うことになり，軌跡を追うことで行為の流れの中にみられるその人の特徴が明らかとなる。

　　　なお，本章は，2014年10月にシドニーにおいて開催された想起に関するシンポジウムにおいて筆者が発表した内容（Ohashi, 2014）に大幅な加筆・修正を加えたものである。

引用文献

Edwards, D., & Potter, J. 1992 *Discursive psychology.* London: Sage.

Henry, J.(Ed.) 2005 *Parapsychology: Research on exceptional experiences.* Hove, UK: Routledge.

Holt, N. J., Simmonds-Moore, C., Luke, D., & French, C. C. 2012 *Anomalistic psychology.* London: Palgrave Macmillan.

Irwin, H. J., & Watt, C. A. 2007 *An introduction to parapsychology, 5th edition.* North Carolina, USA: McFarland.

Middleton, D., & Edwards, D.(Eds.) 1990 *Collective remembering.* London: Sage.

Ohashi, Y. 2014 Talking about anomalous experiences with sustaining 'explorability'. *The 4th Congress of the International Society for Culture and Activity Research*(in Sydney).

大橋靖史・森直久・高木光太郎・松島恵介 2002 心理学者,裁判と出会う——供述心理学のフィールド 北大路書房

Ohashi, Y., Wooffitt, R., Jackson, C., & Nixon, Y. 2013 Discourse, culture, and extraordinary experiences: Observations from a comparative, qualitative analysis of Japanese and UK English accounts of paranormal phenomena. *Western Journal of Communication*, **77**, 466-488.

Wiseman, R. 2011 *Paranormality: Why we believe the impossible.* London: Macmillan.(ワイズマン,R. 木村博江(訳) 2012 超常現象の科学——なぜ人は幽霊が見えるのか 文藝春秋)

Wooffitt, R. 1992 *Telling tales of the unexpected: The organization of factual discourse.* Hemel Hempstead: Harvester Wheatsheaf.(ウーフィット,R. 大橋靖史・山田詩津夫(訳) 1998 人は不思議な体験をどう語るか——体験記憶のサイエンス 大修館書店)

Wooffitt, R. 2005 *Conversation analysis and discourse analysis: A comparative and critical introduction.* London: Sage.

Wooffitt, R. 2006 *The language of mediums and psychics: The social organization of everyday miracles.* Hampshire, UK: Ashgage.

人名索引

あ 行

綾屋紗月　75
アンタキ（Antaki, C.）　34, 36
飯干紀代子　176
池田学　175
石田忠　132
市川一夫　56
伊藤智樹　197, 211
今井邦彦　12
井村裕夫　75
ウーフィット（Wooffitt, R.）　31, 37, 218, 220
ヴァルシナー（Valsiner, J.）　150
ウィトゲンシュタイン（Wittgenstein, L.）　iv, 31, 46-48, 160
ウィリッグ（Willig, C.）　41, 45
ウィンスレイド（Winslade, J.）　157, 165, 170
ウェザレル（Wetherell, M.）　27, 41, 42
ウェルズ（Wells, K.）　3
ウェンガー（Wenger, E.）　207
浦上克哉　176
エドワーズ（Edwards, D.）　26-29, 33, 43, 146, 177, 215, 223
遠藤光男　197
オースティン（Austin, J. L.）　160, 165
大橋靖史　177, 218, 220, 228, 229
沖潮（原田）満里子　→原田満里子

か 行

ガーゲン（Gergen, K.）　10, 157, 165
ガーゲン（Gergen, M. M.）　157
ガーフィンケル（Garfinkel, H.）　31
河合隼雄　135
川越知勝　176
川島大輔　96
川野健治　96
ギアーツ（Geertz, C.）　17

北村篤司　196, 198, 211
木下康仁　17
吉良安之　197, 210
桐田隆博　197
金高闊　193
クヴァル（Kvale, S.）　16, 145
グウェンドゥージ（Guendouzi, J.）　182
国重浩一　157
グブリアム（Gubrium, J. F.）　89
熊谷晋一郎　75
クルター（Coulter, J.）　33, 34
グレイザー（Glaser, B.）　6
グレン（Glenn, P. J.）　196, 197, 209
黒田研二　193
ケンペン（Kempen, H. J. G.）　49
小島康次　12
ゴフマン（Goffman, E.）　160

さ 行

戈木クレイグヒル滋子　6, 36
坂口幸弘　96
サックス（Sacks, H.）　31
佐藤俊樹　26
佐藤幹夫　49
サバット（Sabat, S. R.）　177
椎野睦　210
ジェームズ（James, W.）　46
シェグロフ（Schegloff, E. A.）　33
ジェファーソン（Jefferson, G.）　34, 186, 188, 197, 202, 209
下山晴彦　9
生島浩　196
鈴木聡志　25, 26, 33, 34, 49, 171
スタッブズ（Stubbs, M.）　26
ストラウス（Strauss, A. L.）　6
ストロング（Strong, T.）　157
関美佐　6

ソシュール（Saussure, F. de） 8

　　　　　　　た　行

高木光太郎　228
高畠克子　133
田中元基　185
田邊詔子　56
デリダ（Derrida, J.）　118
徳田治子　89
友枝敏雄　26
ドルーリィ（Drewery, W.）　157, 170
ドルトン（Dalton, J.）　56

　　　　　　　な　行

中根成寿　81
ニーマイアー（Neimeyer, R. A.）　96
西阪仰　33, 185, 188
能智正博　4, 9, 137, 139, 152, 196, 198, 211

　　　　　　　は　行

バー（Burr, V.）　13, 41-43, 157, 160
パーカー（Parker, I.）　14
ハーマン（Herman, J. L.）　118, 126, 132, 133
ハーマンス（Hermans, H. J. M.）　49, 136, 151
橋爪大三郎　47, 48
バフチン（Bakhtin, M. M.）　15
浜田寿美男　151
林宅男　26
原田満里子　138, 139
ハレ（Harré, R.）　119, 159, 160
バレット（Barrett, F. B.）　157
パロット（Parrott, G. W.）　125
東村知子　89, 92
樋口耕一　5
久崎孝浩　68
ビリッグ（Billig, M.）　27, 33, 34, 49
フーコー（Foucault, M.）　26
深見嘉一郎　56
藤原帰一　118
フリーマン（Freeman, M.）　49
フリック（Flick, U.）　42
ブリンクマン（Brinkmann, S.）　16, 145

ブルーナー（Bruner, J.）　9
フロイト（Freud, S.）　19
ベイトソン（Bateson, G.）　18
ホールウェイ（Hollway, W.）　160
ポッター（Potter, J.）　26-29, 33, 36, 41, 43-45, 177, 223
ホルスタイン（Holstein, J. A.）　89

　　　　　　　ま　行

マクアダムズ（McAdams, D. P.）　10
松浦正浩　6
松尾純子　118
松島恵介　228
丸山圭三郎　8
三戸由恵　6
ミドルトン（Middleton, D.）　27, 215
ミュラー（Müller, N.）　182
モハダム（Moghaddam, F. M.）　119
森直久　228
森岡正芳　96
モンク（Monk, G.）　165

　　　　　　　や　行

八ツ塚一郎　57
やまだようこ　15
矢守克也　78
吉川かおり　79, 80, 93
米山リサ　118

　　　　　　　ら　行

ラボフ（Labov, W.）　9
リースマン（Riessman, C. K.）　15, 21
レイヴ（Lave, J.）　207
レヴィン（Lewin, K.）　57
ロック（Lock, A.）　157

　　　　　　　わ　行

ワーチ（Wertsch, J. V.）　152
ワイズマン（Wiseman, R.）　216
鷲田清一　135
渡辺恒夫　47, 58
ワレツキー（Waletsky, J.）　10

事項索引

あ 行

ICF（国際生活機能分類） 78
IPA（解釈学的現象学分析） 6
相槌 103
アイデンティティ 118
厚い記述 17
言い換え 104
イデオロギー 117
意味づけ 109
インタビュー 95
　　インタビュアー 89
　　インタビュイー 89
　　調査インタビュー 114
ヴァージョン 30, 191
ヴォイス（声） 223
AERU →超常体験研究ユニット（AERU）
ADL（日常生活動作） 79
エスノグラフィ 138
エスノメソッド 229
エスノメソドロジー iii, iv, 224
　　ウィトゲンシュタイン派エスノメソドロジー 33
応答 96
オノマトペ 220
親子関係 85

か 行

会話分析 iii, vii, 31, 42, 50, 197, 224
カウンセリング 155, 168
過去の時間への接近 104
家族規範 81
語り
　　語り方 92
　　語り手と聞き手 101
　　語り直し 135
　　語りの不安定性 225

潜在的な語りへの希求 114
直線的な変化の語り 100
変化の語り 99
未来志向的な語り 96
カテゴリー分析 i, iv, 6
感情反応 97
期待
　　期待される発話を行わないこと 182
　　期待される反応を示さないこと 188
共感 205
共同生成 95
グラウンデッド・セオリー 6, 17
　　M-GTA 17
KJ法 6
形式的側面 192
傾聴 108
言語ゲーム iv, 46, 49
言語行為論 12
言語論的転回 12
現象学 4
言説 13, 211
　　欠損言説 165
　　精神疾患の言説 165
言説分析 26
原爆体験者 v
行為主体的存在 98
個人内要因 176
語尾上げ 107
語用論 12

さ 行

再体験 104
参与観察 4
シークエンス 32, 223
　　シークエンスの重なり 187
色覚異常 iv, 55-57, 75
自己エスノグラフィ v, 138

233

対話的な自己エスノグラフィ　138
自死遺族　v, 95
事実構築　219
　　事実構築の組織化　223
質的研究　i, ii, iv, 3, 36, 41
質的分析　3
質問　182
　　質問の繰り返し　184
　　質問や話の繰り返し　176
社会構成主義　iv, 12, 41, 43, 46
主観性　41-43
情報処理モデル　218
自立　79, 82
　　自立概念　92
　　経済的自立　80
心理面接　197
筋立て　99
精神分析　156
セルフヘルプ・グループ　vi, 195
選択問題　114
想起　vi, 215
　　想起行為の軌跡　228
　　想起の軌跡　229
相互作用　101
組織化　32

　　　　　　　　た　行

DARG　→ディスコース＆レトリック・グループ（DARG）
体外離脱　216
対話
　　対話的関係　95
　　対話的自己論　136
　　内的な対話的関係　112
談話　13
知的障害児　77
超常体験　215
　　超常体験描写　227
　　超常体験報告　vi, 219
超常体験研究ユニット（AERU）　ii, 37
超心理学　216
定式化　30, 220

ディスコース　iv, 3, 25, 77, 89
　　ディスコースの心理学　39
　　医療のディスコース　126, 127
　　生存者（の）ディスコース　20, 125
　　被害者（の）ディスコース　20, 132
　　労働組合ディスコース　123, 124
ディスコース＆レトリック・グループ
　　（DARG）　ii, iii, 27, 36, 37
ディスコース行為モデル　30
ディスコース心理学　iii, iv, vi, 25, 27, 31, 38, 43, 45, 46, 50, 177
ディスコース的心理療法　157
ディスコース分析　i-vii, 3, 41-43, 46, 50, 78
　　批判的ディスコース分析　14, 34
　　フーコー派ディスコース分析　34
テクスト・マイニング　5
転機　100
転用可能性　150
東京ディスコース研究会（TDK）　ii, iii, 37
ドミナント・ストーリー　20
トランスクリプト　197

　　　　　　　　な　行

内容分析　i, iv, 5, 42
ナラティヴ　iv, 3, 46, 49, 95, 138
　　ナラティヴ・アプローチ　iii, 46
　　ナラティヴ・モード　9
　　ナラティヴ分析　iv, vii, 3, 42
　　自己ナラティヴ　96, 135
　　マスター・ナラティヴ　20, 49
ナラティヴ・セラピー　137, 157, 170
ニート　vi, 156
認知症　175
認知療法　156
脳内の情報処理システム　28

　　　　　　　　は　行

パーソナルメソッド　229
発話行為　165
反省的実践　170
ひきこもり　vi, 155
非行　195

フィールドワーク　4, 198
腹話　152
不確かさのマーカー　146
扶養義務　81
ポジショニング　vi, 119, 160
　ポジショニング理論　118, 159
ポジション　160
　加害者ポジション　122
　特別な自分というポジション　126
　メタ・ポジション　151

　　　　　ま　行

間（ま）　107
ミックス・メソッド　21
明細化　104

物語　97, 186
　大きな物語　125
　同じ物語のループ（ループする物語）　188,
　　190
モラルオーダー　119

　　　　や・ら・わ　行

やり取りの双方向性　107
ライフストーリー・インタビュー　119
量的研究　ii
論理実証モード　9
私-ポジション　136, 137
笑い　vi, 195
　笑いの誘い　202

《執筆者紹介》

鈴木聡志（すずき　さとし）編者，はじめに，第3章，第4章
　　東京農業大学教職・学術課程　准教授

大橋靖史（おおはし　やすし）編者，はじめに，第2章，第12章
　　淑徳大学総合福祉学部　教授

能智正博（のうち　まさひろ）編者，はじめに，第1章，第8章
　　東京大学大学院教育学研究科　教授

飯野雄大（いいの　たけひろ）第5章
　　白梅学園大学子ども学部　特任講師　発達・教育相談室相談員

古井（橋本）望（ふるい（はしもと）　のぞみ）第6章
　　東京大学大学院教育学研究科　博士課程

松尾純子（まつお　じゅんこ）第7章
　　福島県緊急スクールカウンセラー

沖潮（原田）満里子（おきしお（はらだ）　まりこ）第8章
　　湘北短期大学生活プロデュース学科　専任講師

綾城初穂（あやしろ　はつほ）第9章
　　福井大学大学院教育学研究科　特命助教

田中元基（たなか　もとき）第10章
　　淑徳大学大学院総合福祉研究科　研究生

北村篤司（きたむら　あつし）第11章
　　東京大学大学院教育学研究科　博士課程

ディスコースの心理学
——質的研究の新たな可能性のために——

| 2015年4月10日　初版第1刷発行 | 〈検印省略〉 |

定価はカバーに
表示しています

編 著 者	鈴　木　聡　志 大　橋　靖　史 能　智　正　博
発 行 者	杉　田　啓　三
印 刷 者	江　戸　宏　介

発行所　株式会社　ミネルヴァ書房
607-8494 京都市山科区日ノ岡堤谷町1
電話代表 075-581-5191
振替口座 01020-0-8076

© 鈴木・大橋・能智ほか, 2015　　共同印刷工業・藤沢製本
ISBN978-4-623-07330-6
Printed in Japan

臨床ナラティヴアプローチ
―――――――― 森岡正芳 編著　Ａ５判　300頁　本体3000円
●さまざまな領域にまたがって発展している「ナラティヴアプローチ」を，詳しい解説と多様な事例エピソードで学べる入門書。

ユング派心理療法
―――――――― 河合俊雄 編著　Ａ５判　308頁　本体2800円
●「発達障害」「解離」「摂食障害」……ユング心理学は現代をどう受け止めるか。気鋭のユング派分析家による最新の入門書。詳しい解説と事例で学ぶ。

心理療法プリマーズ
来談者中心療法
―――――――― 東山紘久 編著　Ａ５判　224頁　本体2400円
●歴史や理論，技法などを学ぶ解説編と事例から療法の実際を学ぶ事例編からなる，クライエントを中心としたカウンセリングのあり方を学ぶ好個の入門書。

心理療法プリマーズ
行動分析
―――――――― 大河内浩人・武藤　崇 編著　Ａ５判　272頁　本体3000円
●クライエントと環境との相互作用を明らかにし，それに働きかけることによって，不適応行動の解消や望ましい行動の生起をうながす「行動分析」の理論と実践。

心理療法プリマーズ
内観療法
―――――――― 三木善彦・真栄城輝明・竹元隆洋 編著　Ａ５判　312頁　本体3000円
●現在さまざまな領域でさかんに活用されている内観療法。背景にある歴史や理論，活用の仕方などを解説し，具体的な事例も多数紹介。

人生を物語る――生成のライフストーリー
―――――――― やまだようこ 編著　Ａ５判　298頁　本体3000円
●語ることによって結びつく人。心理学，人類学，教育学，社会学など学問の壁を超え，「物語」アプローチでものの見方を創造的にひらいていく。

私たちの中にある物語――人生のストーリーを書く意義と方法
―――――――― ロバート・アトキンソン 著　塚田　守 訳　Ａ５判　242頁　本体2800円
●人生のストーリーを書くことの意義を，数々のストーリー例を示しながら考える。実際にストーリーを書くための手順なども解説する。

――― ミネルヴァ書房 ―――
http://www.minervashobo.co.jp/